湛庐文化
Cheers Publishing
a mindstyle business
与 思 想 有 关

行为经济学领域耀眼的科学巨星
Scarcity
Sendhil Mullainathan
塞德希尔·穆来纳森
Why Having Too Little Means So Much

“麦克阿瑟天才奖”获得者、哈佛大学终身教授

塞德希尔 · 穆来纳森出生于印度农村，7 岁时随父母移民美国。穆来纳森于 1993 年获得康奈尔大学计算机科学、数学和经济学三个学士学位。并于 1998 年获得哈佛大学经济学博士学位。

从哈佛大学取得博士学位后，穆来纳森来到麻省理工学院，开始了他的行为经济学探索之旅。

在麻省理工学院，穆来纳森与经济学教授、《贫穷的本质》作者阿比吉特 · 班纳吉 (Abhijit V. Banerjee) 等人联合创立了麻省理工学院“贫困行动实验室”（Poverty Action Lab），通过随机控制实验，研究世界上的重大问题并取得了丰硕成果。2002 年，由于在行为经济学领域的卓越贡献，穆来纳森荣获得“麦克阿瑟天才奖”。

2004 年，穆来纳森被哈佛大学聘为终身教授，成为哈佛大学行为经济学领域的重要领头人。

2008 年，知名网站 Edge 主办了“行为经济学”大师班（Edge Master Class 2008），穆来纳森和诺贝尔奖获得者丹尼尔 · 卡尼曼、理查德 · 塞勒一同担任主讲人，由此可见穆来纳森在行为经济学领域的重要地位。

近期，穆来纳森的研究重点是机器学习。

Scarcity

Why Having Too Little Means So Much

研究“稀缺”的世界权威

2013 年，穆来纳森在《科学》杂志上发表了《贫困阻碍认知功能》（*Poverty Impedes Cognitive Function*）的论文，这是他关于“贫穷影响智力”的最新研究成果。

穆来纳森对印度的农民进行了实验研究，试图探究贫穷仅仅是“缺钱”的问题，还是影响人们智力的大问题。他细心地选择了甘蔗农作为研究对象，尽可能剔除了其他因素的影响。研究发现，同样一群农民，收割前承受“缺钱”压力的日子和收割后卖掉农产品的富足时段，在认知能力和执行控制力方面表现出了明显的差别。贫穷带来的压力，会影响他们在其他行为上的表现，他们的“心智带宽”（Mental Bandwidth）明显不够用了，心智能力也出现了全面降低。

他在《忙碌之人所犯的错误》（*The Mistake Busy People Make*）一文中给出了自己对“时间稀缺”的研究结论：我们以为只要学会“时间管理”就够了，但实际上，我们还需要管理好我们的“心智带宽”。时间可以分解，但“带宽”却无法分解。分心加强了焦虑，进而导致无法专心地处理重要任务。

穆来纳森在研究贫穷和忙碌等问题上所取得的成就，让他成为“稀缺”领域当之无愧的世界权威。

Scarcity
Why Having Too Little Means So Much

《外交政策》全球百大思想家
《连线》杂志 50 位改变未来世界的人之一

穆来纳森获奖无数。除了“麦克阿瑟天才奖”之外，他还获得了美国国家科学基金会、欧林基金会、斯隆基金会和塞奇基金会等组织的奖励。

穆来纳森是美国国家经济研究局的副研究员，取得了很多可喜的成绩。他还与美国消费者金融保护局 (CFPB) 合作，所取得的研究成果可圈可点。

2012 年，穆来纳森被英国《连线》杂志评选为50位改变未来世界的人之一。

2013 年，入选达沃斯世界经济论坛“全球青年领袖”（Young Global Leader）和《外交政策》全球百大思想家。

ELDAR SHAFIR

埃尔德·沙菲尔

普林斯顿大学心理学教授

阿莫斯·特沃斯基的好搭档

Scarcity

Why Having Too Little Means So Much

普林斯顿大学心理学教授 “古根海姆奖”获得者

埃尔德·沙菲尔于 1988 年获得麻省理工学院认知科学博士学位。

沙菲尔是美国艺术与科学院院士，普林斯顿大学心理学教授、伍德罗·威尔逊公共和国际关系学院公共事务教授、他还是哈佛大学社会科学定量研究院的研究员和“判断与决策学会”前会长。在奥巴马执政期间，他加入了“总统财务能力顾问委员会”。

沙菲尔的主要研究方向是行为经济学，主要研究人们在日常生活中是如何决策的，以及社会、认知和情感因素对经济决策的影响。

沙菲尔是“判断与决策学会”“希勒尔·艾因霍恩新研究者奖”（Hillel Einhorn New Investigator Award）获得者。2012 年，沙菲尔荣获“古根海姆奖”，他将这笔奖金继续用于研究稀缺心理。

阿莫斯 · 特沃斯基的好搭档

我们都或多或少听说过卡尼曼和特沃斯基的合作与友谊，实际上，沙菲尔和特沃斯基也有多年的合作经历。在工作上，除了卡尼曼之外，沙菲尔也是特沃斯基的好搭档。

早在 1992 年，沙菲尔和特沃斯基就在《认知心理学》杂志上联合发表了论文 *Thinking through uncertainty: Nonconsequential reasoning and choice*。

后来，沙菲尔又与特沃斯基、彼得 · 戴蒙德一起开始研究货币幻觉（Money illusion）。

货币幻觉是这样一种心理错觉：人们倾向于按名义价值而不是实际价值来看待货币。如果人们经常把货币的面值误认为它的购买力（实际价值），他们就不会做出理性的财务决定，这对经济理论和公共政策有至关重要影响。

沙菲尔坚信货币幻觉是存在的，并与戴蒙德、特沃斯基一起通过实验证明：认知偏差等许多因素确实会影响决策。此外，他们在现实世界中也收集了许多证明货币幻觉存在的证据。

1997 年，沙菲尔与戴蒙德、特沃斯基的研究论文 *On Money Illusion* 在《经济学季刊》上正式发表。

Scarcity

Why Having Too Little Means So Much

研究“稀缺”的世界权威

沙菲尔目前的研究重点是贫穷对决策的影响，也就是稀缺心理学。

关于贫穷，曾经存在两个思想学派。一个学派认为，穷人在行为上也是理性的，不过，过度的贫穷导致了“穷人文化”。另一个学派认为，由于错误态度和心理问题，穷人做出了糟糕的选择。

沙菲尔和穆来纳森提出了第三种观点：在计算决策的后果方面，穷人与常人并没什么差别。跟其他人一样，穷人在决策时也会犯错。不过，穷人的错误决定会导致非常糟糕的后果。

沙菲尔的研究表明，穷人的心理跟那些因其他原因而承受压力的人的心理是类似的，比如说工作忙碌的人、缺少朋友的孤独者或者因节食而缺少卡路里的人。沙菲尔说：“我们认为，是稀缺心理让人们过度专注于他们。这将导致人们除了他们专注的事情之外，对其他事情完全视而不见。人们倾向于过度借用和缺乏计划。”

2008 年，沙菲尔与穆来纳森等人联合创立了非营利性组织“ideas42”，致力于利用行为科学帮助人们解决社会问题。

稀缺

经典版

我们是如何陷入贫穷与忙碌的

[美] 塞德希尔·穆来纳森（Sendhil Mullainathan）
埃尔德·沙菲尔（Eldar Shafir）◎著
魏薇 龙志勇◎译

浙江人民出版社
ZHEJIANG PEOPLE'S PUBLISHING HOUSE

《稀缺》是行为经济学领域一部了不起的著作。经济学家穆来纳森和心理学家沙菲尔用心理学的实证研究重新解读了经济学的核心概念“资源稀缺”，发现贫穷和忙碌并不是简单地因为缺少金钱和时间，而是一种心态和能力的匮乏。一本《稀缺》，会让忙碌的人警醒，贫穷的人振作。物随心转，境由心生，有容乃大，命由己造！

彭凯平

清华大学教授、心理学系主任

把“稀缺”界定为一个心理问题而不是资源问题，这真是一个奇妙且深刻的视角。正如本书的两位作者所说，稀缺会俘获一个人的大脑，使他过于关注稀缺的对象从而失去正常的判断力，这恰恰会导致稀缺状态进一步恶化而不是使它得到改善。因此，真正可怕的不是资源的稀缺，而是俘获我们大脑的稀缺心态。我想，这个结论对所有读者都将是一个终身受用的告诫。

叶　航

浙江大学经济学教授、跨学科社会科学研究中心主任

没有什么就嚷嚷什么，越没有就越嚷嚷，这是我们在日常生活中经常会看到的现象。两位作者将我们的直观感受上升到了理论高度，提出了稀缺会导致认知障碍的观点。他们的研究给我们带来的启发是：如果你想要什么，不要等急需的时候才去要，而要提前积累。

李　淼

著名物理学家，中山大学教授

为什么穷人会更穷、富人会更富，而拖延症患者永远没时间？这一现象，社会学家称之为马太效应，经济学家称之为稀缺现象，但是所有这些说法都不如心理学的解释来得更妙趣横生又直抵人心，让人时常产生“原来如此”的恍然大悟感。

周　濂

中国人民大学哲学院副教授

为什么稀缺心态会让我们无法摆脱稀缺？因为处于稀缺中的人，其心智容量和认知能力会受到很大限制，从而导致了其习惯于应付匮乏的行为模式。个人如何才能摆脱财务困境，组织如何才能重获时间，而社会又如何才能帮助穷人？《稀缺》一书以独特的行为经济学视角，不仅从理论上进行了开创性的分析，而且还提供了大量的心理学与社会学实验，为摆脱稀缺之道提供了有力的支撑。

周健工

第一财经传媒有限公司 CEO

天底下只有四种事：重要且急迫的、不重要且不急迫的、不重要但急迫的、重要但不急迫的。人们不大会在前两者上犯错误，但经常会在后两者上犯错误：被不重要但急迫的事情占去有限的注意力“带宽”，而忽视了重要但不急迫的事情。读完《稀缺》后，你就可以避免这个错误。

王　烁

财新传媒总编

我们的肉身刚刚步入富足时代，但我们的精神还滞留在稀缺的恐惧之中。穷人思维，植根于人类的基因。率先用理性击碎它的人，也将率先获得身与灵的富足。

罗振宇

得到 APP 创始人

塞德希尔·穆来纳森是著名经济学家，埃尔德·沙菲尔是著名心理学家，而《稀缺》就是他们强强联合的佳作。他们将科学的严谨和人文的独到巧妙地融为一体。在《稀缺》一书里，直觉与理性实现了完美契合，这是一本不可多得的好书！

丹尼尔·卡尼曼

诺贝尔经济学奖得主，畅销书《思考，快与慢》作者

这是一个必胜组合：一位行为经济学家，一位认知心理学家，他们都是各自领域内著名的领导者。让他们富有创意的头脑相互碰撞，得到的就是一本充满原创思想和精彩观点、具有高度可读性的著作。一位想要在大型律师事务所升迁为合伙人的单身母亲，与一位用一半收入支付利息的农民有何共同之处？答案就是稀缺。读一读这本书，就能惊奇地了解到稀缺是如何影响我们每一个人的。

理查德·泰勒

诺贝尔经济学奖得主，芝加哥大学行为决策研究中心主任

《稀缺》是一本引人入胜的书，充满了新思想、精彩的故事和深入浅出的道理，很可能会改变你的生活方式。

史蒂芬·列维特

畅销书《魔鬼经济学》作者

《稀缺》一书将故事与研究成果自然而然地结合为了一体。它告诉我们：感觉自己拥有的比需要的少，这种情况会缩小我们的视野，扭曲我们的判断力。这本著作对个人发展和公共政策的制定都有着极大的参考意义。

丹尼尔·平克

畅销书《驱动力》《全新思维》《时机管理》作者

塞德希尔·穆来纳森和埃尔德·沙菲尔告诉我们，稀缺的逻辑，无论贫富、受教育程度高低，亚洲文化、西方文化、拉美文化还是非洲文化，都同样适用。两位作者的独到观点可以帮助我们改变个体行为，同时也能为公共政策的制定开拓出一片新视野。真是令人振奋的成就啊！

安妮-玛丽·斯劳特

普林斯顿大学荣誉退休教授，新美国基金会总裁兼 CEO

《稀缺》一书思想深刻，完全原创，令人手不释卷。本书是那些没有时间看必读书人士的必读之作。

丹尼尔·吉尔伯特

哈佛大学心理学教授，畅销书《哈佛幸福课》作者

埃尔德·沙菲尔访谈录

本文是美国心理学会面向大众的杂志《心理学追踪》对埃尔德·沙菲尔的采访，2014年2月发布，采访记者是艾米·诺维妮（Amy Novotney）。在这次采访中，沙菲尔回顾了他和穆来纳森的研究历程与成果，以及这些研究的政策意义。

问：您何时开始对稀缺感兴趣的？

答：大概在8年前，穆来纳森和我想要一起合作，研究贫穷状态下的决策问题，因为这个主题当时还没有人研究。历来有两种思考贫穷的方式：有一半人认为，穷人受环境所迫，从而是完全理性的，可以做出完美的、合乎情理的成本收益决策；还有一半人致力于研究贫穷的文化，研究穷人的价值观，以及穷人不善于规划的能力。我们认为还有第三种视角，我们不把任何人看作是完全理性的，也没有理由认为穷人是严重病态的，或者在所有方面都不寻常。和其他人一样，穷人在生活中也是充满困惑的，也有自己的偏见，这样来看的话，比起在舒适状态下，我们在贫穷状况下犯错带来的后果要严重得多。

随着时间推移，收集的数据越来越多，观察到的案例也越来越多，我们发现，似乎穷人会犯更多极端的错误。这就渐渐让我们意识到，陷入贫穷状态时，人们会涌现出一种特殊的心理状态，正是这种心理状态带来很糟糕的结果。

问：稀缺是怎样带来糟糕的结果的？

答：每个心理学家都理解，人的认知空间和带宽很有限。当你极其专注于某件事情的时候，就没多少精力投入到其他事情上去了。我们把这个现象称为“管窥”，当你把越来越多的精力投入在稀缺问题上时，在其他地方投入的精力就会越来越少了，而你投入很少的事情里，有些事情甚至比稀缺问题更重要。有大量文献表明，穷人在生活中的很多事情都没做好，和更有钱的人相比，他们通常是不那么上心的家长，生病时也是不大会按时吃药的人，甚至贫穷的农民在种植方面也不如人。

问：请说说让你们获得这些结论的研究过程。

答：一开始，我们连续观察了印度金奈的一个大型商场里的水果、鲜花商贩。没人可以说那些卖东西的妇女是懒惰的或说是目光短浅的，她们工作非常卖力，每天都规划得井井有条，从早到晚进货，用1 000卢比的价格进鲜花或芒果，但先不用付款，转手以1 100卢比的价格卖掉后，再给供货商1 050卢比。日复一日，她们以这种很高的利息进货，每个人平均做了10年这样的买卖。但如果她们多存一点点钱，或者从供货商那儿少借一点钱，她们早就还清债务了，而且收入还会翻倍。这个买卖有它自己的一个逻辑，那就是一天就管一天的事情，没有长远考虑、调整的能力。

我们之后又完成了一系列研究后发现，处理稀缺对人的认知能力有重要影响。首先，我们和当时还是研究生的赵家英（音译）一起去了新泽西的一个商场，请路人做测试，去度量他们的认知控制力和流体智力，流体智力是智商的一个组成要素。我们在请路人们做测试时，让他们想象一个容易操作的财务场景，是用150美元去修一辆破车，或者更难一点的场景，花1 500美元在车上。我们根据路人的家庭收入分层发现，在这两个场景里，商场里的富人在认知测试方面表现得一样好，而穷一点的人在150美元的场景里，认知能力和流体智力表现得和富人一样好。但是在1 500美元的场景下，穷人获得的测试分数就下降了，仅仅是处理更严格的财务挑战就会让他们表现得不好。

很明显，在这个实验里，我们尽可能控制了实验条件，但最后依然出现了富人和穷人两种不同的表现，你可以说在健康和教育这类事情上，穷人和富人考虑的不一样。所以，我们又跑去印度研究甘蔗农，他们每年都在收获以后才有一大笔收入，他们需要保证这笔收入足以支撑到第二年收获的时候。通常甘蔗农们在收获前是穷人，在收获后是富人，所以我们对同一批甘蔗农进行了认知测试。我们是在收获之前和之后两个月进行测试的，结果发现，同一个农民，同样的教育程度和价值观，但比起收获之后，在收获之前这个农民的智商测试分数要低10分。

问：这种认知上的差异对他们的行为和决策有什么影响？

答：美国的穷人常被人诟病的一点就是“工薪日贷款”，这种贷款在当下可能是个好办法，但是两周之后就会产生很高的利息。所以，我们决定在普林斯顿大学的本科生里做个研究，没人会说这些本科生不够聪明吧。和阿努依·沙阿一起，我们设计了一个类似于《家庭问答》那样的电脑游戏，并且随机把实验对象分成两组，根据要求他们回答问题的时间，分成时间富足的（每一轮问答50秒）和时间不多的（每一轮问答15秒）。还有一半参与者有权去借答题时间，但每借1秒钟时间，在整个游戏里的时间就要减少2秒答题时间。

我们发现，时间很充足的人就表现得很明智，不用那么担心时间问题，只在很偶然的情况下才会借时间。但时间不多的参与者里，那些借时间的学生最后赚到的钱要少于没借时间的学生。尽管这些人都是普林斯顿大学里很聪明的学生，但我们观察到的行为和那些穷人一样。

问：对稀缺的研究有什么让您惊讶的地方？

答：最让我惊讶的是这些研究支持了一个观念，那就是在稀缺状况下表现糟糕的人，其实他们的能力和其他人并没有什么不同，只要稀缺没有占据他们的心智。关于很多行为研究，有意思的地方在于我们并没有充分的直觉意识到那些结论。比如说，对驾车时打电话的研究一直就很令人震惊，因为我们都有一个错觉，认为我们理所当然可以在开车时打电话。但是研究结果很清楚，在车里打电话，即使没有把电话拿在手上，你的反应速度和醉驾时是一样的。同样地，大家都知道自己很忙，常被各种事情干扰，但是干扰的影响和结果比起我们意识到的更加严峻。

问：稀缺状态对美国人有什么影响？

答：有很多美国人整日忧心忡忡，在财务问题上挣扎着，从而可能缺少足够的带宽。他们一遇到波澜就会满面愁容，失去了应对其他事情的认知能力。这些发现甚至可能意味着，2008年的金融危机之后，美国人可能失去了大量流体智力。人们为了生活中一个要素而四处奔波，没有为其他事情留下空间。

问：有没有什么解决办法？

答：在你负担得起的程度之内，留给自己一点余闲。当你步履不停地忙于生计时，没有余闲，哪怕一丁点的突发事件都会让你陷入泥潭。你不知道会发生什么，但总有意料之外的事情会发生，比如车里的水管爆了，车就坏了，你就会拿到一张违章停车单，又或者，如果你太忙，时间太紧，你会突然接到一个意料之外的电话，或者在赶着开会的路上碰到堵车的情况。

如果你给自己创造一点余闲呢？当你在处理时间稀缺问题的时候，规划出一些余闲，比如空闲半个小时，这样如果有突发事件，你就可以用这半个小时来处理。我把这称作是“与自己相聚的时间”。当然，如果很贫穷，这样做就不容易。但是为穷困期存钱，可以让你有能力处理意料之外的空头支票或违章停车的罚单，你可以从存款里取钱，这样日子可以继续过下去。

我们还有很多想法用来减少世界上的贫困，可以用来制定政策帮助穷人。我们不会收穷人两三百美元，让他们去加入某个福利项目，比如食品救济券，因为他们根本就没钱。或者给穷人们设计一个很复杂的项目，要求他们连着三天必须在哪个地方，这就是在给他们施加带宽税。虽然不是金钱计算的税，但带宽也是他们所缺少的。所以，这就是在设计一个他们势必无法完成的任务。我们提议，政策的制定者们要尽可能做到，即使人们因为没处理好稀缺问题而一时失足，但依然有机会可以重新爬起来，而不是越陷越深。

问：您最希望其他心理学家从你们的工作中获得什么？

答：随着白宫逐渐意识到行为研究的重要性，现在是时候让心理学家们真正影响政策的制定了。我之所以被任命到总统的财务咨询委员会，就是因为我们的研究成果。之前很难把心理学里关于有限认知、有限注意力和行为的根本洞见在那样一个论坛上提出来，这种事情很少发生，因为通常那些论坛里的人根本不是这样想问题的。行为科学家的影响力正在壮大，虽然发展缓慢，但远胜从前，而且对这些研究感兴趣的人越来越多。

阅读一本书并不是要把书中的每一行的每个字都认一遍，而是较真地弄明白作者的意思，并理解作者的思想，才能进一步真正掌握一本书的观点、视角以及可能的现实应用。

在阅读一本书的过程中，你是否有器官来“消化”这些文字，尤其是文字中的许多术语，有时还有转折词，有时还有抽象词汇。当它们都凑到一起时，即便是完整的句子也可能会出现多种理解思路。

我们在阅读的过程中，是否能够构建多种可能的意思，并将不同的意思解读出来，以帮助我们在阅读图书的时候，不受作者的限制，而是站在作者提出的理论框架的基础上，不断进步，不断丰富，不断强化，并形成能对自己产生现实帮助的观念和思想。

这才是阅读的目的，请自测一下，你的阅读段位是多少。就眼前这本书，阅读40页，尝试回答以下10个问题，来决定你的阅读段位。10道测试题满分为80分，最高段位就是8段，请看看你是几段。

每本书都有其必然的阅读难度，这本《稀缺》的阅读难度指数为8（中文图书阅读难度指数衡量的是所有中文图书的难度，难度最高为24，最低为1)。

请通过以下10道选择题，找到匹配自己阅读段位的图书。

1. 在《稀缺》一书引言的第 4 页中，黑体字显示了如下这句话：稀缺，是“拥有”少于“需要”的感觉。这句话的意思是：(　　)

A. 稀缺是人们心中比较结果的感觉

B. 稀缺是客观存在的某种稀有之物

C. 稀缺是人与人之间相互比较的感觉

D. 稀缺是生存需要无法得到满足的感觉

2. 在《稀缺》一书引言的第 8 页中，黑体字显示了如下这句话：我们的思想会自动而强有力地转向未得到满足的需要。作者从这句话出发，引申出了如下哪些结论：(　　)

A. 稀缺会俘获大脑

B. 稀缺的感觉会渐渐成为潜意识

C. 稀缺会控制人的注意力

D. 稀缺会被人脑控制

3. 在《稀缺》一书引言的第 15 页中，作者运用了一个词汇：带宽，并宽松地界定了这个词汇，原文是：带宽即心智的容量，包括两种能力，分别是认知能力和执行控制力。稀缺会降低所有这些带宽的容量，致使人们缺乏洞察力和前瞻性，还会减弱人们的执行控制力。根据作者的这段说法，思考一下我们自己每天的现实生活会发生什么改变：(　　)

A. 将影响我们每天吸收到的信息量

B. 将影响我们每天处理的信息量

C. 将影响我们处理完信息后的行为

D. 将影响我们控制信息的能力

4. 在第 23 页，黑体字的内容为：稀缺，会迫使人做出选择。所有抽象的事物都

会变得具体起来。作者这句话能够说明如下哪种情况：(　　)

A. 稀缺的人通常不看未来而是专注眼前

B. 稀缺的人通常不看理论而是专注行为

C. 稀缺的人通常不看规律而是专注操作

D. 抽象的事物是由大量具体的事件构成的

5. 在第 24 页，黑体字的内容为：当稀缺俘获大脑时，人们的注意力会集中在如何以最有成效的方式去利用自身资源上。作者这句话的意思是：(　　)

A. 人们在吃不饱的时候，最后一口面包会细嚼慢咽

B. 人们在钱不多的时候，最后几元钱也会节省下来

C. 人们在时间不够的时候，会利用好睡觉前的最后几分钟

D. 人们在朋友不多的时候，会格外地在意有限的一两位朋友

6. 在《稀缺》一书中作者提供了很多实例。请你尝试判断一下如下情况：正当员工感觉自己的任务无穷无尽时，上级通知他们，这个月，实际上只有最后两项任务了。你觉得这时，他们的表现将是：(　　)

A. 非常高兴，草率地完成最后这两项任务

B. 尽快完成，尽量维持与之前同等的工作态度和质量

C. 没有太大变化，一如既往地完成最后这两项任务

D. 专注度得到大幅度的提高，聚精会神地完成剩下的任务

7. 我们可以说稀缺会令人“专注”，也可以说稀缺会导致人产生“管窥”之见：只能一门心思地专注于管理手头的稀缺。管窥实际上指的是用眼睛通过“管子”看待事情。作者的意思是：(　　)

A. 眼睛看不到的事物人们就不会关注

B. 眼睛看不到的事物人们索性就不会处理

C. 眼睛看不到的事物其实就不重要

D. 眼睛看不到的事物根本就不存在

8. 在第 40 页中，有一段黑体字为：当稀缺将我们的大脑俘获时，我们不会通过对得失利弊的谨慎思考来进行权衡。可见，我们用管窥的方式来应对稀缺，既有利，又有弊。通过阅读，你认为作者实际的意思是：(　　)

A. 利大于弊

B. 弊大于利

C. 作者没有明确表示

D. 作者认为多数人对此都没有意识

9. 作者针对“稀缺”这一主题写成了一本书，并研究了读者读书的专注目的——作者提到了心理学术语：目标抑制。请思考一下，如果你平时读书的目的可能是以下 4 种，那么你觉得如下 4 个可能的目的，哪个更容易实现：(　　)

A. 扩大自己的知识和眼界

B. 提升自己的理解能力

C. 跟上时代发展的脚步

D. 具体改善自己的实际生活

10. 人们平时会吸收来自外界的各种信息，其实，吸收信息的过程有时会被自己无意识地抑制。作者指出一种抑制就是自上而下的，人们思想上会对所关注的事物进行有意识的选择，从而忽视其他信息。如下哪种情况符合这个意思：(　　)

A. 人们在吃饱后还会注意其他更好吃的食物

B. 妇女在怀孕后会发现周围有很多孕妇

C. 收入低的人在抱怨工作压力大时会发现周围许多同事都有同感

D. 朋友少的人并不会感受到自己的交际圈窄

目录 Scarcity

第二部分
贫穷和忙碌是如何让“带宽”变窄的

资源稀缺不可怕，就怕有稀缺心态

> 假如蚂蚁真的是一天到晚忙个不停，又怎么还有时间去四处野餐呢？
>
> ——玛丽·德雷斯勒（Marie Dressler）[1]
> 奥斯卡金像奖获奖女演员

之所以写这本书，是因为我们已经忙碌到了不得不写的程度。塞德希尔一直在向埃尔德抱怨：要做的事情太多，而能用来做事情的时间又太少。许多事情早就过了原定的截止日期，一直在延期，越来越让人担心：他不得不厚着脸皮去重新安排会议时间；收件箱里堆满了等待处理的邮件；很久没有打电话问候母亲了，他甚至都能想象到她老人家那伤心失落的样子；车子也早就过了年检期限。而且，事态还越拖越严重：转趟飞机就能去参加的那场会议，6个月前还令他很兴奋，而现在却让他兴趣全无。拖延，已经演变成了恶性循环，烦心事儿层出不穷。现在又多了一件，那就是去给年检过期的车子重新办理登记手续。而因为迟发了一封邮件，就导致整个项目的前进方向发生了错误，若想让它回到正轨，又要去做更多的工作。最后，日常生活中应做而未做的事情正渐渐堆积成山，随时都有崩塌的危险。

颇具讽刺意味的是，对于埃尔德来说，他完全没有因时间太少而一筹莫展的经历。对于受此困扰的塞德希尔来说，这种状况虽然令自己有些不知所措，但他还是毅然决然地制订了一个走出困境的计划。

首先，他要制止事态的进一步恶化。以前积压下来的事情优先去做，而新找上门的事情则一概拒之门外——他要对所有的新要求说“不”。他决定要一丝不苟地去完成之前的未竟之事，以避免拖延状况进一步恶化。最终，他预期自己的辛劳一定能获得成效：未竟事项的数量会减少到易于管理的程度。只有这样，他才会考虑接手新事项。而且，从今往后，他要以更加谨慎的态度去做事——在点头答应之前，一定要反复斟酌才行。虽然这样做并不容易，但却很有必要。

计划终于制订出来了，塞德希尔感觉很满意。这是自然。就像伏尔泰很久之前说过的那样，“幻觉是所有乐趣之首”[2]。

一星期之后，塞德希尔又打来电话：“我的两位同事正在构思一部关于美国低收入人群的著作。这是一个好机会，我们应该贡献一章内容。”据埃尔德回忆，塞德希尔当时的语气里完全没有一丝讽刺的意味。

显然，“贡献一章内容”这个机会太过宝贵，不容错过。我们自然应承了下来。但也不出所料，应承下这件事情本身就是一个错误——我们写得匆匆忙忙，还拖了很久的稿。而令我们没有预料到的是，这个错误犯得很值得。因为正是这个错误，为我们创造了意想不到的机会，并最终催生了本书。

现摘录两段关于那一章内容的背景说明：

> 肖恩在克利夫兰工作，是一位办公室经理。他正因财务状况青黄不接而苦恼：几份账单还等着他去还；信用卡又刷爆了；好不容易

等到发工资，没想到一下子就花了个精光。境况正如他所说的："月末总是没钱花。"有一天，他过于乐观地估计了账户余额，忘记还有一笔 22 美元的支出，结果开出去的支票就被退了回来。那时，连电话铃响都会令他紧张，因为很有可能是某位债主"提醒"他又要还钱了。缺钱的日子着实不好过。有时和朋友聚餐，他只能拿出比别人少的份子钱。朋友们都能体谅他的难处，但这样的情形实在令他汗颜。

而且从短期来看，这种处境也不会有所改变。5 个月前，他刚赊账买下了一部前半年无须付款的蓝光影碟播放机，令他头疼的是，等到下个月，自己该拿什么去支付这笔额外的账单？为了还清过去欠下的债务，他已经搭上了越来越多的钱——被退回的支票要收取一笔可观的透支费；迟还的账单还要附上滞纳金。肖恩深陷于债务泥潭中，无力自拔。

肖恩就像许多与他有着相同处境的人一样，从许多地方得到了理财建议，而这些建议都大同小异：

不要再越陷越深了。不要再借贷了。节约开支，能省则省。有些支出实在难以放弃，但你还是要想办法学会忍痛割爱。尽快还清以前欠下的债务。最终，在没有新债务的情况下，你的财务状况才会出现好转。达到这一目标之后，你还要继续保持警惕，谨防重蹈覆辙。支出和借贷时，请三思而后行。不要考虑那些买不起的奢侈品。如果你不得不借贷，那么就一定要搞清楚还债所要付出的代价。

对于肖恩来说，这些建议中看不中用。抵制诱惑是一件很难做到的事情，而抵制所有诱惑则更是难上加难——他觊觎已久的皮夹克，现在终于打出了千载难逢的优惠价；女儿的生日快到了，用廉价礼物搪塞过去，似乎又不太合适。超支的方面太多了。最后，肖恩再一次掉进了债务深渊。

显而易见，塞德希尔和肖恩的行为存在着相似之处：截止日期之前未完成的工作，就像逾期没还的账单一样；约了又约的会议（草率地答应下来，又没时间履行约定），就像被退回来的支票一样（草率地花了钱，又没钱还账）。你越是忙碌，就越需要拒绝他人的请求；你的债务越多，就越需要不出去购物。用逃避的方式解决问题，看似合理，但实践起来却颇有难度。一旦你放松了警惕，稍微一点有关时间或金钱的诱惑就会让你陷得更深。后来，肖恩的债务越欠越多，而塞德希尔应承下来的工作也越积越多。

上述两种看似无关的情况竟会如此相似，倒是令人多少有些意外。一直以来，我们都认为时间管理与金钱管理是两个截然不同的问题。而且，时间管理上的失败，与金钱管理上的失败，两者所造成的后果也各不相同：拙劣的时间管理会令人陷入难堪的境地，以致很难取得理想的工作成效；而拙劣的金钱管理则会导致更多的债务，甚至遭遇物品被没收或被赶出出租屋的厄运。另外，两者所处的文化环境也不同：对于日理万机的专业人士来说，错过工作上的截止日期是一回事；而对于低收入人群来说，没钱还债又是另外一回事。而且，这两种情况的周遭环境不同，主人公的受教育程度不同，就连他们心中的愿望也各不相同。但尽管有诸多不同之处，两类人最终的行事方式却非常相似。

塞德希尔和肖恩有一点是相同的，他们都感受到了稀缺所造成的影响。**稀缺，是“拥有”少于“需要”的感觉**[3]：塞德希尔感觉心烦意乱，觉得自己的时间太少，而要去做的事情又太多；肖恩感觉手头拮据，有永远都还不完的账单。这一点相似之处，是否可以用来解释他们的行为？我们是否可以认为，“稀缺”就是导致塞德希尔和肖恩有如此相似行事方式的根源？

找出稀缺的内在通用逻辑，有着很大的意义。稀缺是一个宏大的概念，远远超越了上面事例中的个人范畴。

> 举例来说，失业问题同时也是资金稀缺的问题——如果你丢了工作，那么你手头就会一下子变得拮据起来，因为收入太少，你也就没办法支付住房的按揭贷款、车子的分期付款和日常生活中的各种开销；日渐增多的社交孤立问题——“独自打保龄球”，也是社交稀缺、人际交往纽带缺乏的一种表现形式[4]；坚持节食的人就需要面对饥饿的挑战，面对热量减少或稀缺的挑战；而世界贫困问题，也就是世界各地大量人口每天只能靠一两美元勉强度日的问题，则是另一种资金稀缺的表现形式。不过，贫困与失业不同，后者导致的囊中羞涩事发突然，可以通过寻找新工作来解决，而前者则意味着持久的拮据与艰难。

稀缺，不仅仅是塞德希尔和肖恩所面临问题的共同点。在现今诸多的社会问题中，我们都能看到稀缺的存在。这些社会问题发生在不同的文化背景、经济环境和政治体制中，但都逃不开稀缺的范畴。那么，是否存在一个关于稀缺的通用逻辑，在各种背景中与各种环境下都适用呢？

我们必须找到这个问题的答案，因为我们已经忙碌到了不得不这样做的地步。

稀缺俘获大脑

对稀缺的兴趣，让我们了解到了半个多世纪以前的一个研究项目。当时的研究者并不认为他们是在研究稀缺问题，但在我们看来，他们研究的问题正是稀缺的一种极端表现形式——饥饿。当时正值第二次世界大战的尾声，盟军遇到了一个麻烦。在进入德军占领区后，盟军发现生活在那里的大多数人都处于饥饿的边缘。不过，真正的麻烦不在于食物的短缺，因为美军和英军拥有充足的食物供给，完全可以养活那里的战犯和平民。而问题是，要为他们提供食物却颇具技术含量：面对这些长期处在饥饿边缘的人们，应该怎样开始为他们提供食物？应不应该每次都给他们一顿饱饭？能不能让他们想吃多少就吃多少？还是应该开始时少给一点，然后慢慢地增加分量？若想挽救他们，什么做法才是最安全的？[5]

面对这些问题，专家们当时并没有给出妥善的解决办法。为了找到答案，明尼苏达大学的一支研究团队做了一项实验。为了搞清楚应该如何为人们提供食物，首先要做的就是让他们感到饥饿。[6]

稀缺实验室
SCARCITY

实验招募了一批身体健康的男性志愿者。在受控环境下，研究人员们为志愿者们提供的食物一直在减量。这些食物的热量仅够维持生命，不过还不至于对志愿者们的身体造成永久性伤害。这一阶段持续了几个月时间。随后，真正的实验开始了：研究人员开始观察志愿者们的身体会对不同的食物供给量产生怎样的反应。作为这一实验的研究对象，他们实在不轻松，但时值第二次世界大战，没有去前线奋勇杀敌的人们，即使对这样的实验颇有微词，也只能安守本分，敢怒而不敢言。

参与研究的 36 位志愿者生活在集体宿舍中，接受严格的监控，每个行为都会被研究人员观察和记录下来。虽然研究人员最关心的是食物供给量的问题，但他们也对饥饿造成的影响进行了观测。

研究人员发现，长期挨饿的人，从体型上就能看出来：实验过程中，研究对象的臀部脂肪会大大减少，以至于坐着都会感觉到疼痛，他们不得不垫上坐垫。另外，实际的体重减轻情况，则因水肿而难以进行估算，有人还曾因为饥饿而在体内额外累积了多达 6 千克重的液体。研究对象新陈代谢的速度也减缓了 40%。他们开始感觉到有气无力，缺乏耐性。一位实验对象说："在淋浴头下洗头时，我感觉到手臂瘫软。仅是洗头这一件事情，就令我的双臂疲劳到了极点。"

饥饿不仅让志愿者们的身体变得虚弱，而且还让他们的思想发生了变化。沙曼·萝赛（Sharman Apt Russell）在其著作《饥饿》（*Hunger*）一书中讲述了午餐时的一个场景：[7]

> 如果服务速度很慢，排队等候取餐的人就会急不可耐。他们对食物的占有欲很强。有些人甚至会用胳膊环住餐盘，以保护盘中的食物。绝大多数情况下，他们都十分安静，专心致志地进餐……本来不爱吃某些食物的人，现在也不挑剔了。他们会将所有食物都吃个精光，之后还会将盘子舔一遍。

挨饿的人，想必会有上述表现。而与此同时，这些人也出现了一些预料之外的精神变化：

> 人们开始迷上菜谱和当地餐厅的菜单。有些人甚至会用好几个小时的时间，对两份报纸上水果蔬菜的价格进行对比。有些人开始产生进入农业领域的打算：他们梦想着去开餐厅，从此开启一番新事业……他们丧失了攻克学术挑战的斗志，而对菜谱产生了浓厚的兴趣……而在看电影时，只有与食物有关的情节才会引起他们的兴趣。

人们将注意力全部集中在了食物上。当然，如果你也整天忍饥挨饿的话，那么找食物必然会是第一要务。但这些人关注的方面却远远超越了自身的实际利益——开餐厅、对比食物的价格、研究菜谱，这些想法都不能缓解饥饿。而所有这些关于食物的执着，只能进一步加剧饥饿带来的痛苦。他们对此毫无招架之力，但又别无选择。参与了明尼苏达大学研究的一位志愿者在回忆起当时的情形时，对因大脑中一直充斥着有关食物的想法而给自己带来的苦恼记忆犹新：

> 这辈子没有几件事情像这次实验那样，让我恨不得赶快结束。其实身体上的不适并没有多么严重，真正令人无法忍受的是，在实验过程中，食物成了人生中最重要的东西，成了人生的中心和唯一。而如果食物成了唯一，那么生活就会变得十分无趣。看电影时，男欢女爱的场面不会令你产生多大兴趣，而一旦那些男男女女开始吃东西，你就会眼前一亮。

饥饿的实验对象并不是有意选择忽略浪漫情节而关注进餐场景的，也不是有意选择将食物置于大脑中最重要的位置的，出现这一问题的原因是，饥饿俘获了他们的思想和注意力。在明尼苏达大学进行的研究中，这些行为只是研究记录中的一段脚注，并不是研究人员的关注点。而对于我们来说，这些行为恰恰反映了稀缺是如何改变我们的。

稀缺会俘获大脑。就像饥饿的研究对象日思夜想着食物一样，当我们经历任何一种形式的稀缺时，都会对稀缺的事物全神贯注。**我们的思想会自动而强有力地转向未得到满足的需要**：对于饥饿的人来说，他们需要食物；对于忙碌的人来说，他们需要亟待完成某项工作的时间；对于缺钱的人来说，他们需要想办法支付每个月的房租；而对于孤独的人来说，他们需要他人的陪伴。稀缺造成的后果不仅仅是因为我们会因拥有的太少而感到不悦，而是因为它会改变

> **稀缺俘获大脑**
> **（scarcity captures the mind）**
> 稀缺造成的后果不仅仅是因为我们会因拥有的太少而感到不悦，而是因为它会改变我们的思维方式，会强行侵入我们的思想之中。

我们的思维方式，会强行侵入我们的思想之中。

仅从一项研究中就得出这么多结论，未免武断。饥饿是稀缺的极端形式，其中包括稀缺，但也包括其他一些生理变化。看上去，该项研究仅有 36 位实验对象；而我们引用的证据，大部分又都是饿着肚子的人所发的牢骚，而非科学的数据。但是，其他许多更为严格的研究也得出了相同的结论。不仅如此，这些研究还为我们打开了一扇窗，让我们看到了稀缺究竟是如何俘获大脑的。

稀缺实验室
SCARCITY

在一项研究中，实验人员请研究对象在午餐时分（之前禁食了 3～4 个小时）赶到实验室。其中一半研究对象被允许去吃午餐，而另一半不能去。这样，一半人大快朵颐，另一半人则继续忍饥挨饿。实验对象在研究中所要执行的任务非常简单，就是盯着屏幕看——屏幕上会有一两个字一闪而过，实验对象的任务就是认出这些字。比如，当屏幕上闪过“住”这个字时，实验对象就要指出刚刚闪过的字是“住”还是“往”。这看似轻而易举的任务，如果不是因为屏幕上显示出来的字消失得太快，就真的是小菜一碟了。一闪而过的速度真的很快：字体在屏幕上停留的时间仅有 33 毫秒，也就是一秒钟的 1/30。[8]

你也许会认为，那些饿肚子的实验对象的成绩会比较差，因为他们已经精疲力竭了，而饥饿感会令他们无法集中注意力。但实验结果却让人大吃一惊：他们的成绩与那些吃饱喝足的实验对象一样优秀。有趣的是，一个特例除外。当与食物有关的词汇闪现出来时，饿肚子的实验对象会比饱餐后的实验对象认得更快、更好——他们能更加准确地认出“蛋糕”这个词。这类实验旨在帮助我们了解某人大脑中的关注点——当某个想法整天在我们的大脑中盘旋时，我们就能更加迅速地看到与此相关的词汇。因此，当饿肚子的人能更快地认出“蛋糕”时，我们便能一眼看出他们此刻心中所想的就是食物。在此，我们并不是依赖于翻阅菜谱或打算开餐馆等奇怪举动来推断他们的执念，他们作出回应的速度和准确性就能直接告诉我们：稀缺已经俘获了这些饿汉们的大脑。

稀缺对人类大脑产生的影响，存在于潜意识之中。之所以将词语的闪现时间定在以毫秒计的一瞬，是为了观察人们的快速反应能力，而这个速度需要快到可以超越人类意识的控制范畴。[9] 如今，我们对人类大脑已经有了足够多的了解，知道了时间长度的意义：复杂的高阶运算，需要 300 毫秒以上的时间；更为快速的回应，则依赖于更为自动自发的潜意识处理过程。因此，当饿肚子的人能以更快的速度识别出“蛋糕”这个词语时，并不是因为他们“选择”将注意力集中在这个词语上——识别的速度太快，根本来不及进行选择。这就是为什么我们用“俘获”这个词来描述稀缺会令大脑产生专注现象的原因。

这一现象并不局限于饥饿。一项研究发现，当实验对象口渴时，他们会更加快速地识别出“水”这个字（速度以几十毫秒计）。[10] 在所有这些情况中，稀缺都在潜意识的层面发挥着作用。**无论大脑的主人是否愿意，稀缺都会牢牢地俘获他的注意力。**

口渴与饥饿都是生理需求。而其他与人类本能关系不大的稀缺形式，同样也会俘获我们的大脑。

稀缺实验室
SCARCITY

一项研究要求儿童凭记忆，通过调整实物模型的方式，来估计硬币的大小，其中包括从 1 分到 5 角的各种硬币。[11] 在穷人家孩子的眼中，硬币“看上去”很大，他们会明显高估硬币的尺

> 寸。价值最大的硬币，也就是两角五分和五角的硬币，其尺寸被扭曲得最为严重。正如食物会俘获饥饿之人的大脑一样，硬币也会俘获贫困儿童的注意力。这一强化了的注意力会使这些硬币“看上去”更大。之所以看上去更大，不乏一种可能性，那就是穷人家的孩子们并不善于记住物体的大小。于是，研究人员们干脆直接让孩子们估计摆在他们眼前的硬币的大小，这样就能更加直观、更加简单地得出结论了。结果，这些贫困儿童们估计出的大小数值误差比之前更大。[12]

可见，比起记忆中的抽象硬币，真正的硬币唤起了更强的注意力。（在没有硬币的环境下，孩子们在估计相似大小硬纸片的尺寸时，准确度很高。）[13]

对注意力的俘获，会改变人的体验。在诸如车祸和抢劫等短暂而注意力高度集中的事件中，注意力的增强会引发研究人员所谓的“主观时间延展”现象——人们会感到这类事件的持续时间更长，因为在短时间内人们需要处理更大量的信息。[14] 同样，**稀缺对注意力的俘获，不仅会影响我们的所见和所见的速度，而且也会影响我们对周遭世界的认识**。一项针对孤独者的研究中，实验人员在实验对象面前用一秒钟时间展示了带有表情的人脸图片，然后要求实验对象描述出表情的含义。[15] 这些面孔表达的是愤怒、恐惧、快乐，还是悲伤？这一简单的任务可以对一项关键的社交技能进行衡量——理解他人感受的能力。有意思的是，孤独者的成绩更好。你也许会认为，孤独者无法回答这类问题，因为他们之所以会孤独，就是由不善于社交或缺乏社交经验所导致的。但当我们将稀缺心态考虑在内时，就能理解这一现象了：因为孤独者会去关注自身的稀缺状况，关注为数不多的亲人朋友；他们会对他人表情中所流露出来的情绪非常敏感。[16]

这也意味着，孤独者能记忆更多的社交信息。一项研究要求实验对象阅读某人的日记，并在心中形成对此人的印象；之后，再要求实验对象去回忆日记中的细节。实验结果表明，孤独者的成绩与社交达人的一样好。不过有一个特例除外：**孤独者非常善于记住与他人互动等社交内容的细节。**[17]

此项研究的设计者以一则轶事很好地诠释了孤独对人们注意力的改变：一位名叫布莱德利·史密斯（Bradley Smith）的人，不幸陷入了一段痛苦的婚姻，他又没有什么亲密的朋友。离婚之后，他觉得自己对周遭世界的看法发生了改变：

> 突然之间，布莱德利总会不由自主地去关注人们之间的关系，其中有夫妻也有家庭，而这种关注往往是精细而又令人痛苦的。也许在人生中的某一时刻，我们也曾遭遇像布莱德利一样的困境。也许像布莱德利一样，失恋的经历会让我们去关注公园中牵手漫步的亲密情侣。或者，在进入新学校、入职新岗位的头一天，我们被陌生人包围时，每一个投向自己的微笑、蹙眉或凝望，都会让自己感觉其中充满了特殊意味一样。[18]

当然，你也可以将布莱德利的行为视为社交饥渴。但是，他手中自有一本被翻阅了千遍的“菜谱”。

经济学研究稀缺，但不触及心态

当我们向一位经济学家同事谈到我们正在研究稀缺这个问题时，他说：“有一门学科就是关于稀缺的，你可能也曾听说过，它就是经济学。”他当然没有错。经济学，是一门研究如何利用有限方式去实现无限愿望的学科，一门研究人与社会应该如何对实物稀缺进行管理的学科。如果你花钱买了一件新外套，就没有那么多钱外出用餐；如果政府在前列腺癌的实验性手术研究中投入过多资金，就没有那么多资金用于公路安全领域。许多人都会忽略“权衡”的存在（我们的理论有助于对这种忽略进行解释）。还有一些经济学观点认为，价格是对实物稀缺的反映，有时这种反映会以令人意想不到的方式表现出来。

> 19 世纪时，欧洲的古生物学家在中国就为此付出了代价——为了寻找稀有的恐龙骨骼化石，古生物学家们为可以提供化石碎片的村民发放金钱奖励。结果，化石碎片的供给量大幅上升：村民们一找到化石，就会将其敲成碎片，以增加可以销售的碎片数量。而这种结果并不是古生物学家们的初衷。[19]

我们对稀缺的研究方法是不同的。**在经济学领域，稀缺无处不在**。我们每一个人所拥有的金钱数量都是有限的，就算是最富有的人也买不起世界上的所有东西。但我们认为，虽然稀缺是无处不在的，但对稀缺的感觉却并非如此。

稀缺实验室
SCARCITY

> 试想，某一天上班时，你的日程安排中只有零零散散的几个会议，需要去做的几件事情也完全在你的掌控之中。于是，你利用空闲时间慢悠悠地吃了顿午餐，从容地开了个会，还给同事打了个电话聊了聊最近的新闻。现在请再想象一下，另一天上班时，你的日程表里排满了一大堆会议。唯一一点自由时间，你还必须投入到过了截止日期还未完成的项目之中。

上述两种情形，从实质上讲，都是一种时间稀缺——用来工作的小时数不变，而在工作时间里需要去做的事情却有很多。在其中一种情况下，你会十分敏锐地觉察到时间的有限性；而在另一种情况下，时间这个概念似乎又与你无关，你根本感觉不到。可见，对稀缺的感觉，与稀缺的实质存在是不同的。

稀缺的感觉来自哪里？实质性的限制起到了一定的作用——有限的存款、欠下的债务、等待我们去完成的工作等。而同时，我们对事物重要性的主观理解也发挥了作用——我们需要完成多少工作？购买某件东西的意愿究竟有多急切？诸如此类的愿望，是由我们所处的文化环境、成长环境甚至遗传基因所决定的：我们可能会非常渴望得到某样东西，也许是出于生理原因，也许是因为看到了邻居的炫耀；我们对寒冷的感知，不仅取决于绝对温度，而且也与我们自身的新陈代谢有关。同样，**对稀缺的感觉，取决于可用的资源和我们自身的体验。**[20] 包括社会学家、心理学家、人类学家、神经学家、精神病学家和营销专家在内的各类学者，都曾尝试对这类体验进行解析。我们避开了对这一领域的讨论，将偏好置于一旁，转而去关注稀缺的内在逻辑及其带来的后果。当我们感觉自己拥有的太少时，大脑会发生什么样的变化？这种变化又会如何塑造我们的选择和行为？

粗略来看，包括经济学在内的绝大多数学科，在面对这一问题时都会给出同样的答案。**拥有的比需要的少，结果很简单：人们会变得不幸福。**[21] 我们越是贫穷，就越是买不到什么好东西，大到昂贵的学区房，小到给食物提味的盐和糖；我们越是忙碌，就越享受不到休闲时光，无论是看电视还是与家人欢聚一堂；我们的体重越是超标，就越不敢品尝美食，如此种种。拥有的比需要的少，的确会令人不快，而且会产生其他不良影响，比如我们的健康、安全和受教育水平都会受到影响。稀缺，会导致不满，甚至抗争。[22]

面对这样的事实，我们感觉到其中缺少了一些关键因素。稀缺不仅仅是实质上的约束，也是一种心态。当稀缺俘获了我们的注意力时，就会改变我们的思维方式，无论它的存在是以毫秒计，还是以小时、天或星期计。对稀缺的感觉会萦绕在我们的大脑中挥之不去，从而影响我们所关注的事物，影响我们对选择的权衡，影响我们的思维方式，并最终影响我们的决策和行为。当我们在稀缺的影响下做事情时，会以不同方式去描述、管理并处理问题。曾有学者对特定的稀缺情况所引发的心态问题进行了研究：节食会对情绪造成什么样的影响？某种文化语境会对当地贫困人群的民意造成什么样的影响？[23]而我们的立场将会更具有普遍性：稀缺，无论以什么样的形式表现出来，都会创造出类似的心态。对这种心态的理解，有助于解释许多行为和稀缺所导致的后果。

稀缺心态（scarcity mindset）
稀缺是一种心态。当它俘获我们的注意力时，就会改变我们的思维方式，影响我们的决策和行为方式。

当稀缺俘获大脑时，我们的注意力就会变得更加集中，做事就会更有效率。在生活中的许多情况下，保持注意力高度集中都颇具挑战：工作上的拖延，是因为我们总会被杂七杂八的事情所干扰；从超市买回了标价过高的东西，是因为我们心不在焉。而当我们心神专注时，就不会那么容易犯下粗心的错误了。这一点很好理解：稀缺之所以会俘获我们，是因为稀缺很重要，值得我们投以关注。

但究竟应该何时锁定心神，我们却无法完全自主选择。手头上那件尚未完成的工作，不仅让我们在工作时间内全情投入，而且也让我们在家辅导孩子做功课的时候心不在焉。这种不由自主的俘获，虽然会使我们集中注意力，但同时也是伴随一生的负担。因为我们总是将关注点放在稀缺上，思想总是围着稀缺打转,所以就没有那么多精力投入人生中的其他事物。这不仅仅是一个比喻。关于心智的容量，也就是我们所谓的“带宽”，是可以直接进行测量的。我们可以对影响自己处理信息、做出决策的“流体智力”进行测评，也可以对影响我们行为冲动与否的“执行控制力”进行测评。我们发现，稀缺会降低所有这些带宽的

带宽（bandwidth）
即心智的容量，包括两种能力，分别为认知能力和执行控制力。稀缺会降低所有这些带宽的容量，致使人们缺乏洞察力和前瞻性，还会减弱人们的执行控制力。

容量，致使我们缺乏洞察力和前瞻性，还会减弱我们的控制力。其影响力非常大。举例来说，贫穷状态会比彻夜不眠对人的认知能力产生的影响更大。产生这个问题的原因并不是穷人的带宽不及富人，而是因为贫困的经历会降低任何一个人的带宽。

每当想到“贫穷”这个词语时，我们就会自然而然地联想到缺钱；每当想到日理万机的人或孤苦无依的人时，我们就会联想到没时间与没朋友。我们的研究结果显示，各种类型的稀缺都会导致带宽变窄。由于带宽会对各个方面的行为产生影响，因此它的变窄也会引发一系列负面的后果。在塞德希尔和肖恩的例子中，我们看到了这种影响：难以坚持按计划行事，无法抗拒新皮衣的诱惑，无法拒绝新项目的吸引，忘性大（忘记验车、打电话、还账单），脑子不好使（错误地估计了银行账户中的余额，发错了邀请函），这些都是因为带宽变窄才发生的。在稀缺所引发的后果中，有一项尤为重要：**稀缺会进一步延续并加剧稀缺**。塞德希尔和肖恩落入稀缺陷阱而无力逃脱，并非巧合。稀缺会创造出更大的陷阱。

贫穷之人会一直穷困潦倒，忙碌之人会永远日理万机，孤独之人会终日形单影只，而节食之人也总是会以失败而告终。关于这些现象的原因，我们找到了一个与众不同的解释。现有的一些理论在回应这些问题时，会从文化、个性、偏好或制度因素中寻找答案：负债之人对金钱和债务怀着什么样的态度？忙碌得不可开交的人，他们有着什么样的工作习惯？肥胖人士的饮食选择会受到什么样约定俗成文化和偏好的影响？而我们的研究给出了更加根本的结论：许多这类问题都能从稀缺心态的角度进行解释。当然，这并不是说文化、经济影响力和个性不重要。虽然这些影响因素的确会发挥重要作用，但稀缺存在着自身的内在逻辑，而这一逻辑会先于其他影响力发挥作用。

将这些稀缺陷阱综合在一起进行分析，并不意味着所有稀缺表现形式都拥有同样的重量级。在某种情境下，稀缺心态可能会产生比在另一种情境下更大的作用。比如，我们可以利用人类的记忆结构来理解问题，小到为什么会忘记带钥匙，大到目击证人的可信度和阿尔茨海默病的发病率等。24 同样，虽然稀缺在不同领域有着类似的逻辑，但其影响却大相径庭。在对贫困问题进行研究时，我们尤其深刻地体会到了这一点。贫穷的境遇可能会非常极端，其周遭环境会极其恶劣，让人难以忍受。而带宽负担对于穷人所造成的影响，很可能会大于对工作忙碌之人或节食者所造成的影响。出于这一原因，我们随后会重点关注贫困人群。

从某种角度来看，本书所要表达的观点十分简单。**稀缺会俘获我们的注意力，并带来一点点好处：我们能够在应对迫切需求时，做得更好。但从长远的角度来看，我们的损失更大：我们会忽视其他需要关注的事项，在生活的其他方面变得不那么有成效。**这一观点不仅有助于对稀缺塑造行为的现象进行解释，同时也可以让我们从中得出一些令人意想不到的结论，并对我们应如何对自身的稀缺状态进行管理这个问题提供新答案。

正在发展中的稀缺科学

稀缺是一门“正在形成中的科学”。**这门科学旨在揭示稀缺的心理学基础，并利用这一知识去解释各式各样的社会现象和行为方式。**本书的绝大部分内容都以原创研究为依托。这些研究开展于各种不同的环境，有大学实验室、购物中心，还有火车站等。从新泽西的施粥厨房到印度的甘蔗田，我们的足迹遍布世界各地。同时，我们也从这一新型假设的角度出发，回顾了前人的一些研究成果（譬如前面讲过的饥饿研究），并以前人始料未及的方式去加以理解。我们利用这些成果，构建起了一个个案例，以作为新观点的论据支持。

在一个全新领域进行研究的优势之一就是，既可以与专家展开讨论，也可以将看法展示给非专业人士。由于我们的观点建立在一系列科学的基础之上——从认知科学到发展经济学等，因此很少有人是横贯全部这些领域的通才。对于大多数人来说，本书的内容中至少有一部分是新鲜的。为了适应广大读者的需要，我们已经努力将整本著作设计得深入浅出。同时，书中也包罗了大量的小故事、小段子。虽然这些故事和段子不能作为严谨事实证据的替代品，但却可以让一些概念变得更加直观，令一些思想变得更加生动。最终，我们的观点是否能站得住脚，是否有足够的说服力，还得依赖于我们所列举的那些事实论据。

本书并非一锤定音之作，而是用一种全新的观点去审视一个古老的问题——它值得我们用严肃的态度去细细品味。每当出现一种新的思维方式时，就会从中衍生出新的含义、解析出新的影响力、发展出新的成果。还有太多事情等待我们去完成，而从这个角度来看，这本书就是一份邀请，请你坐到影院的首排，来欣赏这部发现之旅的每一个精彩瞬间。

第一部分

稀缺心态是一切稀缺的根源

SCARCITY

WHY HAVING TOO LITTLE MEANS SO MUCH

第 1 章

专注的“得”与管窥的“失”

当稀缺俘获大脑时，人们的注意力会集中在紧急的事情上，并将其他事物排除在外。这种专注会让人们从稀缺中获益，让人们获得“专注红利”。由于“目标抑制”的作用，人们在专注于某项重要事物的同时，就不容易想到其他重要事物。因此，专注也会导致管窥，让人们的视野变窄，从而付出沉重代价。

霍布斯：你构思好要写的小说了吗？

卡尔文：创造力可不像水龙头，说开就开。你得找到适当的情绪才行。

霍布斯：什么样的情绪是适当的？

卡尔文：紧要关头的恐慌。[1]

——比尔·沃特森（Bill Waterson）

《卡尔文与霍布斯虎》作者

不久前的一个晚上，我们去了一家名叫“土之糖”（dirt candy）的素食餐厅。这家餐厅之所以起这样一个名字，是因为老板兼主厨阿曼达·科恩（Amanda Cohen）认为，蔬菜是生于土地的“糖果”。餐厅的招牌菜是西兰花脆皮豆腐配橘子酱，很多顾客都对它赞不绝口。[2] 我们也点了这道著名的菜肴，发现果然名不虚传，十分美味。它无疑是全桌最受欢迎的一道菜。

我们来得还真是时候。因为第二天我们就得知，阿曼达·科恩即将在一档收视率很高的真人秀电视节目《铁人料理》（*Iron Chef*）中露面。《铁人料理》的比赛规则是，几位厨师要在短时间内完成 3 道菜，然后决出胜负。节目一开始，厨师们会在现场得知每道菜必须使用的一种神秘食材，然后用几个小时的时间进行菜品的设计和烹饪。这档料理大赛十分受欢迎，是烹饪界新人、美食鉴赏家以及美食爱好者们必看的节目。

在看这期节目时，我们都觉得科恩真是太幸运了——她得到的神秘食材是西兰花，所以她烹饪了自己的拿手好菜，也就是我们前一天刚刚品尝过的美味。评委们都对这道菜的口味赞赏有加。但事实上，科恩其实并非像我们所想的那样幸运——西兰花这种神秘食材，并没有让她展示出自己得心应手的烹饪技艺。恰恰相反，这期节目是在一年前录制的。就像她所说的那样：“现在菜单上的脆皮豆腐，就是在录制《铁人料理》的当场创作出来的。”就在那天晚上，科恩创造出了这道令她名声大振的拿手好菜。如果我们可以将这种现场灵感称为“幸运”，那么这种幸运就显得更加“卓尔不凡”。一位专家级人物花费了数年时间潜心积累了精湛的厨艺，而其最引以为傲的作品，却是在紧迫的时间和高度的压力下创造出来的。[3]

当然，这道菜并非是凭空创造的。诸如此类的创意大爆发，是建立在成年累月的经验和辛劳的基础上的。[4]紧迫的时间要求会令人头脑集中，迫使我们将之前积累的努力浓缩成即时产出的成果。设想你正在准备几天后就要在会议上做的报告。会议之前的这几天，你埋头苦干，但许多想法却总是摇摆不定。事实上，报告的大方向你可能已经确定好了，但如何将诸多思想组织起来却令你十分苦恼。眼看开会的日子一天天逼近，你再也没有磨蹭的时间了。**稀缺，会迫使人做出选择。所有抽象的事物都会变得具体起来。**如果没有最后的这一点推动力，即使你的大脑中已经充满了创意，却拿不出最终的计划。参加《铁人料理》节目之时，科恩已经拥有了属于自己的“秘密调料”——潜心钻研了数月甚至数年的烹饪技艺。稀缺并不能凭空创造出这些技艺，而是给了她一股推动力，让她将这些技艺整合起来，做出了一道人人称赞的美味佳肴。

人们常常会将稀缺与其最可怕的后果联系在一起——有人变得穷困潦倒，还欠了一屁股债；有人累死累活却永远赶不上任务进度。我们就是由此构思出这本书的。不过，阿曼达·科恩的经历还体现了稀缺的另一面，而这一面并不易被人察觉——稀缺能令人们收获更大的成效。想必所有人都曾有过这样的经历，在手头资源不足、感觉紧迫之时会取得突出的成绩。在阿曼达的例子中，正是因为她充分地意识到了时间的紧迫性，才能心神专注，将多年的经验融会贯通，最终烹饪出一道美味佳肴。所以，我们认为，**当稀缺俘获大脑时，人们的注意力会集中在如何以最有成效的方式去利用自身资源上。**虽然这种现象存在着负面影响，但也意味着人们可以从稀缺中获益。本章会先讲述稀缺带来的利益，之后再讨论我们为稀缺所付出的代价，其中预示着稀缺会以失败而告终的命运。

资源稀缺换来了专注与回报

很多人都讨厌开会。康妮·格西克（Connie Gersick）是组织行为学领域的一位著名学者，对此进行过深入的研究。为了搞明白会议的进程以及进程中工作与交流的变化模式，她进行了多次详细的定性研究。她对各种类型的会议均有研究——学生之间的会议、管理者之间的会议、为了在几种选择中做出权衡从而进行决策的会议与以头脑风暴形式设计产品推销方案的会议等。这些会议真是五花八门。但从某种角度来讲，它们又是异曲同工的：**所有会议一开始都是没有重点的，而讨论的内容也非常抽象，离题甚远**——大家的谈话总是漫无边际，经常会脱离会议的主题：原本简单的要点总是要费尽周折才能说明白；每个人都有自己的见解，却没有人能给出解决方法；时间都花费在了与主题无关的细节上。[5]

在会议开到一半时，情况发生了转变。用格西克的话说就是，出现了“中途修正”。与会者开始意识到时间快不够了，于是变得认真起来。就像格西克所说的那样：“会议开到一半，当人们开始担心会议结束时间和会议进度时，就是‘进程大幅跃升’的起点。（此时）人们会开始变得齐心协力起来，完成工作的意愿和能量会突然增强。”就这样，不同意见纷纷被铲除，关键的细节问题成了焦点话题，其他一切靠边站。会议的后半段总是会出现很多实质性的进展。

中途修正反映了稀缺俘获大脑所引发的一种结果——**一旦时间不够用的现实变得无法逃避，我们就会开始集中精力。**

就算我们是独自一人做事，也会出现这种行事规律。试想你正在撰写一部著作，正在写作的章节需要在几周之内完成。于是，你坐下来准备埋头苦干。刚写了几句话之后，你突然想起来还有一封邮件没回。打开收件箱之后，你又发现收到了其他几封需要回复的邮件。一眨眼的工夫，半个小时过去了，你还在回邮件。你并没有忘记自己的任务——写作，于是又回头看了看刚才写出来的那几句平淡无奇的话。而就在你继续“写作”这一任务的时候，却发现自己脑子里想着的竟是以下这些事情——午餐要不要吃比萨？最近一次检查胆固醇指标是什么时候？有没有将自己的人寿保险更新到新地址？从一个想法神游到另一个基本不搭边的想法已经耗费多长时间了？所幸马上就到午餐时间了，于是你决定提早收工。你与许久不见的朋友共进午餐，然后又慢悠悠地品尝了一杯咖啡——反正还有几周时间可以用来完成这章内容呢。就这样，一天时间被一点一点地耗尽了，虽然你写出了一些东西，但远比所希望的要少得多。

现在，请再想象一下一个月之后的情形：还有几天时间就得完成这一章节的写作了。此时，你坐在办公桌旁准备干活时的心态，就多了几分紧迫。当你想起同事发过来的邮件时，毅然决然地继续写作，没有半点儿分心；也有可能你太过专注于写作大业，根本没有想起来还有邮件这回事；你的思想没有漂移到午餐、胆固醇检查或人寿保险的条款上；与朋友共进午餐时（假设你没有将午餐推迟），你也没有为了喝杯咖啡而磨磨蹭蹭；就算身处餐厅，你满心想着的也是尚未完成的章节和步步紧逼的截稿日期。一天结束之时，专注为你带来了回报：你终于写出了一大段内容。

稀缺实验室
SCARCITY

心理学家通过控制实验的方法，对设定截止日期的益处进行了研究。在一项研究中，实验人员雇用了一组本科生来校对 3 篇文章，并给了他们很长时间——只要在 3 周内完成任务就可以了。学生们的收入以校对出的错误数量以及是否按时完成任务为依据。他们要在第 3 周结束之时上交所有 3 篇文章。针对另一组实验对象，研究人员定下了更为严格的截止日期，从而创造出了更大的稀缺：总时间依然是 3 周，但这组学生需要每周上交一篇校对完成的文章。结果如何呢？就像之前预想的情形一样，截止日期更为紧迫的一组更有成效。虽然这组学生需要去应对的截止日期更多，但迟交的情况更少，找到的拼写错误却更多，因此赚到的钱自然也更多。[6]

截止日期的作用不仅仅在于可以提高工作成效。对于大学毕业生来说，大四的第二学期就是一个截止日期。能尽情地享受大学生活的日子已经屈指可数了。心理学家杰米·库尔茨（Jaime Kurtz）曾针对大四学生如何面对毕业这个“截止日期”的问题进行了一项研究：研究从毕业前 6 周开始进行。6 周时间，距离大学生活正式结束还不是那么紧迫，并不能引起学生们充分的重视；而 6 周时间也不算长，足够令他们意识到毕业之日即将来临。[7]

库尔茨对其中一半学生强调毕业迫在眉睫（剩余时间以小时计），对另一半学生强调时间还很充裕（6 周相当于一年时间中很可观的一部分）。对于稀缺的理解和意识产生的变化，也改变了学生们管理时间的方式：当他们感觉时间所剩无几时，会尽量充分地利用余下的每一天；他们会花更多的时间参加各种活动，沉浸在大学生活最后的一点点美好时光中。这样一来，他们觉得自己更加开心了，也许是因为他们要抓紧时间享受大学生活的丰富多彩。

时间稀缺所带来的影响体现在各种各样的领域中。

稀缺实验室
SCARCITY

在一项大规模的营销实验中，实验人员为一批客户邮寄了一张写有截止日期的礼券，而为另一批客户邮寄了不会过期的礼券。虽然不会过期的礼券一直都有效，但其使用率却很低。可见，如果没有时间稀缺的影响，礼券就不会吸引人们的注意力，甚至有可能会被丢弃在一旁，被人渐渐遗忘。[8] 在另一个领域中，组织研究者发现，在销售周期的最后几周（或几天）中，销售人员的工作努力程度达到了顶点。[9] 而我们进行的一项研究发现，距离发薪日越近，数据录入员工作得就会越卖力。[10]

英国著名记者马克斯·黑斯廷斯（Max Hastings）曾在一本关于丘吉尔的著作中这样写道，“英国人头脑最好用的时候，就是快要来不及的时候”。[11] 每个要在截止日期之前完成工作的人，都会觉得自己像个英国人。截止日期是一种很有效的手段，之所以这么说，是因为它产生了时间稀缺，可以让人集中精力去做事。

在第二次世界大战的饥饿研究中，饥饿感令实验对象对食物念念不忘；同样，截止日期的存在，也令当下的工作在人们的大脑中挥之不去。无论是会议结束前的几分钟，还是大学毕业前的几周，截止日期都会被我们强化和放大。我们会为了完成工作而投入更多的时间。各种干扰因素也会变得没那么富有吸引力。文章的截止日期临近时，我们就不会在午餐时磨磨蹭蹭；会议的结束时间临近时，我们就不会再纠结于偏离主题的讨论；毕业之日快要到来时，我们就会抓紧时间享受大学生活的美好。

无论是有关工作还是娱乐，只要时间有限，我们都会尽量将其利用得淋漓尽致。我们将这种现象称为“专注红利”（focus dividend），也就是稀缺俘获大脑时所产生的积极成果。

专注红利

各种类型的稀缺都会产生专注红利，而不仅仅局限于时间稀缺。比如，当牙膏越用越少时，我们就不会像刚拿到一管新牙膏时那样一下挤出来很多；在享受一盒价格不菲的美味巧克力时，我们总会由衷地去仔细品味最后那几块，有时还舍不得吃掉；假期的最后几天，我们会马不停蹄地游览各个景点，争取一个不落；如果有字数的限制，在文章快收尾时，我们就会以更加谨慎的态度去写作，而且还会出其不意地写出更加精彩的文章。

在与心理学家阿努伊·沙阿（Anuj Shah）的合作中，我们找到了一种可以利用专注红利的广泛影响来测试我们所得理论的方法。如果说我们的理论适用于所有类型的稀缺，而不仅限于金钱或时间稀缺，那么就应该同样适用于人工创造出来的稀缺。那么，诞生于实验室的稀缺是否也能够产生专注红利？在实验室中，我们能够去研究人们在受控条件下的行为，从而揭示出思想和行动的发生机制。这种方法与心理学领域的长期传统是一致的——**心理学家们常常利用实验室来研究诸如从众、服从、策略互动、帮助行为甚至犯罪行为等重要的社会问题。**

稀缺实验室
SCARCITY

出于研究目的，我们开发了一个灵感来源于《愤怒的小鸟》（*Angry Birds*）的视频游戏。在这个被我们称作《愤怒的蓝莓》（*Angry Blueberries*）的游戏中，玩家们需要用虚拟弹弓将蓝莓瞄

> 准华夫饼——需要在射击时决定将弹弓拉多远，拉成什么角度。蓝莓被射出之后，会在华夫饼之间回弹，摧毁撞击到的所有华夫饼。这是一场关于目标、精准度和物理学的游戏。玩家们需要猜测蓝莓子弹的弹道轨迹，并估算子弹在华夫饼之间的弹射路线。
>
> 这一实验要求玩家至少玩 20 轮游戏，然后用赚到的点数来换取奖励。每轮游戏开始时，他们都会得到一些蓝莓——可以一次将所有蓝莓都射出，也可以储存一部分，留到后面几轮使用。如果玩家玩完 20 轮还有剩余的蓝莓，那么就可以继续玩下去，继续积累点数，直到蓝莓用光为止。游戏中，蓝莓决定了玩家的财富：拥有的蓝莓越多，意味着射击的次数越多，也就意味着玩家们能够获得更多点数，可以换取更大的奖励。而实验的下一步就是创建蓝莓稀缺：我们会给一些实验对象较多的蓝莓（每一轮获得 6 个），而给另一些实验对象较少的蓝莓（每一轮仅获得 3 个）。[12]

玩家们表现得如何呢？拥有较多蓝莓的玩家们无疑获得了更多的点数，因为他们手里的“弹药”很充足。但从另一个角度来看，拥有较少蓝莓的玩家们表现得更好，因为他们的投射更加精准。出现这种现象的原因并不是后者的视觉敏锐度出现了神奇的提升，而是因为他们在每次投射时都要花上更长的时间进行瞄准。（实验对游戏用时并没有限制。）由于子弹数量较少，他们就会做出更为明智的判断。而另一方面，拥有较多蓝莓的玩家们在射击时则会更加随意——这并不是因为他们可以玩更多轮游戏，觉得无聊，于是决定少花点时间；当然，也不是因为他们玩累了。就算是第一次射击，与拥有较少蓝莓的玩家们相比，拥有较多蓝莓的玩家们就已经表现得没有那么专注和细心了。这种现象与我们的预测相符：**拥有较少蓝莓的玩家们得到了专注红利。**

从某种角度来看，蓝莓稀缺产生了与截止日期引发的时间稀缺相似的效果，这一现象令人感到有些意外。在游戏中少拿几颗蓝莓，与开会时仅有几分钟时间或工作时只剩下几个小时，两者之间似乎没有多少相似之处；而专注于每次射击中应该将弹弓拉到多长以及何时射出子弹的问题，与决定工作之中的对话与进度这样的复杂选择，也不存在什么相似之处。但当我们剥去了真实世界中的所有复杂性，仅剩下稀缺一项时，相似之处就会出现。蓝莓实验的初步研究结果显示，无论真实世界中发生了什么，稀缺都能够创造出专注红利。

在受控环境下观察到的稀缺效应还可以告诉我们另外一个道理。众所周知，真实世界中的穷人与富人在诸多方面都存在着较大差异：不同背景和经历使他们产生了不同个性、能力、健康状况、受教育程度以及偏好。所以说，那些为了在截止日期前完成任务的人们，本身很可能就不是同一类人。当他们表现出不同的行为方式时，稀缺可能就是致使这些行为的一个原因，但其他一些不同之处也可能会发生作用。

在《愤怒的蓝莓》游戏中，我们用掷硬币的方式来决定谁是“蓝莓富翁”、谁是“蓝莓穷光蛋”。在这种情况下，如果这些人表现出不同的行为方式，那么我们就不能将其归因于任何有所传承的个体差距，而一定是由于蓝莓的稀缺，这是将他们区分开来的唯一因素。通过用这种方式在实验室中创造出稀缺，我们就能洞悉稀缺问题的关键。因为我们知道，稀缺本身就是原因所在。

专注红利是人们在面临截止日期时有所提高的工作效率，是在玩家们手中蓝莓数量较少时有所提高的射击精准度。**专注红利来源于我们提出的核心原理：稀缺俘获大脑。**“俘获”这个词在这里很重要，因为它形象地描绘了事情的发生是不可避免的，而且超越了我们的控制范畴。稀缺可以帮助我们做成一些凭借自身力量很难做到的事情。

同时，这场游戏实验也让我们重新认识了稀缺。理论上，《愤怒的蓝莓》游戏中的富翁玩家可以利用“模拟穷光蛋”的策略：他们可以像穷光蛋一样，每轮只射出3个蓝莓，将剩余的留下来备用。这种策略可以使“富翁们”拥有比真正的“穷光蛋们”多一倍的游戏轮数，从而获得两倍的点数。而在实际操作中，蓝莓富翁们赚得的点数与两倍相差甚远。[13] 这可能是因为玩家们没有想到这一策略；但即便他们想到了，也基本上不会为此采取什么行动。

> **专注红利（focus dividend）**
> 稀缺会自动将干扰和诱惑等因素推至一旁，让我们做到凭一己之力很难做成的事情。

佯装稀缺是很难做到的。之所以会产生“专注红利”，是因为稀缺会将自身的影响强加于我们，在纷繁的琐事中俘获我们的注意力。我们发现，稀缺的影响超越了意识控制的范畴，其发生速度以毫秒计。这就是为什么迫近的截止日期会使我们能如此义无反顾地避开干扰和诱惑的原因——稀缺会自动将这些因素推至一旁。

我们不能通过胳肢自己来取乐，同样，也很难以提高工作绩效为目的，用假装有个截止日期的方式来自我欺骗。空想出来的截止日期不过是一个空想而已，它永远也不会像真正的截止日期那样俘获我们的大脑。[14]

实验数据显示，稀缺会在许多不同的时间单位中俘获我们的注意力。在引言中我们提到，稀缺能在几毫秒间俘获我们的注意力——在几毫秒间，饥饿的人就能辨认出“蛋糕”这个词。同样，稀缺也能在几分钟（用蓝莓瞄准目标）、几天和几周的时间内发挥作用（大四学生在毕业之前充分享受大学时光的行为）。稀缺的牵引力始于最初的那几毫秒，然后逐渐积累，最后转化为表现在更长时间段之中的行为。

这样看来，其反映的就是稀缺是如何通过潜意识和有意识的行为这两个方面来俘获人类的大脑的。用心理学家丹尼尔·卡尼曼（Daniel Kahneman）的话说就是，**“在思考快与慢的两个节奏上，稀缺都会俘获大脑”**。

管 窥

2005年4月23日晚上10点，美国阿马里洛消防队的布莱恩·亨顿（Brian Hunton）接到了他这辈子的最后一次报警。[15]

有些报警不过是虚惊一场。而有一些，就像这次南波克街一处民房发生火灾的情形，却真实得令人害怕。一般情况下，消防队员们事先都无从了解事态的严重情况，所以他们必须认真对待每一次报警。每次警报都相当于一次消防演习，消防队员们必须立刻从放松状态调整到应对火灾的战斗状态。他们不仅要迅速赶往火灾现场，而且还要全副武装，准备与熊熊火焰决斗。对于其中的每一个步骤，消防队员们都要不断演习，不断优化。就连穿衣服这件事情，都要经过反复训练，以保证能在最短时间内做好。不过，所有努力都能得到回报。收到报警后的60秒内，亨顿和其他消防队员就已经穿戴整齐——裤子、外套、面罩、手套、头盔和靴子一件不落，并跳上了消防车。

如果不是消防业内人士，就很难理解亨顿的死因。他并没有因火焰灼烧而殉职，也不是因为吸入了烟雾，更不是因为房屋倒塌。事实上，亨顿在去往火灾现场的路上就出了事。消防车在飞驰向南波克街时，遇到了一个急转弯。在全速转弯时，消防车的左后门忽然被掀开了。亨顿摔出了车外，头部撞上了马路牙子，巨大的冲击力导致他头部遭受了严重的外伤。两天之后，亨顿离开了人世。

亨顿的去世充满了悲剧色彩，因为这种事情本来是可以避免的——如果在车门不小心被掀开时，他身上系着安全带，那么他最多也只是会受点惊吓，不会因此而丧命。

亨顿的悲剧令人扼腕，但类似的悲剧还有很多。据统计，消防队员在车辆事故中丧生的概率排行第二位，仅次于心脏病。[16]1984—2000年期间，机动车相撞引起的事故，在消防队员的死因中占到了 20%~ 25%。[17] 在这些事故中，79% 的消防队员死于没有系安全带。虽然我们无法确保消防队员的人身安全，但如此看来，只要随手系上安全带，就能挽救许多人的生命。

消防队员们对这些统计数据并不陌生，因为安全培训上总是在反复强调。亨顿在去世前一年，刚刚拿到了安全课程的毕业证。[18] 美国消防管理局(U.S.Fire Administration）副局长查理·迪金森（Charlie Dickinson）于 2007 年曾这样写道：“据我了解，消防队员们在驾驶机动车时，没有不系安全带的。而且我也了解到，没有哪位消防队员不会去提醒自己的家人系安全带的。所以说，消防队员们竟会因为从消防车中被抛出去而丧失宝贵的生命，这到底是怎么回事？”[19]

原因就是，接到报警之后，消防队员们直面的是时间稀缺问题：他们不仅要迅速地跳上消防车，赶赴火灾现场，而且还要在抵达现场之前做好诸多准备工作——他们要在路上制定出消防策略；他们需要利用消防车上配备的计算机来研究起火建筑的结构和布局；他们需要制定出进出火灾现场的路线；还要计算出所需水龙头的数量。所有这些，都要在抵达现场之前的短暂时间内完成。虽然消防队员们非常善于管理这种时间稀缺——他们能在几分钟之内就赶到较远的火灾现场，收获巨大的专注红利，但想获得这种红利却要付出代价。

管窥（tunneling）
专注于某一事物就意味着我们会忽略其他事物，也叫“隧道视野”。

专注于某一事物就意味着我们会忽略其他事物。想必我们都有过这样的体会：当我们沉浸在一本书或一部电视剧中时，身旁朋友提出的问题我们往往会充耳不闻。可见，专注同时也会将其他事物排除在外。所以，**我们可以说稀缺令人“专注”，也可以说稀缺导致我们有了“管窥”之见——只能一门心思地专注于管理手头的稀缺。**

“管窥”这一词语指的是人们的视野会因稀缺问题变得狭窄，形成管窥之见，即只能透过“管子”的孔洞看清少量物体，而无视管外的一切。[20] 关于摄影技术，苏珊·桑塔格（Susan Sontag）曾写过这样一句名言：“摄影就是将景物装入框内，而框入一些东西就意味着其他景物会被排除在外。”[21] 管窥就是人们对这种体验的总结与融汇。

我们了解到，消防队员们不仅要专注于如何全副武装地准时赶赴火灾现场，而且还要用管窥心态来对待任务——与任务不相关的想法都会被忽略。在亨顿的例子中，被忽略的就是消防车上的安全带。管窥现象会出现在所有人身上，并不局限于消防队员，而消防队员没有系安全带，也可能是有其他原因。但从未在你脑海中闪现过的安全带，是永远不会被系上的。

专注具有积极意义：稀缺会迫使我们专注在迫近的重要事情上；管窥则是消极的：稀缺导致我们有了管窥之见，让我们忽略了其他可能更重要的事情。

管窥所导致的忽视

管窥改变的是我们做出决策的方式。比如，某天早上，你没有像往常一样去健身房锻炼身体，而是将时间用在了工作上。这项工作的截止日期没剩几天了，现在成了你的当务之急。这种选择是如何形成的？很可能是你在经过理性的思考之后，才在事物之间做出了合理的权衡。你可能是算了一下最近去健身房的频率，在多去一次健身房能给你带来的收益以及完成工作的迫切需要之间，进行了比较，然后决定不去健身。对你来说，当天早上能多工作几个小时，比锻炼身体更加重要。在这种情境下，就算稀缺没有对你产生心理影响，你依然会认为不去健身是最佳选择。

相比之下，当我们有了管窥之见时，就会做出不一样的选择。截止日期会让我们产生短视。一觉醒来，你满脑子想的都是最为迫切的需要。你可能根本想不到要去健身,因为你那满满当当的脑子已经容不下任何其他想法了。于是,你不假思索地将健身弃于一旁。就算你想到了,此时的你也会用不同眼光去评价健身所需要付出的成本和可能得到的收益。管窥会放大其他事物的成本(在上面所花费的时间更少),缩小其他事物的收益(那些长期坚持锻炼才能看到的健康收益,现在也不那么迫切了)。无论健身是否是正确的选择,无论中立的成本收益权衡是否会让你得出同样的结论,你都会放弃健身。我们在面临截止日期时会更有工作效率,侵入大脑的分心之事会更少。出于同样的原因,我们也会做出不同的选择。

管窥之所以能发挥作用,就是因为它会影响并指挥我们去想哪些事和不去想哪些事。

> 如果想要切身地感受一下这种作用,就请尝试一下下面这个小任务:尽量多地列出白色的东西。请试试看。我们先给出几个简单的例子来帮你开动脑筋。请花点时间想一想,除此之外,还有哪些白色的东西:
>
> **雪、牛奶……**
>
> 你能想出多少种白色的东西?这个小任务是否比你最初设想的要难一些?

研究显示,有个方法可以帮你将这项任务变得简单:不给你“雪”和“牛奶”这两个例子。通过实验我们了解到,有了这些“小引子”的帮助,人们反而只能想到更少的相关事物,就算加上那些显而易见的例子也一样。[22]

这种看似违背常理的结论,就是心理学家们常说的“抑制”(inhibition)发挥作用的结果。[23]一旦你在脑海中建立起了“白色”与“牛奶”的链接,每次当你想到“白色的东西”时,这条被激活的链接就会将你直接带回到“牛奶”上,然后产生更为深化的激活。结果,所有其他白色的东西就都会受到抑制,让我们更不容易想到。就这样，你的脑子里一片空白。就连现在的我，也都想不到什么其他例子。“牛奶”是一个非常典型的白色事物，一旦激活与“白色”之间的链接,就会将其他所有白色的事物排除在外。这也是大脑的一个基本特点：**对一项事物的专注会抑制竞争意识**。当你生某人的气时，抑制作用会令你忽略他的好处：专注于他那些让你反感的地方，就会抑制你记忆中他积极的一面。

大脑并不只针对词汇或记忆而发挥抑制作用。

稀缺实验室
SCARCITY

一项研究要求实验对象写下一项个人目标—— 一个他们想要获得的具有某种品质的特征（比如“受欢迎”或“成功”）。研究人员要求其中一半实验对象写下一项重要的个人目标，要求另一半实验对象随便写下一些目标。完成这一步之后，就像上面提到的牛奶实验一样，研究人员会要求两组实验对象写下尽可能多的目标（无论重要与否）。结果显示，如果实验对象一开始就写下了重要目标，那么他们列出的目标总数就会减少 30%。正如“牛奶”会在脑海中将其他白色物体排除在外一样，激活一项重要目标也会将其他竞争目标排除在外。专注于某项重要事物会令你不那么容易想到其他你所关注的事物。心理学家们将这种现象称为“目标抑制”（goal inhibition）。[24]

目标抑制是在管窥现象背后动作的机制。稀缺创造出了一个强大的目标——应对紧迫的需要，而这一目标会抑制其他目标和想法。消防队员们心中有一个目标：迅速赶赴火灾现场。而这一目标成功抑制了其他想要进入大脑的想法。这种现象可以说是一件好事，因为他们的思想此刻不会开小差，不会想到晚餐吃什么或是退休金拿多少钱，而是专心致志地准备应对前方的火灾。但同时，这种现象也可能变成坏事，因为他们想不到与直接目标不相关的事物（比如安全带），就算想到了，更为迫切的关注点也会将其排除在外。从这个角度上理解，我们就明白了为什么消防队员们会忽略安全带的存在和发生事故的原因了。

稀缺既能为人们带来收益（专注红利），也能让人们付出代价，而抑制机制就是这两者出现的根源。抑制作用限制了分心的想法，使得人能够专注于某一项事物。引述之前举过的例子，为什么截止日期会大大提高我们的工作效率？因为我们不会那么容易分心。我们不会想到同事发来的邮件，就算想到了也会很快忘掉。而目标抑制机制就是我们不那么容易分心的原因所在。“完成本章内容”这个主要目标会俘获我们的大脑。目标抑制机制限制了所有会导致拖延的分心事物，比如电子邮件、视频游戏或者零食；但同时也限制了我们本该投以关注的其他事物，比如去健身或回复一通重要的电话。

我们专注、管窥、着手做事、疏忽其他事，都出于同样的原因：那些存在于“管子”视野之外的事物被抑制了。在面对工作的截止日期时，我们不去健身的决定有可能是合理的，也有可能是不合理的。只不过我们因为想要在截止日期前完成工作而决定不去健身时，并不会以这种方式进行足够的思考。我们会对“管子”之内的想法反复斟酌，而“管子”之外的想法或多或少都会被忽视。比如负责对飞机进行管制的空管员。如果一架大型客机报告发动机出了问题，那么空管员就会全身心地投入解决这个问题之中。此时，空管员不仅想不起来要去吃午餐，而且也无暇顾及由他管制的其他几架飞机，这样一来飞机就很有可能会飞到与其他飞机相冲突的航线上。

通过《愤怒的蓝莓》这一游戏，我们了解到了专注红利。在实验室中，我们也能够看到管窥所导致的负面后果。如果因稀缺导致的忽视对得失权衡不敏感，我们就可以认为，即使忽视会产生不利影响，但稀缺还是会造成忽视。为了对此进行测试，我们与阿努伊·沙阿一同进行了另一项研究。研究中，我们为实验对象布置了简单的记忆任务，每个任务包括 4 张图片（见图 1-1）。

图 1-1　任务中的 4 张图片

实验对象会先记下这些图片，之后再进行回忆。研究人员为实验对象提供了这 4 张图片中的一张，要求他们试着回忆起剩下的 3 张。比如，在实验对象看过上面这些图片之后，可能会这样提问：

请重建包括图 1-2 的场景。

图 1-2　蜘蛛图案

如果想要跳到下一轮请点击此处查阅可供选择的图片（见图 1-3）。

图 1-3　可供选择的图片

稀缺实验室
SCARCITY

实验对象要通过记忆来判断其他几幅图片中的物体——食物、车辆、纪念碑，与给定的蜘蛛图片是如何排列的。如果回答正确，就能得分（判断所需的时长没有限制）。在这里，虽然不存在时间稀缺的问题，但是却有猜测稀缺（guess scarity）的问题——实验对象只能进行固定次数的猜测。与之前的实验一样，我们设计了猜测次数较少的“贫穷”小组和次数较多的“富裕”小组。[25]

为了对管窥的成本进行衡量，我们还增加了一个细节。我们让实验对象两两并排而坐，进行两轮游戏。研究人员展示两组图片，请实验对象进行回忆和重建。在其中一轮游戏中，实验对象是贫穷的（猜测次数较少）；而在另一轮游戏中，实验对象则是富裕的（猜测次数较多）。这样，他们在尝试对一组图片进行重建时，就会体验到稀缺，而另一组图片的重建则不存在稀缺。所有实验对象的总收益取决于他们在两轮游戏中的表现，他们需要将获得的总分数最大化。当然，我们也可以这样理解这场游戏：实验对象有两项工作任务，一项的截止日期是第二天，另一项的截止日期是一周以后。如果实验对象出现了管窥心态，那么他们在一轮游戏中获得的分数就会被另一轮游戏所抵消。

与专注红利实验中的情况一样，人们在贫穷时反而能够做出更有成效的猜测。但同时他们也会出现管窥心态，从而忽略另一组图片。这种现象会使他们的做事效率变得更低。在被忽略的一组图片上，实验对象的表现差了许多，但他们赚得的总分数在两轮游戏中都比较贫穷的实验对象要低。虽然他们的总猜测次数更多，但得分却更少。[26] 在两轮游戏中都面临猜测次数稀缺的问题，意味着实验对象不能忽略任何一组图片；而在一轮游戏中拥有充分的猜测机会，则容易令人们忽略这组图片，将注意力投入猜测次数贫乏的那一轮游戏之中。于是，他们对这轮游戏产生了过度关注。

如果实验对象能够在对游戏投以关注时稍加思考,就不会表现得如此极端。很明显，他们没有对管窥心态的成本和收益进行评估，只是单纯地有了管窥心态，而在游戏所创建出来的环境中，管窥心态对实验对象造成了不利影响。

管窥负担（tunneling tax）
因没有对管窥心态的成本与收益进行评估而产生的心智负担与不利影响。

我们将这种负面后果称为管窥负担。关于管窥负担与专注红利孰轻孰重的问题，就要具体问题具体分析了。若将游戏稍加改动，红利就会超过负担。我们的研究目的，不是为了证明管窥的成本永远大于专注的收益，而是要证实我们产生管窥心态并非是由得失利弊的权衡来决定的，稀缺会自动俘获我们的大脑。**当稀缺将我们的大脑俘获时，我们不会通过对得失利弊的谨慎思考来进行权衡。可见，我们用管窥的方式来应对稀缺，既有利，又有弊。**

管窥负担

> 我上了速读课，用 20 分钟读完了《战争与和平》，然后知道了这本书与俄国有关。
>
> ——伍迪·艾伦[27]

上述提到的案例未免有过于抽象之嫌。在本章的尾声，我们会再次讲述管窥负担在日常生活中的表现，以帮助读者从直觉上加以理解。这些小例子并不是为了说明人们如何犯错误，而是为了让我们明白，管窥会导致我们忽视某些因素。首先，我们来看看《华尔街日报》上讲到的省钱攻略：

> 好吧，你想在下次感恩节到来之前多省出一万元钱。如何才能做到呢？关于那些千篇一律的节省方法，想必你都听了无数遍了。而且你已经有了很大进步，比如尽量少出门喝咖啡、**提高保险免赔额**和躲开那些商品标价不菲的店面。[28]

提高保险免赔额，究竟是好是坏？对于手头紧的人来说，的确很难回答这个问题。没错，这样能省钱，但是却要为此付出代价。你一开始可能是省下了些钱，但一旦事故发生，就存在支付更多成本的风险。所以，对于免赔额进行理性的选择，就能做好权衡。而在“管子”的视野里，只有一个被扩大了的想法：现在要想办法省钱。提高免赔额就像少出门喝咖啡与看电影一样，现在就可以省些钱，于是这个想法在“管子”视野中建立了稳定的地位。其他考虑因素，比如一旦车子坏掉了如何支付维修费的问题，早已被你忽略到“管子”之外了。

这种想法不仅会让有些人提高免赔额，而且还会让有些人有了干脆连保险都不买的决定。

> 研究人员发现，在贫困国家，他们很难说服穷苦的农民购买各类保险，包括健康险、农作物险等。[29] 比如，降水险能在降水量过低或过高时，保护农民的生计免受损失。但是就算政府提供大量补贴，绝大多数（甚至90%之多）农民都不会购买保险。[30] 健康险也是一样。[31] 当被问到为什么不买保险时，穷困的农民总是回答说他们买不起。而这一困扰正让他们遭遇了其最不想看到的事实：因为买不起保险，反而要承担经受不起的风险。

在这个例子中，保险就是因管窥而被忽视的。对于连糊口都成问题的农民来说，下一季的干旱或身体健康问题此刻就会显得非常抽象，就会被排除在“管子”的视野之外。对于农民现在迫切需要的东西——食物、房租、孩子的学费，保险都不能予以解决，而且还会令本已揭不开锅的家庭更加拮据。

管窥的另一个表现就是，我们会因此做出同时处理多项任务的决定。我们可能会在“听着”电话会议的同时查收邮件，或者在吃晚餐的时候抽空回两封邮件。这样做的确能够节省出一些时间，但是却要付出代价。我们很可能会错过电话会议或晚餐中某人提供的某个信息，或是回了一封词不达意的邮件。而开车时同时处理多项任务就更有可能会酿下灾难了。每次想到有人开车时在做别的事情，我们首先就会联想到边开车边打电话的司机。的确，研究显示，开车时通过非手持移动电话进行通话的情况，可能比酒驾还要危险。[32] 我们也会想到边开车边吃三明治的司机。研究显示，开车时吃东西的后果同样很严重。[33] 很多人都有过边开车边吃东西的经历：一项研究发现，41% 的美国人都曾经在开车时吃过一顿饭，包括早餐、午餐和晚餐。[34] 边开车边吃东西虽然可以节省下一些时间，但却让车主们承担了额外的风险，如把车弄脏、出交通事故，甚至在分心时摄入更多的卡路里。[35] 管窥会令人们想要同时做几件事情，因为这样可以节省时间，这是在“管子”视野之内获得的收益；而节省时间的同时可能会出现的问题，则处在“管子”视野之外。

有时，当我们有了管窥之见时，就会完全忽略其他事物。当我们手头有一项急需完成的工作时，就会缩短与家人共度的时光，将理财计划向后推，甚至是例行的体检也要改期。时间特别紧张时，我们就会想：“下周也能陪孩子玩。”而不会想：“孩子们现在真的需要我，要等到什么时候我才能真的有时间呢？”对于我们来说，“管子”视野之外的事物并不容易看清，更容易被我们忽略，而且也更容易被我们遗忘。

公司也会受到稀缺心态的影响。比如，许多公司都会在淡季削减营销预算。但有些专家认为，这种做法并非明智的商业决策。事实上，这与管窥心态十分相似。正如一位中小企业顾问所说的：

> 一到经济衰退时，许多小企业就会犯同样的错误——大刀阔斧地削减营销预算，有的甚至将其削减为零。但是恰恰相反，经济衰退期正是小企业最需要进行营销的时刻。消费者永远都不会满足，总是想要改变他们的购买决策。你要将自己的品牌打出去，帮助消费者找到自己的产品和服务，才能在众多竞争对手中脱颖而出。因此，不能放弃营销。而如果有可能的话，中小企业更应该在经济低迷时增加营销力度。[36]

经济低迷时削减营销支出的决策究竟是否明智，关于这场争论的定夺，还需要大量的实证工作。我们在此想要说明的是，营销所带来的利益很像那类在管窥视野之外被忽略的事物，因为你在考虑营销问题时，心中所想就是如何削减这一季度的预算。营销就像保险一样，在“管子”视野里面是成本，而其收益则被排除在视野之外了。

在许多这类案例中，我们都会质疑这些选择是否明智。我们如何得知，边开车边吃东西所节省下来的时间，不值得为之承担因此而增加的事故风险呢？确定某个选择正确与否，永远是个难题。如果为了赶上工作进度而忽略孩子，那么这是不是一个错误的选择？谁能做出客观的评价呢？答案取决于草率工作而引发的不利后果，没有陪伴孩子而造成的负面影响，还有你对人生的期望。局外人若要替你将这些因素全部考虑在内，是需要费一番周折的。但是，对稀缺心态的研究能够告诉我们管窥之见是如何发挥作用的，某些考虑因素是如何被我们所忽略的，从而在不需要得出这场辩论孰胜孰负的前提下，令我们对问题产生更加深入的理解。

在搞清楚稀缺心态之后，我们就会在通过某人的行为推断其偏好时更为谨慎。我们可能在看到某个大忙人总是对孩子不管不顾时，就会认为他的心思全放在了事业上，不顾家。但这样的结论可能是错误的，这就像认为不上保险的农民不在乎庄稼遭受旱涝之灾一样。事实是，大忙人很可能产生了管窥心态——

他虽然也非常珍视与孩子共度的时光，但更着急去完成工作，所以将其他所有事情都推到了“管子”的视野之外。很可能多年之后，他在追忆当初时会无比悔恨，希望曾将更多时间花在孩子身上。[37]这种悔恨是发自内心的。产生管窥之见的任何人，日后都会产生或多或少的失望。工作必须现在完成，孩子们明天还在这里。当回顾一下我们在稀缺心态下是如何利用时间和金钱时，肯定会觉得失落。眼前的稀缺问题总是会被放大，而与此无关的事物则会被忽略。当我们一次又一次地经历稀缺时，这些被忽略的事物就会越积越多。这与“没兴趣”完全不是一回事儿。毕竟，当事人会因自己的选择而后悔。

本章一开始讲述了稀缺是如何俘获我们的注意力的。而现在我们了解到，这种原始机制通过融合会产生更大的影响力：**稀缺会改变我们看待事物的眼光，让我们做出不同选择。这种现象会让我们变得更有成效；但同时也会让我们为此付出代价：这种“专心致志”会令我们忽略原本很重要的其他事物。**

SCARCITY

WHY HAVING TOO LITTLE MEANS SO MUCH

第2章

带宽负担会降低人的智商

钱的问题会永远纠缠着穷人，而时间问题则会永远烦扰着忙碌之人。若仅仅把稀缺现象视作压力和忧虑的结果，那就是忽视了深层次的影响因素。一方面，稀缺会导致人们的认知能力下降，削弱人们的分析、判断和逻辑推理能力；另一方面，稀缺也会导致人们的执行控制力下降，削弱他们抑制行为和控制冲动的能力。

现在，我们先讲3个关于稀缺的小故事，其中就反映了专注所造成的不同结果。

故事1：管窥会造就不合格的家长

一位最重要的大客户通知你，他要将业务转移到其他公司去。你请求客户的主管经理来最后听一次你的推介。她应承了下来，但却说只有第二天有时间。于是，你取消了所有会议，暂缓了其他工作。你将所有时间都用在了推介的准备上，但有一件事情你没有办法推掉：女儿当天晚上要参加城市冠军杯垒球赛。不去观看比赛的念头划过脑海，但一番挣扎后，“好爸爸”的一面还是战胜了这个念头：对于女儿来说，她的这场比赛就像第二天的推介会一样重要。在赶往比赛场地的路上，女儿突然想起自己的幸运符落在了家里。还没掉头回家取幸运符，你就开始冲女儿大发雷霆。等你情绪稳定下来时，已经太晚了。女儿本就对当天晚上的比赛感到惴惴不安，现在你的脾气让她更害怕了。本来很有乐趣的一件事情，现在却让你们之间充满了紧张气氛。看比赛时，你一点儿也不享受。脑子里一直想着第二天要做的PPT。你也知道，你现在根本没有办法做PPT，可就是不能集中精神观看比赛——你很是心不在焉。女儿在比赛间歇偷瞄了你一眼，她看出了你的心不在焉。但你很走运，女儿的球队获得了胜利，庆祝的欢乐气氛掩盖了你犯下的错误。但不可否认，当晚的你，肯定算不上是一位合格的家长。

故事2：没有余闲就无法应对突发事件

大学生约翰第二天有个考试。虽然父母为所有孩子都存了教育基金，但还是不够。父母从来没有想过，学费竟会上涨到如此昂贵的地步。约翰是4个孩子中年龄最小的一个。等到他该上大学时，家里的教育基金已经所剩无几了，而学费则继续水涨船高。尽管如此，约翰依然选择了一所声名显赫、学费高昂的大学。他认为，如果要为学位投资，不如投在最值钱的大学上。他东拼西凑，用上了学生贷款、学院提供的补助和奖学金。虽然过程复杂周折，但他还是想尽办法凑齐了学费。一直以来，他都觉得这个选择是正确的，但现在他的心里却泛起了波澜——两项本应发放的奖学金突然被取消了。这是因为发放奖学金的基金会备受经济萧条的打击，不得不节省开支。那么，约翰该如何凑齐下个学期的学费呢？还有不到一个月的时间就要交学费了，银行能再为他批准一部分学生贷款吗？他有能力偿还这笔贷款吗？当然，他也可以向叔叔婶婶借钱，但父亲知道了一定会不高兴，但他又能怎么办呢？要不干脆转学到当地一些学费较低的普通大学？

此时，约翰实在无法集中心思准备第二天的考试。他一直在思考如何解决学费的问题。心事重重的他错过了一场本想参加的学习小组聚会。他根本不在迎战考试的状态，但他没得选。考试终于开始了。他试着集中精力，但脑子里乱糟糟的，本来很简单的题也做错了。考试结束后，他的心情变得更糟了。现在，他不仅要为学费的事情烦心，还要为这场考砸了的考试而郁闷。

故事 3：表现不好都是带宽惹的祸

一家快餐店的经理将他所面临的麻烦归咎于（低收入）员工。“他们实在不靠谱。”他说道。他抱怨自己的大部分时间都用在了劝导这些员工用更友善的态度与客人打交道上。他对员工说：“服务业本来就是这样，你要面带微笑、态度友好。客人与你说话时，陪他们聊聊天；客人无理取闹时，别跟他们一般见识。你的工作就是要有礼貌地对待客人。”另外，这位经理余下的时间都用在处理因员工的粗心而犯下的错误上。“客人点中号炸薯条时，按下‘炸薯条’那个键，就这么简单一个动作，真的有那么难吗？”他用不可置信的口气问道。很明显，他对手下的员工感到很不满意。“可能就是因为他们心里不在乎这份工作。或者是因为这个国家的教育体制有问题。再不然，就是因为这些员工从小缺乏管教。”他说。

这 3 个小故事反映了稀缺俘获注意力的不同后果。在第 1 章中，我们了解到管窥之见会令我们所做的权衡发生扭曲——若要着眼于迫近的财务吃紧问题，我们就无法考虑提高保险免赔额会对未来造成的影响。而上面的 3 个小故事则恰恰相反，讲的都是人们专注于与当下的稀缺问题无关的事情——那位心烦意乱的公司主管在准备推介时并没有出问题，而是在做家长、照顾女儿时出了问题；那位学生在想办法凑齐学费，以致没有办法集中精力准备考试；低收入员工并不是因为缺钱而发愁，而是因为他们无法像经理要求的那样很好地为客人服务。

这些小故事反映了一个核心假设：因为人们对稀缺的专注是无意识的、非自愿的，也因为稀缺会俘获注意力，所以就使得人们对其他事物投入了过多的关注——公司主管想要专心地观看女儿的比赛，但稀缺总是时不时地将他的思绪带回到工作上。**就算我们想要试着做点别的事情，稀缺的“管子”还是会将我们的目光吸引进来。稀缺意味着在人生的另一个角度上，我们的注意力更少，投入于此的心思也更少。**

心理学家们对“心思更少”的概念进行了大量的研究。详细的心理学研究对这一思想进行了细化和区分，而我们则用“带宽”一词将所有这些分支概念涵盖为了一体。[1]带宽，是对我们计算能力、关注能力、英明决策能力、坚持计划能力和抵制诱惑能力的衡量。从智商到高考成绩，再到冲动控制和成功节食，都与带宽相关。本章做出了一个大胆的推断：稀缺会不断将我们吸入“管子”的视野之中，形成带宽负担，并由此抑制我们的各项基本能力。

“噪声”干扰了我们的思想

试想你正坐在一个距离铁轨很近的办公室里。每小时都会有好几列火车呼啸而过。火车的声音虽然并非震耳欲聋，不会干扰人们之间的对话，也并没有达到打扰工作的程度，但的确会影响工作。就在你想要集中精力做事时，一列火车轰隆隆地驶过，将你的思路又打断了。干扰本身为时很短，但其影响却很大。你需要时间，才能重新集中注意力，重新整理被打断的思路。更糟糕的是，就在你再次准备做事时，又一列火车驶了过来。

纽黑文市的一所学校位于繁忙的铁道旁边。为了评估噪声对学生学习成绩的影响，两位研究人员经过调查发现，学校的建筑物只有一面朝向铁道，而这一面教室中的学生就最直接地暴露在了火车的噪声之中，这些学生其他方面则与别的同学无异。调查显示，位于学校两侧教室中的学生有着很大的不同：铁道一侧的六年级学生，比安静一侧的同年级学生在学业表现上落后了整整一年。[2]研究结果出来后，市政府为此还专门安装了噪声隔离设备——这又为研究人员提供了新证据。他们发现，在噪声隔离设备安装好之后，学生之间的差距消失了。现在，建筑物两侧学生的学习成绩基本相当。随后进行的一系列研究显示，噪声会影响专注力和学习成绩。就算噪声会造成负面影响这一点不足为奇，那么这一负面影响的程度（六年级学生整整落后一年）也会令人感到惊讶。事实上，许多研究都得出了微量干扰即可产生巨大影响的结论，而这一案例只是其中之一。[3]

现在，请想象你正坐在一个环境优雅、安静的办公室里工作，没有干扰，也没有火车经过。但你自然也有令自己头疼的事情，那就是如何凑钱偿还按揭贷款，而且作为一位自由职业者，现在接活越来越难了。虽然你与妻子二人都外出工作，但你只有1/4的时间在赚钱。此时，你坐下来，准备干活。但没过多久，你就开始神游。“要不把家里的第二部车卖掉？我有没有能力再承担一份贷款？”突然之间，本来安静的办公环境也变得不再安静了。这些在思想中轰隆隆驶过的“火车”，同样实实在在地存在。这些思想噪声以更快的频率造访，来得猝不及防。而且，这些思想中的“火车”还会神不知鬼不觉地把你拉上车——“要不把家里的第二部车卖掉”这个想法最后发展成了“这样手头能多点现钱，但会让上下班麻烦许多，而且我现在还要多多努力工作赚钱，一定要尽力保住唯一一份稳定的工作”。你可能会乘着这些“思想列车”神游很久，才能跳下来，回到最初专注的工作上。虽然办公室看似安静，但却充满了各种干扰。而这些干扰，都来自你思想的深处。

这就是稀缺为带宽造成负担的过程。那些干扰我们、占据我们思想的事物，不一定来自外界，反而常常是我们自己产生的，而它们往往比真正的火车更能打乱我们的思绪。思想中轰隆驶过的“火车”，都带有个人特色。关于按揭贷款的想法之所以会挥之不去，是因为这个想法对于当事人来说很重要。该想法并非一次性的干扰，而是当事人非常关注的问题。正是因为这个想法导致我们产生了管窥心态，所以才称得上是一个干扰。**持续的关注对我们的思想产生了影响，将我们吸入“管子”之内。正如外部噪声会干扰我们进行清晰而有序的思考一样，稀缺也会让我们产生内部干扰。**

内源性思考（internal thought）
即便在大脑中重复一连串数字这种小事也会对人的总体认知能力产生深远影响。

在认知科学和神经科学领域，“内部干扰”的概念众所周知。大量研究都记录并证实了“内源性思考”对总体认知能力的深远影响，就连在大脑中重复一连串数字这种小事也被囊括在内。多年来，通过核磁共振成像技术进行的实验室研究，我们从中也了解到了大脑集中注意力的方式以及被干扰的表现形式。一个主要的区别存在于“自上而下”处理和“自下而上”处理之间：“自上而下”处理指的是思想会对所关注的事物进行有意识的选择；而“自下而上”处理则指的是注意力会被很难为我们所控制的刺激所俘获。在引言部分，有一个例子讲的是与食物有关的词汇能俘获饥饿之人的注意力。我们每个人都对这种感觉再熟悉不过：任何时候，一个快速的动作或突发的声音都能将我们的注意力从正在做的事情上吸引开来。一种特别值得注意的分心形式，它并不需要外部干扰因素的影响就会存在，那就是“神游”。

大脑处于休息状态时，默认网络会将我们的思想从正在做的事情上拉走，而我们根本意识不到。“神游”名副其实，即在意识的控制之外，我们的心神会四处游走。由此可见，虽然我们有能力直接控制大脑活动，但有些时候它们还是会失去控制。对于铁道旁边学校里的学生而言，在自下而上分心事物存在的情况下，保持专注的能力就取决于大脑当时的工作量，取决于其“装载”了多少东西。行为和神经成像研究显示，在大脑装载量较多时，引起分心的事物一旦出现，分心程度以及大脑的活动量都会有所增加。[4] 而且，自上而下的注意力无法阻止自下而上的侵入。比如，在热闹的聚会场所中，当房间的另一边有人叫你的名字时，无论你正多么专心致志地关注某件事情，你的注意力都会有所转移。

稀缺也会通过自下而上的方式来俘获注意力。这就是为什么我们称之为非自愿行为的原因——行为的发生不会再受意识的控制。因此，稀缺与火车或突如其来的噪声一样，就算我们主观地想要关注一件事物，心神也会因此而被扰乱。

早年进行的一项研究对这一观点进行了测试。

稀缺实验室
SCARCITY

研究人员为实验对象布置了非常简单的任务：当他们看到屏幕上出现红点时，就按下按钮。有时，就在红点出现之前，屏幕上会闪过一幅图片。对于非节食者来说，这幅图片对他们是否会看到红点并不会产生影响；而对于节食者来说，就出现了非常有意思的现象。如果他们刚刚看到了一幅有关食物的图片，就不会那么容易看到紧接着就出现的红点。举例来说，在屏幕上闪过一幅蛋糕的图片之后，节食者看到红点的概率就会有所降低，就好像蛋糕图片让他们瞬间失明了一样。只有出现有关食物的图片时，才会产生这种现象，而与食物无关的图片则没有效果。当然，节食者并不是真的失明了，他们只不过是分心了。[5]

心理学家将这种现象称为“注意瞬脱”（attentional blink），即一闪而过的食物图片会使节食者的心智“眨一下眼”。红点出现之时，他们的心思在别处，还想着刚才看到的食物。所有这一切，都发生在不到一秒钟的时间里，因为太快而无法控制。其速度之快，甚至都让人反应不过来。研究题目很好地诠释了其主题——《我看到的全部，只是蛋糕》（*All I Saw Was the Cake*）。

注意力“眨眼”是瞬间发生的现象。但是，我们认为稀缺所引发的分心效应,能维持更长的时间。为了进行测试,我们与心理学家克里斯·布莱恩（Chris Bryan）共同进行了一项研究。研究中，我们请实验对象参与一项寻找词语的游戏（见图 2-1 至图 2-2）。[6]

稀缺实验室
SCARCITY

D	N	O	V	I	G	Z
I	T	J	M	S	F	U
Q	L	E	W	O	X	N
K	W	C	E	P	B	X
H	R	E	B	R	X	J
W	P	D	S	W	T	A
N	U	X	K	R	Z	S

STREET
TREE
PICTURE
CLOUD
CARPET
LAMP
DAYTIME
RAIN
VACUUM
DOOR

图 2-1 寻找重点标注的词语

实验对象要找到重点标注的词语（这个例子中是 STREET 一词）。找到并点击之后，会出现新的字母拼图，然后接着再去找下一个词语。

另一组实验对象接受了相同的任务，但要找的词语有些许不同:

O	Q	M	V	T	W	A
J	O	R	G	T	M	G
R	M	X	H	T	D	K
N	A	R	E	E	E	C
T	O	E	K	F	P	Z
Q	X	G	T	P	I	V
J	C	A	K	E	Q	P

CAKE
TREE
DONUT
CLOUD
SWEETS
LAMP
INDULGE
RAIN
DESSERT
DOOR

图 2-2 寻找两组词语中通用的偶数位中性词

对于两组实验对象来说，列表中位于偶数位置的词语是相同的。第一组实验对象的奇数位词是中性词，而第二组实验对象的奇数位词则具有一定的吸引力：街道（STREET）换成了蛋糕（CAKE），图片（PICTURE）换成了甜甜圈（DONUT），以此类推。之后，我们对实验对象需要多长时间找到相同的词语进行了观察（这里说的相同词语指的就是那些两组通用的偶数位中性词）。

前摄干扰
（Proactive interference）
当我们心里想着其他事物时，就会将其置于思想的中心，而产生忽略行为。

对于大多数实验对象来说，改变奇数位词并没有什么效果；而对于节食者来说则有所不同。节食者刚刚找过 DONUT 一词后，需要用比其他人多 30 秒钟的时间才能找到 CLOUD 一词。总体来讲，节食者并不比别人迟钝。如果 CLOUD 一词之前出现的是 PICTURE 一词，那么他们找到 CLOUD 的速度就会与别人一样快。关键区别就在于 DONUT 这个词上，这个影响是显而易见的。[7] 这就是心理学家所谓的“前摄干扰”现象。节食者看到甜甜圈一词后，会将这一概念置于思想的中心。非节食者不过是简单地去寻找这个词语，找到这个词语，然后继续下一项任务。而节食者则没那么容易放下与这个词语相关的想法，继续执行任务。就算已经开始寻找下一个词 CLOUD，DONUT 的影子还是会像呼啸而过的火车一样，把他们的注意力带走。而当你心里想着其他事物时，自然会很难找到 CLOUD 一词。

你一定经历过类似的事情。就算与食物无关，也会与时间有关。比如，你有一项需要在短时间内完成的工作，但此时你又要去参加一个与此无关的会议。开会时，你能听进去多少内容？坐在会议桌边，你努力集中注意力，但就算竭尽所能，你还是会时不时地想到那份尚未完成的工作。你身在会议室，而思想却在别处。就像节食者看到 DONUT 一词一样，未完成的工作总是会将你的注意力转移至别处。

试想你正在用笔记本电脑上网。在速度较快的电脑上，你可以轻松地从一页跳转到另一页。但电脑现在同时运行着好几个程序：你边播放音乐，边下载文件，还同时开着好几个浏览器窗口。突然间你意识到，自己不是在网上冲浪，而是在网上蠕动。这些同时运转的程序占据了处理器的大量空间，而浏览器的速度也因此变得极其缓慢。

对于我们的心智处理器来说，稀缺也会产生类似的效应。稀缺会不断地给大脑装载其他处理内容，而留给处理当前任务的“心智”就没有那么多了。这就引出了我们本章所要呈现给读者的核心假设：**稀缺会直接减少带宽——不是减少某人与生俱来的带宽容量，而是减少其当下能用得上的容量。**

为了对这一假设进行验证，我们需要对“带宽”的定义进行细化。在此，我们会将带宽这个概念作为几项具有细微差异的心理学研究成果的总和，但我们需要非常谨慎。因为一方面，作为心理学家，我们应该对这些成果及其对应的大脑功能之间的细微差异非常重视，但带宽则是一个将差异做了模糊化处理的通用说法。而另一方面，作为社会科学家，我们对稀缺效应很感兴趣，希望在此能将其中的差异按下不谈，就像我们能用“民主”或“亚原子粒子”等概念来表达思想，而不用探究二者之间的细微差异一样。就概念细节的问题做出让步之后，我们就能利用“带宽”这个概括性的说法来指代心智功能中宽泛而彼此相关的两类元素。随后，我们将对此进行深入的解析。

第一类元素可以被宽泛地称为“认知能力”，它是我们解决问题、获得信息、进行逻辑推理等能力背后的心理学机制。认知能力中最突出的就是“流体智力”，即在进行抽象思维和推理时，在无须特定学习或体验的情况下解决问题的能力。第二类元素是“执行控制力”，其作用

认知能力（cognitive capacity）
它是我们解决问题、获得信息、进行逻辑推理等能力背后的心理学机制。认知能力中最突出的就是“流体智力”，即在进行抽象思维和推理时，在无须特定学习或体验的情况下解决问题的能力。

执行控制力（executive control）其作用存在于我们管理自身认知能力的过程中，包括计划、关注、发起并抑制行为和控制冲动等。

存在于我们管理自身认知能力的过程中，包括计划、关注、发起并抑制行为和控制冲动等。执行控制力就像中央处理器一样，是我们进行日常活动的必要能力，可以决定我们的专注力和转移注意力的能力、从记忆中提取信息的能力、同时处理多项任务的能力以及自我监督的能力。[8]认知能力和执行控制力拥有多个层面和丰富的细节。稀缺对以上两者都会产生影响。

带宽负担1——认知能力

认知能力的一个核心特性就是流体智力。为了就稀缺对人们认知能力的影响进行测试，我们应用了流体智力最显著也是普遍为学界所接纳的衡量标准——瑞文推理测验（Raven's Progressive Matrices test）。[9]这一测验开发于20世纪30年代，以开发者英国心理学家约翰·瑞文（John Raven）的名字命名。下面两幅图与典型的瑞文测验非常相似，我们的要求就是：从图2-4中进行选择，以填补图2-3中空缺的内容。

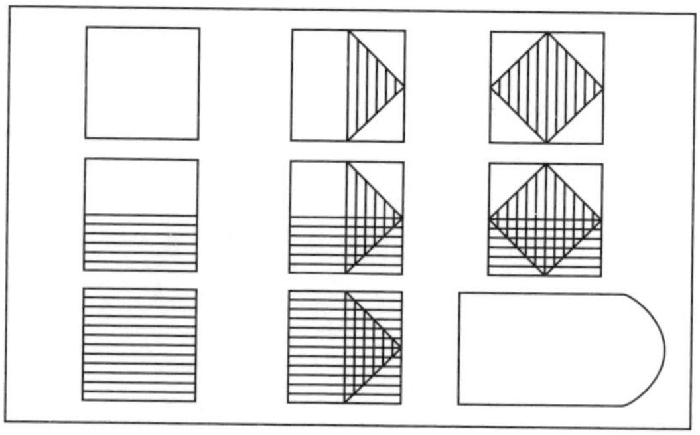

图2-3　需要填补的内容

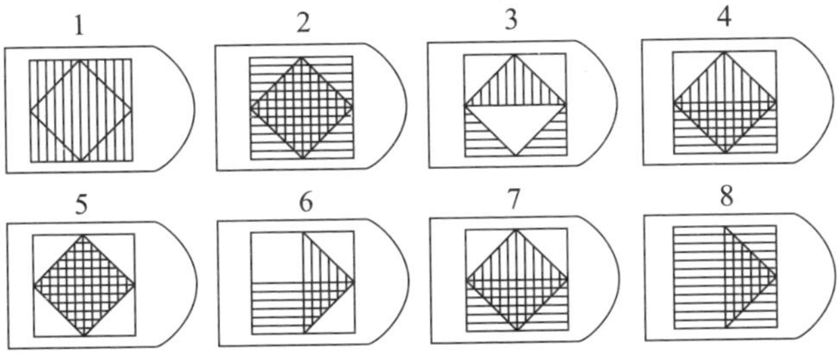

图 2-4 可供选择的填补内容

在学生时代，你很可能也做过类似的测验——这是智商测验中都会包含的测试题。智商测试非常复杂，形式各不相同，但绝大多数人都认为，瑞文推理测验是其中最重要、最可靠的一个。做瑞文推理测验，被试不需要拥有任何关于世界的认识，也不需要正式的学习背景。它是心理学家、教育界人士以及军方等对流体智力进行测试的最常见的方法，可以在独立于背景知识的条件下对某人的逻辑思维能力、分析能力和解决新问题的能力进行评价。[10] 面对一个无法启动的发动机，机械师会利用汽车制造的背景知识和推理能力来进行分析；而同样一位机械师在解答瑞文推理测试的测试题时，却只能将其推理能力运用在一个他并不擅长的环境中。面对瑞文推理测试，机械师与来自印度的农民无异。这就使得瑞文推理测试在衡量一般智力时非常有用，而一般智力又是不受文化和国界限制的。但依然有一些人对此持怀疑态度：对测试和答案非常熟悉的人无疑能得高分；学习过几何学的人，可能会得分更高；上学时间的长短也会对分数产生影响——读书年头更长的孩子比那些年龄相仿而读书年头较少的孩子得分更高。[11] 关于流体智力，也存在智商究竟是衡量何物的争论。幸运的是，这些争论与我们的研究目的没有多大关系。我们不会在个体之间或文化之间进行流体智力的对比。我们感兴趣的是，稀缺是如何对同一个人的认知能力产生影响的。一个人的能力竟会如此轻易地受到影响，这一点也许会令你始料未及，而这正是意义所在，因为我们总是认为，认知能力是固定不变的，但事实上，它会随着环境的变化而变化。

为了看到稀缺对流体智力所产生的影响，我们与研究生赵佳英（Jiaying Zhao, 音译）共同进行了一系列研究。我们给新泽西州一家商场里的路人发放了瑞文推理测验的试卷。一开始，我们为其中一半实验对象提供了简单的假设性场景。[12]

稀缺实验室
SCARCITY

请想象一下，你的汽车出了问题，需要 300 美元的维修费。你的保险能支付一半费用。你需要决定是现在就去修理，还是等一等，盼着车子能再多开一阵？你将如何做决定？从经济学角度讲，对你来说，这将是个轻松的决定，还是艰难的决定？

在这个问题之后，我们会再次给出一系列瑞文推理测验的问题，用以测试实验对象的智商。我们依据实验对象提供的家庭收入总数，将实验对象分为富有与贫穷两类。在富有与贫穷的购物者之间，我们没有发现明显的统计学差异。虽说差异或多或少都会存在，但在我们的取样中并不是很大。可见，富人与穷人一样聪明。

我们对另一半实验对象也进行了同样的研究，只不过对给出的问题做了一点点改动。（不同的地方已加黑）。

稀缺实验室
SCARCITY

请想象一下，你的汽车出了问题，需要 3 000 美元的昂贵维修费。你的保险能支付一半费用。你需要决定是现在就去修理，还是等一等，盼着车子能再多开一阵？你将如何做决定？从经济学角度讲，对你来说，这将是个轻松的决定，还是艰难的决定？

我们只是将300美元换成了3 000美元，却对贫富两组的实验对象产生了不同影响。对于富人来说，拿出300美元或3 000美元的一半，不过是轻而易举的事情，只要用存款或信用卡解决就行了。而对于没有那么富有的人来说，用150美元满足非常重要的需求也不难。所以说，这样一笔钱还不足以让他们考虑稀缺或自身的财务问题。

而3 000美元的修车费用则完全不同。对于低收入者来说，凑齐1 500美元的修车费存在着一定的难度。2011年进行的一项调查显示，近半数美国人没有能力在30天内凑齐2 000美元，就算是急用也没有办法。[13]我们向商场里的路人问出的这个问题虽然是虚构的，但却具有真实性，能使人联想到自身的财务状况。实验对象的车子也许没有坏，但金钱稀缺的问题一旦出现，就意味着他们会将金钱问题视为一件大事。因此，一旦触碰到大脑中的这个部分，关于稀缺的所有真实、非虚构的想法就会浮现出来：拿出1 500美元的确很难；我的信用卡早就刷爆了；马上就要到还款日了，最低还款额也让我觉得很有压力；这个月我如何才能凑齐最低还款额呢？这次还不上，我还能不能维持自己的信用？要不要借一笔工薪日贷款以渡过难关？可见，一点小涟漪就能引起脑海中的轩然大波。

这场轩然大波也会影响我们的表现。富有的实验对象面对此种稀缺并不会产生过多的想法——他们面对3 000美元和面对300美元时的心情一样，测验成绩都不错；而贫穷的实验对象，其测试成绩却会与之前相比差很多。仅仅是稍稍涉足稀缺问题的地盘，他们的智商就会一下子呈现出很大幅度的下降。他们因稀缺而心神不宁，而其流体智力的水平也会随之跌落。

这项研究我们做过很多次，每次得到的结果都相同。这并非是因为3 000美元这一数字从数学角度来看更具挑战性。在进行非财务问题的测试时，我们发现给出绝对值较小或绝对值较大的数字，并不会对测试结果产生任何影响。只有难以处理的、与财务有关的问题（尤其是对于那些缺钱的人来说），才会产生这种结果。同时，这种结果也不是因为缺乏积极性。在研究过程中，实验对象每答对一道瑞文推理测验题，我们就会支付其一定的报酬。想必那些实验对象中的低收入者更希望题答得好，因为金钱对于他们来说更重要。但结果是，他们答得不好，而且要比之前的表现更差。在面对 3 000 美元的修车费用问题时，对答题酬劳满怀期待的低收入实验对象们却没能拿到多少钱；而经济状况良好的实验对象得到的钱反而更多。

在所有这些稍作修改的研究中，我们都得到了同样显著的效果。[14] 为了更好地把握这一效果的显著性，我们以一项关于睡眠的研究为基准。[15] 研究中，一组实验对象的作息很正常，晚上一到点就会上床睡觉；而另一组实验对象则被迫整夜都要保持清醒。彻夜不眠会令人疲惫不堪。（试想一下，你一夜没睡后的状态。）第二天早上，研究人员叫醒了熟睡中的第一组实验对象，然后请两组实验对象同时进行瑞文推理测验。结果与大家所预料的一样，一夜未眠实验对象的成绩差了许多。

与睡眠实验相比，我们在商场对路人进行研究的成绩差距到底有多大？结论是比睡眠实验的差距更大。如果一夜没睡，你第二天会觉得自己的大脑很灵活、很机智吗？我们的研究显示，只是单纯地引起低收入者对财务的顾虑，就会严重地影响他们的认知表现能力，其严重性甚至超越了失眠所造成的影响。

我们还可以利用另一种方法来理解这一研究结论的意义。瑞文推理测验是用来衡量流体智力的，是对 IQ 的直接模拟。在典型的 IQ 研究中，假设的是：人们的 IQ 分数是正态分布的，平均值为 100 分，标准差为 15 分。（标准差体现的是围绕平均值所形成的分数离差。在正态分布中，约 70% 的分数都分布于平均值两侧的一个标准差之内。）我们可以将影响效果与标准差进行对比，从而对干扰的程度进行评价。举例来说，如果某个干扰的影响效果为标准差的 1/3，那么该效果就等于 IQ 打分中的 5 分。[16]

利用这种方法进行衡量，我们的研究所产生的效果相当于IQ评分中的13分和14分。如果借用最常用的IQ分类来描述，那么13分就能将你的智商从“普通”提升到“出众”。请记住，这些区别并不存在于穷人和富人之间，而是同一个人在不同影响条件下的差异化表现。同一个人在将注意力集中于稀缺问题时，他的IQ分数就会比不存在稀缺问题时要低。这一点非常重要。如果车辆的维修费用不高，那么穷人的成绩就会与富人一样好，因为此时稀缺问题并没有显现出来。这和与生俱来的认知能力无关。正如电脑同时运行着多个应用程序时，中央处理器就会降低运转速度一样，穷人在此时会表现得更差一些，因为他们的一部分带宽正在想着其他事情。

带宽负担2——执行控制力

带宽的第二类元素是执行控制力。**执行控制力拥有多个层面，自我控制是其中的一个重要方面。**20世纪60年代后期，沃尔特·米歇尔（Walter Mischel）与同事就“冲动”进行了一项非常有趣的心理学实验。[17]

稀缺实验室
SCARCITY

研究人员每次会让一位四五岁的小朋友坐在房间里，并在他的面前放上一块棉花糖。在实验中，有的孩子会心驰神往地盯着棉花糖看，而有的孩子会激动得坐立不安。所有小朋友都很想吃，也可以吃。但在吃到棉花糖之前，他们要了解游戏规则。研究人员会离开房间一小会儿。如果在研究人员回来之前，孩子们没有将棉花糖吃掉，就可以得到第二块糖果。可见，这些孩子们面对的是人类所知的最古老的问题之一。

这个被社会学家托马斯·谢林（Thomas Schelling）称为“自制力在个人内心的斗争”的问题，也正是自我控制力的问题。[18]

自我控制是心理学研究中颇有难度的领域。我们知道自我控制力的形成因素有很多，它们取决于我们对未来的评价。而自我控制力并不会一成不变：眼前的奖励（现在就能吃到棉花糖）非常有诱惑力，能获得很高的权重；遥远未来的奖励（之后得到两块棉花糖）的诱惑力就相对要小一些，权重也会低一些。当我们在抽象的未来概念中，思考关于一块棉花糖还是两块棉花糖的问题时，两块肯定比一块好。但当一块棉花糖现在就摆在我们面前时，就会一下子将未来的两块棉花糖打败。自我控制力也取决于意志力。关于意志力的作用原理，我们并不完全了解，但它会在一定程度上受到个性、疲劳度和专注力的影响。[19]

自我控制力对执行控制力有很强的依赖性。我们利用执行控制力来引导注意力、发起行动、避免直觉反应或抵御冲动。米歇尔研究中的一部分内容经常为其他研究人员所重复，但却不太为公众所知。这一部分内容对我们的讨论具有很强的指导意义。能够成功抵制棉花糖诱惑的孩子，是因为他们将注意力转移到了别处——他们没有盯着棉花糖，想着将其吃到嘴里，而是在想其他事情。[20]他们想办法不去关注棉花糖，这样就不用与想吃的欲望做直接抗争了。正如米歇尔所说的，“一旦你意识到意志力不过是去学习如何控制注意力和想法时，就能开始提高自身的意志力了”。[21]

这就为执行控制力和自我控制力的关联提供了一个富有说服力的论据。由于执行控制力能够帮助引导注意力的走向并控制冲动，因此，执行力的减弱就会对自我控制力产生影响。一些实验形象地反映了这种关系。一项实验为参与者布置了记忆任务：有些人要记住一个两位数，有些人要记住一个七位数。之后，研究人员会引导实验对象来到一个大厅，在这里等候进一步测试。等候区里摆放着蛋糕和水果。这才是真正的测试：在实验对象边等待边在大脑中重复数字的时候，他们会选择哪种食物。要求记住两位数的那些记忆量不是很大的实验对象，多数都选择了水果；而那些满脑子都是七位数的实验对象，选择蛋糕的概率则比前者超出了 50%——蛋糕是冲动之下的选择。[22] 可见，有意识的行为才能够制止自动选择。当我们的心智带宽用在记住诸如不断重复的一组数字等工作上时，用来制止我们去吃蛋糕的欲望就会减弱。

在另一项研究中，实验人员为澳大利亚的白人学生呈上了一道菜，但却是令他们反感的食物：中式风格的卤鸡爪，而且是整个维持原貌的鸡爪。这是一位华裔研究人员进行的实验，目的在于为实验对象制造出一些在饭桌前保持文明风度的压力。就像蛋糕研究一样，研究人员们会先请一些实验对象记住一组 8 位数——他们要在脑子里不断重复才能保证记忆的正确性。实验结果表明，那些不用记住数字的实验对象，在面对鸡爪时基本能保持风度——就算有些想法也只是默默忍受；而认知负荷量很大的那组实验对象则不然——就算他们极力想压抑内心的感受，却会情不自禁地脱口而出一些粗俗之语。[23]

无论是我们本想克制自己不去吃的蛋糕，还是我们本不愿说出口的粗话，当心智带宽存在负担时，都会令我们更加难以控制冲动。**稀缺会形成带宽负担，而这就意味着，稀缺不仅会降低流体智力，而且会降低自我控制力。**因此，澳大利亚的学生会对着鸡爪说粗话，满脑子想着第二天推介会的公司主管会对着女儿大发雷霆，因为工资低而心事重重的员工会怠慢客户。

稀缺实验室
SCARCITY

为了解决稀缺是否会减弱执行控制力的问题，我们对新泽西州一座商场中随机挑选的实验对象进行了一项测试。这一测试经常被用来测量执行控制力和人们抑制本能的能力。首先，研究人员为实验对象呈上了假设性的财务问题，与之前一样，分为难易两类。之后，实验对象会看到如下图片（见图 2-5）。

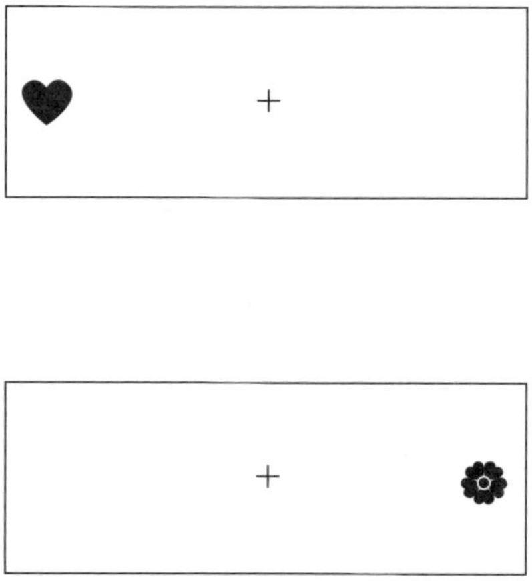

图 2-5 执行控制力测试实验

图片以非常快的速度在计算机屏幕上连续播放。实验对象将双手放在键盘上，如果看到心形图案，就按下同一侧的按键；如果看到花朵图案，就按下另一侧的按键。也就是说，如果心形图案出现在右侧，就要按下右键；如果花朵图案出现在右侧，就要按下左键。

花朵图案的出现会造成需要抑制的自我冲动——按下与心形图案同侧的按键很简单，但要按下花朵图案另一侧的按键就有些难度了。若想做好，就需要战胜快速按下同侧按键的冲动。你的执行控制力越强，就能做得越好。这一测试衡量的是你抑制第一冲动的能力，无论是抵御蛋糕的诱惑、缄口不言，还是在上面这个示例中避免按下与花朵图案同侧的按键。

虽然这一任务测量的是与流体智力完全不同的执行控制力，但结果却是一样的。在面对数额较小的财务问题时，穷人与富人的测验成绩会保持同步。此时，他们控制冲动的程度相同，犯错误的次数也基本相同。但数额较大的财务问题严重改变了穷人的表现。而当富裕的实验对象在面对数额较大的财务问题时，能继续表现良好，状态与遇到数额较小的财务问题时无异，也表现出了同样水平的执行控制力。而经济能力较差的实验对象，面对同等情况时的成绩却差了许多：他们变得更加冲动，更容易在按下与花朵图案同侧的按键上出错。在遇到数额较小的财务问题时，他们看到花朵图案后选对按键的概率是83%，而在遇到数额较大的财务问题时，他们选对的概率会一下子掉到63%。可见，仅是轻轻触动一下稀缺的念头，人们就会突然间变得更加冲动。这样看来，除了流体智力之外，稀缺还会削弱我们的执行控制力。

收割前后的印度农民

在商场进行的实验检测了我们的假说。从某种角度上讲，这些实验及其结果是人为创造出来的，它们会告诉我们，当某一事物触动大脑中关于稀缺的念头时，人们会作何反应。而我们触动稀缺想法的方式，是给出能引起关于经济困难遐想的假设性问题。但我们真正的兴趣点是人们在日常生活中的表现。我们想知道，当没有研究人员在商场角落里偷偷为人们设下“圈套”时，稀缺是否还会成为人们认知能力的累赘？

这个问题的答案是我们这项研究的关键，但想找到它却并不容易，因为我们无法单纯地观察穷人与富人的认知能力或自我控制力，并在二者之间做对比。穷人与富人之间还存在着太多的不同之处，健康状况、朋友圈、受教育程度等，因此我们无法将观察到的差异都归因于稀缺。很多学者都曾尝试进行类似的对比，但都无法解决与这种对比同时存在的统计学问题。我们如何才能抛开所有这些错综复杂的因素，观察稀缺带给人们的影响？

就在此时，我们与经济学家阿南迪·曼尼（Anandi Mani）前往印度，对那里的农耕问题进行实地考察。在印度，我们注意到一些非常有意思的现象：农民在收获时节会一次性拿到一笔钱，而这就是他们的全部收入。这就意味着，从财务上看，农民与绝大多数工作者有着很明显的差异：一般工作者都是定期领取薪金的（每天、每周或每月）；而农民每年却只能拿到两次钱，有时甚至只能拿到一次。试想一位农民 6 月份时刚拿到一笔钱，所以在随后的几个月里过得还算不错。但就算他再节俭，再未雨绸缪，到了第二年四五月份时，他手头上的资金还是会出现紧张。这样看来，这位农民在收获结束后的几个月内是富有的，而在收获之前的几个月内却是贫穷的。

这与我们所要寻找的情况非常相近，所以我们能够在收获之前以及收获之后，对同一位农民的带宽进行检测。我们不用在穷人和富人之间做对比，而只要看同一个人在缺钱和不缺钱的情况下会产生什么样不同的行为方式就可以了。但这里有一个小问题需要解决，那就是农民是否需要在收获季节承担不同的财务责任？比如，收获季节有许多节日和婚宴庆典活动，这与此时人们手头资金比较充裕也有关系。这样看来，我们看到的可能不是稀缺的影响，而是其参与的庆祝活动的影响。

为了绕过这个难题，我们决定选择甘蔗农作为研究对象。甘蔗种植很特殊。甘蔗采收之后，需要运抵大型工厂，进行甘蔗的挤榨和取汁（甘蔗汁经过蒸发后，就形成了蔗糖）。工厂的处理量是有限的，而收获后的甘蔗无法久置。因此，甘蔗的采收一般分布在 4 ～ 5 个月间进行。在有的地区，甚至全年的任何时候都可以进行甘蔗采收。这样，左邻右舍的甘蔗田就可能拥有完全不同的收获周期——一位甘蔗农正在采收时，他农田一侧的邻居正好是在几个月前采收的，而另一侧的邻居则要等好几个月后才能采收。这一特殊情况正好可以帮我们绕开需要规避的问题。现在，我们就可以放手去研究同一位甘蔗农在富裕和贫穷时的表现，而且能够大胆地认为，收获前与收获后的月份并无差异。因为某个月份对于一位甘蔗农来说是收获前，而对于他的邻居来说很可能就是收获后。

正如我们所预料的那样，测试得出的数据显示，甘蔗农收获前手头上的现金会比较紧张。78% 的农民在收获前的一个月都曾去当铺当过东西（99% 的农民都借了钱），但只有 4% 的农民在收获后的一个月曾去当铺当东西（只有 13% 的农民借过钱）。调查显示，收获前有很多农民在支付日常开销时遇到了资金紧张的难题。[24]

与在商场进行的实验一样，我们对执行控制力和流体智力进行了测量。

稀缺实验室
SCARCITY

我们同样也为这些甘蔗农们布置了瑞文推理测验，但由于野外作业难度较大，无法进行“心形—花形”按键判断测验。于是，我们针对执行控制力，选择了一个比较相近的测验，也就是学界所称的斯特鲁普测验（stroop task）。测验中，实验对象会看到一连串标识，比如 F、F、F、F，实验要求就是他们需立即说出共有几个标识。（这个例子的答案为 4。）当看到 2、2、2、2 时，脱口而出答案“4”还是有些难度的。之所以有难度，是因为此种情况与看到花朵形状迅速敲击反侧键盘的道理一样。[25]

通过这一测验我们发现，甘蔗农们在收获前的表现比收获后差很多。与富有时（收获后）相比，同一位甘蔗农在贫穷时（收获前）的流体智力和执行控制力更弱。这与商场里的实验对象一样，同一个人的智慧在贫穷状态时会下降，而且其也会变得更冲动。但是，在印度农田中，并不是我们这些实验人员引起了与稀缺相关的想法，我们也没有利用任何手段将这些想法诱发出来。当甘蔗农们囊中羞涩时（收获时赚到的钱已为数不多），这些想法就会自然而然地存在于他们的思想之中；而当甘蔗农们吃喝不愁时（收获时赚到的钱还有很多），他们的脑子里就不会存在这些想法。

甘蔗农们在收获前后的表现也很悬殊。在瑞文推理测验中，收获后的甘蔗农比收获前的甘蔗农能多答对 25% 的问题。像之前提到的商场实验一样，换作 IQ 分数来看，这就相当于 IQ 测试的 9 分或 10 分。虽然差距没有商场实验那么明显，但也在我们的预期之中。毕竟，我们并没有利用任何方法让农民在做测验的那一刻想到钱的问题。我们只不过选定了一个时间，然后对他们的心智状态进行了测量，而选定的这个时间，具有因稀缺而产生带宽负担的可能性。**在执行控制力的测验中，甘蔗农们处在贫穷状态时的响应速度要比富裕状态时慢 11%，而且还会犯下比后者多出 15%的错误，这与商场实验的结果相仿。**[26] 如果我们在一位甘蔗农贫穷时遇到他，可能会将他有限的能力归因于个人品质。但通过研究我们发现，他的局限性跟他与生俱来的能力几乎无关。正因为收获前几个月甘蔗农们口袋中的余钱不多，所以他们就会表现得没有那么充满智慧，而其认知控制力也会相对减弱。

在宣布我们的理论成立之前，还有几个问题需要解决。我们知道，稀缺（贫穷）在收获前后会发生变化，但其他事物是否会随之一起发生改变呢？如果有，这些其他事物是否会成为心智变化的驱动力？我们考虑了以下 3 种可能性。

首先，如果说甘蔗农们在收获前更加贫穷，那么他们是否会吃得更少？如果是这样，那么吃得少会不会是认知能力减弱的原因之一？营养不良与饥饿确实会令人的大脑运转变慢。[27] 但对于我们所研究的农民来说，并不存在这种情况。这些农民在手头现金不足时，也没有穷到吃不上饭的程度。从食物消费的角度来看，他们在收获后反而会在购买食物上花更少的钱。虽然他们在收获前的总体消费额减少了，但并没有在食物上节俭，而是在其他东西上省钱。举例来说，他们可能会在表兄弟结婚时买一份便宜的礼物。在印度文化中，送礼不仅是礼节性的来往，而且是一种责任，是为了偿还之前收到的赠予。由此来看，在礼物上省钱，对于他们来说，也是一个相当艰难的决定。

其次，这些甘蔗农们会不会在收获前增加劳动强度呢？为采收做准备会很辛苦。身体劳累很容易会引起心智上的疲乏。而事实上，我们的研究时间比实际的收获日期提前了 4 周，而 4 周在农业领域已经属于相当长的时间了，所以当时他们并没有正式开始为作物采收做准备。针对我们的研究时间来看，这些甘蔗农们在收获前后的劳动量和劳动强度相当。

最后，收获时节不仅是这些甘蔗农们赚钱的时候，也是其知晓自己究竟能赚到多少钱的时候。

耕种的收成浮动很大：有时丰收，有时歉收。不知道自己能收到多少回报而造成的焦虑，是否会影响他们的心智状态？对于诸如大米等农作物来说，这的确是一个很重要的问题，但甘蔗种植却不存在这种问题。只要检查一下田中作物的生长情况，甘蔗农们就能估算出自己的收入。

甘蔗的生长，其实早在收获之前的几个月就已经定型了。最后的几个月主要是增加甘蔗中的糖分，而不是增加作物的产量。糖分多少的问题，就是压榨厂所关心的问题了。甘蔗农们按甘蔗的产量获得收入，而收入与甘蔗的糖分含量并无关联。他们之所以不在更早的月份采收甘蔗，只是因为压榨厂不允许。简而言之，在收获前几个月的时间里，甘蔗农们就已经能准确地估计采收时节的收入了。对于能赚多少钱，他们的心理状态在收获前后是一样的。

还有其他一些余下的小问题有待讨论。[28] 但归根结底，有一点可以明确：**贫穷会成为心智的负担。就算没有实验人员去提醒稀缺的存在，贫穷状态也会削弱流体智力和执行控制力**。回到我们最初讨论的话题，这种结论就意味着，针对穷人认知能力的讨论有了重大转变。我们现在认为，穷人的“有效”能力的确比富人要弱一些。这并不是因为穷人的能力差，而是因为他们的一部分大脑早已被稀缺所俘获了。

其他形式的稀缺

> 那个时候我意识到，我生存在这个世界上，而只有一部分大脑处于工作状态。其中 10% 用在了学习上，10% 用在了女儿身上，可能还有 10% 用在了处理家庭危机和疾病上，剩下的 70% 则一直在关注食物：一颗葡萄的卡路里含量，爆米花的吸收比例，如何用喝水的方法来让自己有饱足感。我那时想："如果将这 70% 的大脑以更加明智的方式投入真实的世界中，我会有什么样的作为？"[29]
>
> ——纳塔莉·克兹（N.Kusz），《肥妞的歌唱》（*The Fat Lady Sings*）作者

我们都知道节食不容易：抵制美食的诱惑，对于所有人来说都有难度。而带宽负担让我们洞悉的是，节食不仅仅是有难度而已。与此同时，它还会让心智产生负担。节食者在做事情时，会发现自己的心智资源正在变少，因为他们满脑子想的都是食物。[30]一些研究也证实了这一点。研究人员通过多种不同的认知测量手段，对节食者和非节食者进行了比较。这些测量手段，通常是心理学家评估有效认知能力的标准。有时，研究人员会在节食者与非节食者之间进行对比；有时，研究人员又会对同一个人的节食状态和非节食状态进行对比。无论以什么样的形式展开研究，他们都发现了同样的效应——不同的认知测验得出了相同的结论。研究人员发现，人们在节食状态下表现得更差。心理学家们在采访实验对象时发现了一个普遍的规律：节食者脑子里最重要的一件事情，就是与节食有关的种种顾虑，而整日想着这些顾虑，对他们的表现自然产生了一定的负面影响。

这种结果并不是单纯由实验对象身体中缺乏卡路里所造成的，它同样会出现在体重并未减轻的节食者身上。[31]这不足为奇，因为许多节食计划都以失败告终。另外，直接的生理检查结果显示，营养缺乏并不是导致这些认知减损的原因。我们可以这样来认识这个问题：在减肥的同时，你一心只想着节食，背负着带宽负担。但如果你能够找到饮食与消耗的内在平衡，不再需要限制吃喝，

那么带宽负担就会消失。当然，我们也能从研究数据中找到漏洞：节食者与非节食者二者之间可能存在着其他方面的差异。我们还需要进行更多的研究，才能对节食者所背负的带宽负担进行量化。但卡路里稀缺的研究结论竟与我们对收入稀缺进行研究得出的结论如此相似，这倒是令人颇为吃惊。

在孤独者身上，类似的现象也会发生。一项针对孤独者和非孤独者的研究分别进行了不同类型的带宽测量，这种测量手段十分简单，叫作“双耳分听测验”（dichotic listening task）。[32]

稀缺实验室
SCARCITY

实验对象要用两只耳朵分别倾听两种不同的声音：可能一边是女声，另一边是男声。这一测验衡量的是人们追踪一边耳朵听到的声音，同时阻断另一边干扰的能力。测验所依赖的是大脑中一个很有意思的功能：脑部侧化（brain lateralization）。大多数人在收听语音信息上都是右耳占优势，也就是说，人们更容易接受其他人对着自己的右耳发送语音信息。[33]在不接收指令的情况下，人们会专注于从右耳听到的声音。当研究人员询问实验对象其右耳听到了什么时，孤独者与非孤独者回答得同样好。相比之下，实验对象若想让自己专注于非占优势的左耳，就需要带宽的支持，需要执行控制力去超越用右耳聆听的自然倾向，从而将注意力转向左耳。这次，孤独者的成绩明显落后了——他们超越自然本能将关注点从右耳转到左耳的能力，比非孤独者要差。[34]换句话说，孤独者表现出了受损的带宽，而在这一案例中，其指的就是更弱的执行控制力。

在其他研究中，研究人员进行的实验与我们的商场实验有些类似。实验对象拿到一份测验题，以为是个性测试。做完测试之后，实验对象会随机拿到反馈结果，其会让实验对象认为，测试结果明确指出了他们之后会成为善于交际的人或者非常孤独的人。[35]这样，研究人员就通过引导实验对象对孤独产生预期，当场随机创造出了假想中的稀缺。待实验对象进入角色之后，研究人员会为他们布置瑞文推理测验，结果显示，预期会变得非常孤独的人的测验成绩比善于交际的人要差得多。而当研究人员为实验对象做脑部扫描时又发现，令人们产生自己将会孤独这个想法，会降低脑部负责执行控制区域的活力。在另一项有关冲动控制的研究中，研究人员拿出巧克力曲奇饼让所有人品尝，而预期将会变得孤独的实验对象吃的是其他人的两倍。[36]还有一项研究得出了同样的结论：一项针对中老年人饮食健康进行的调查发现，现实生活中的孤独者会吃掉更多的高脂食物。[37]

就算是人工创造出来的稀缺，也能引发类似的效应。请回忆一下第 1 章中讲到的《愤怒的蓝莓》游戏。通过类似的游戏我们发现，“穷光蛋”（在游戏中得到较少蓝莓的人）玩完游戏后，在“心形—花形”测验中的成绩更差。[38]虽然由于拥有的蓝莓较少，玩游戏的时间也短得多，但因为他们太过专注，游戏结束时，他们的带宽负担会比别人更重。与节食者、穷人和孤独者一样，拥有较少蓝莓的玩家们也会承受稀缺所引发的带宽负担。

稀缺，完全不同于压力和忧虑

稀缺并不是唯一会增加带宽负担的事物。试想，某天早上，你与妻子吵了一架。当天工作时，你的效率也不高，一整天都比平时看起来“迟钝”。而本该缄口不言的时候，你却说错了话。原因就是，你的一部分带宽用在了与妻子吵架时的牢骚、烦躁和愤怒上，而能用在其他事务上的带宽就会相应变少。从这个角度来看，每个人都会产生对大脑造成负担的顾虑和需求。

那么，稀缺又有何不同呢？

稀缺是几类重要关注点的聚合。婚姻中的争执有可能在任何时间发生在任何人身上。与此不同的是，金钱问题会永远纠缠着穷人，而时间问题则会永远烦扰着忙碌之人。穷人必须要面对持续存在的金钱顾虑；而忙碌之人则必须要面对持续存在的时间顾虑。在其他所有顾虑之上，稀缺又会为这些人带来无法推卸的额外重负。稀缺会持续不断地为带宽增加负担：每个人都可能有一肚子的心事；无论贫富，谁都可能会与妻子吵架；谁都会被老板搞得措手不及。但是，**什么都不缺的人，其中只有一部分会满腹心事；而所有经历着“稀缺”的人，每一位都会心事重重。**

这就引发了另一个重要问题。所有这些关于稀缺的讨论，是否只是在围绕着“压力”这个话题打转？

> 日常生活中，我们总会将“压力”这个词挂在嘴边，用它来指代许多事物。而从科学的角度来看，研究人员对压力的研究也取得了可观的进展。[39]如今，我们已经能更加准确地了解一般性压力回应机制的生化指标，也能识别参与其中的几类分子，包括糖皮质激素（如皮质醇等）、去甲肾上腺素、血清素等，以及这些分子所发挥的作用。[40]这些相关知识使得我们能够更加仔细地思考，压力是不是稀缺影响大脑所引发的生理机制。

从我们获得的数据中可以得知，压力发挥了某些作用。可见，稀缺的体验一定是有压力的。举例来说，在收获研究中我们发现，收获后的农民比收获前所承受的压力要小。我们也发现农民的心率起伏出现了明显的降低，而心率起伏是衡量压力的常用指标。

同时，压力也不太可能是我们观察到的诸多现象的主要驱动因素。有些与带宽负担相关的现象，与稀缺之间存在着必然联系。相较之下，压力却无法引发这些现象。有些研究发现，压力会增强记忆力。[41]还有一些研究发现了参差不齐的证据，包括在压力下出现执行控制力提升的现象。[42] 长期压力会对人造成不同的影响，而我们对稀缺的研究显示，其效应是即时的。在商场实验中，我们只不过是提醒了一下关于金钱的问题，就立刻对人们的心智能力产生了影响。另外，我们也看到了人们的表现由增强（专注红利）和减弱（带宽负担）组合而成的特定规律，而单凭焦虑和压力是无法对这一规律进行解释的。

最后，若将所有这些现象视作压力和忧虑的结果，就会忽视深层次的原因。带宽负担并不是孤立存在的研究成果，它根源于与专注红利或塑造选择的管窥之见相同的核心机制。仅将关注点放在压力上，就会忽略这些深层次的联系，并进一步限制我们对稀缺心态的理解。

稀缺让人变笨和更加冲动

本章开头讲到的 3 个小故事，若从带宽负担的角度去理解，是颇为浅显的。如果收银员在火车驶过时没有听到顾客点了炸薯条，那就完全在情理之中。因此，如果收银员满脑子想的都是如何筹钱来支付当月的房租，而没有听到顾客点了炸薯条，那么你（还有经理）也不必大惊小怪。因为收银员并不是粗心疏忽，而是心事重重。“这次我能不能迟些日子再还信用卡账单？”这种想法与附近轰隆驶过的火车一样吵闹；第二天就要在客户会议上做推介的经理人，也想集中精力观赏女儿的比赛，但他自己都不知道心思什么时候又回到了那份推介材料上；想要集中精力准备考试的学生，心里却一直惦记着没有解决的学费问题。因此，当心里有负担时，就连微笑、对人友善这样简单的事情，难度都会增加。餐厅员工对粗鲁的顾客没有耐心的表现，超越了她的本意；家长也会不经意地对孩子发火。带宽有了负担，就会让人变得粗心大意——学生会忘了参加学习小组的聚会；而服务员则会点错菜。

带宽负担会以强大的力量改变我们，这些改变本身及其程度令人震惊。几十年来，心理学家们就认知负担对行为所引发的诸多效应进行了记录。我们给出的小故事反映了其中一些最重要的效应：**分心、爱忘事、缺乏冲动控制能力。这些效应的规模也体现了带宽负担对各类行为所产生的实质性影响，甚至包括那些一般被归于“个性”或“才华”的耐心、忍耐力、关注力和奉献精神。**许多被我们认为是个性或才华的特质，都要依赖于认知能力和执行控制力。餐厅经理会用常见的原因来解释员工的行为，比如技能不足、积极性不够、受教育程度低等。而当带宽有了沉重负担时，人们的行为就会呈现出以上 3 种形式中的一种：满腹心事的经理人在冲着女儿发火时，似乎不是一位合格的家长；为学费发愁的学生连简单的试题都答错了，好像是能力不足、为人懒惰的表现。但这些人既非一无所长，也非情感冷漠，而是背负着沉重的带宽负担。所以，问题的根源不在于当事人，而在于稀缺。

我们之前说过，同时运转着多个程序的计算机的速度会降下来。请试想你正在操作这样一台计算机，但你并不知道还有其他程序正在运行。浏览器打开的速度出奇得慢，而这时，你很可能会得出错误的结论。你会想，这台计算机真慢，你以为这部机器出了问题。同样，我们也很容易误解一个人，觉得他能力不足，而并不了解他的大脑正因稀缺而负重累累。这就是餐厅经理对员工做出错误判断的原因。我们与餐厅经理的不同之处是，我们了解到穷人并不是天生就有着较少的带宽。事实恰恰相反。我们的观点是，**所有人一旦身陷贫穷，其有效带宽都会变窄。**

现实情况告诉我们，我们需要拓宽对稀缺的认识。当我们想到所拥有的东西开始变少时，无论是时间、金钱，还是热量，都会使自己专注于稀缺的实际含义。没空，就意味着用来享乐的时间变少了；没钱，就意味着用来消费的钞票变少了。而带宽负担则说明，还存在着一个更加重要的问题：稀缺心态一旦出现，我们就必须应对心智资源更加紧缺的问题。

稀缺，不仅仅会令我们入不敷出，不知如何分配资源，而且还会让我们在生活的其他方面手足无措。稀缺会使人变笨，变得更加冲动。我们不得不在流体智力和执行控制力被减弱的情况下，依靠更为有限的脑力去勉强度日。生活，就这样变得举步维艰起来。

第二部分

贫穷和忙碌是如何让“带宽”变窄的

SCARCITY

WHY HAVING TOO LITTLE MEANS SO MUCH

SCARCITY

WHY HAVING TOO LITTLE MEANS SO MUCH

第 3 章

装箱、余闲和权衡式思维

把东西装进行李箱，是对资源管理问题的最好比喻。我们每个人都有一个时间箱，要在里面装上工作、休闲和与家人共度的时光。我们也都有一个金钱箱，要在里面装上住房、服饰和其他所有支出。资源的稀缺和富足，会改变我们装箱的方式。如果没有余闲存在，我们在装箱时就不得不进行权衡。可见，稀缺的本质就是没有余闲。

你马上就要出差了。试想你拖出了一只大行李箱，准备收拾行李。首先，你将所有必需品装了进去：洗漱用品、正装、数码设备。装完这些物品后，你发现行李箱里还有空地，于是就又装了几件可用可不用的东西——你装上了一把雨伞，以备下雨天使用；又装进去了一件毛衣，以备冷空气突袭；还带上了运动服和跑鞋。（说不定这次真的能抽空去锻炼一下呢。）看着行李箱里的这些东西，你心满意足地拉上了拉链。行李箱还没有完全被装满，还可以再装一些东西，但你觉得这些已经足够了。

现在请想象一下，同样的一次旅程，如果你只有一只小行李箱，怎么办？与之前一样，你一开始便将必需品扔进了行李箱，但很快行李箱就满了。于是你将东西全部拿了出来，试图利用更合理的布局重新装箱。你小心翼翼地将物品堆叠、拼凑，用颇具创意的方法腾挪着有限的空间——你将袜子和手机充电器塞进鞋子，还将皮带展开，挤在行李箱侧壁上。这样一来，行李箱里就只剩下一点点富裕出来的空间。此时你会想：要不要带上毛衣？要不要装上运动服？雨伞呢？要不要冒着被雨淋的风险？要不要至少给自己一个开始锻炼身体、恢复身材的机会？用小行李箱打包时，就不得不做出权衡。斟酌一番后，你决定带上毛衣，然后费了点力气才将行李箱拉上。

小行李箱迫使我们认清了一个事实：装进一样东西的同时，就必须拿出另一样东西。大行李箱的主人在思考是否带上跑鞋时，只不过是在想他需不需要这双鞋；而小行李箱的主人则是在考虑，若想带上跑鞋，就需要从行李箱中拿出某样物品，以腾出空间。

无论是大行李箱还是小行李箱，都是一种限制：无论行李箱大小，你怎么也不能将每一件可能用得上的物品都装进去；无论行李箱大小，都需要你去选择装入什么和放下什么。而从心理学的角度考虑，只有小行李箱会令人觉得这是个问题：**用大行李箱收拾行李时，人们总是十分随意；而用小行李箱收拾行李时，人们便会变得小心翼翼，思索再三。**

以上关于行李箱的叙述是对生活中许多其他问题的比喻。我们每个人都有一个时间行李箱，需要在里面装上工作、休闲和与家人共度的时光。我们也都有一个金钱行李箱，需要在里面装上住房、服饰和所有支出。而且，有些人还为自己制定了热量行李箱，要在里面装上所有食物。

这一比喻告诉我们，当稀缺令我们专注时，同时也会改变我们收拾行李箱的方式。也就是说，**稀缺会改变我们花每一分钱、度过每一个小时、吃掉每一份食物的方式。稀缺会给我们一个不同的结果，装出一个内容不一样的行李箱：大行李箱总是装得随心所欲，还剩下不少空间；而小行李箱却总是装得十分谨慎，满满当当。**

理解我们装箱方式的不同，是理解稀缺创造稀缺的关键。

权衡式思维

> 一架现代重型轰炸机的成本是这样计算的：它相当于 30 多座城市的现代化砖砌学校；相当于两座发电站，每座能为拥有 60 000 人的城镇供电；相当于两家设备精良的医院；相当于约 80 450 米的水泥公路。我们为每架战斗机支付的费用，相当于 1 360 万千克的小麦。我们为每艘驱逐舰建造的船坞，相当于 8 000 多人的住所。[1]
>
> ——德怀特·艾森豪威尔

设想你与几位朋友正在餐厅吃晚餐。服务员介绍了特色菜，并询问你们是否需要喝点什么。你平时不怎么喝鸡尾酒，但菜单上的一款却吸引了你的目光。是否要尝试一下？你该怎么决定？你可能要算一算，到晚餐结束驾车离开之前还有多长时间；你可能要等一等，看看几位朋友是否会点酒喝；你可能还要考虑如何埋单的问题，是不是需要将账单平均到每个人头上；你也可能会考虑，10 美元一杯的价格是否合理。而真正值得关注的却是你没有想到的问题。你不会去想，如果我买了这杯酒，那么我会因此而放弃购买其他什么东西？之所以不会这样自问，是因为你感觉似乎没有这个必要。感觉上，你就算买下了这杯鸡尾酒，也不会影响其他消费。感觉上，这里并不存在权衡问题。

请思考一下以下这个有趣的问题。

> 从基础会计学的角度来看，权衡无处不在。无论你多么富有，金钱的数量总是有限的。如果你用 10 美元买了一件东西，那么口袋里就会少了用来购买其他东西的 10 美元，就算这个“其他东西”是你留给孩子的遗产也一样。这 10 美元一定有个出处，但通常却并不会给人以这种感觉。

我们许多人并不觉得花 10 美元还要做什么权衡，因为它通常都不需要牺牲其他消费来完成。极端一点来看，我们似乎永远有花不完的 10 美元。如果就这个问题深究下去，我们知道，10 美元当然不是无穷无尽的，只不过我们并不以这种认识为基础而采取行为。

而有时，我们会意识到权衡的存在。请想象你正节食时，遇到了同样的“鸡尾酒问题”。就算 10 美元的价码不会让你考虑到权衡问题，但酒中的“热量价码”也会让你斟酌一番。突然之间，你要将这杯酒所带来的额外的 300 卡路里热量考虑在内。一旦这杯酒下肚，你就要忍住吃其他东西的冲动。那么，这杯酒值不值得我们放弃甜点？或者放弃明天早上的面包？只要开始节食，我们每个人都会成为精打细算的“卡路里会计”，手中的热量“账本”必须要实现收支平衡。此时，我们意识到：选择吃一样东西就只能不吃另一样东西。就这样，我们产生了权衡式思维。

权衡式思维（trade-off thinking）
它是由稀缺所引发的一种思维方式。在稀缺状态下，因为所有没有被满足的需要俘获了我们的大脑，以致我们开始对之念念不忘，开始产生决策难题。

10 美元对于囊中羞涩的人来说，与 300 卡路里热量对节食者的影响是一样的。在收拾行李的比喻中，我们也体会到了相同的道理。

稀缺迫使我们产生了权衡式思维。所有那些没有被满足的需要俘获了我们的大脑，成了我们时时刻刻念念不忘的事情。

当我们手头缺钱时，就会非常关注那些需要支付的账单。当我们想要购买某样东西时，一直被我们惦记着的账单就会让权衡变得显而易见起来。当我们要在紧迫的截止日期之前完成某项工作时，所有那些待办事项就会凸显在我们的大脑之中。当我们想要用一个小时的时间做点别的事情时，权衡就再一次出现。如果时间和金钱都有富余，那么我们就不会如此专注，而权衡也就不会那么明显。从这个角度来看，权衡式思维是稀缺引发的固有结果。

稀缺实验室
SCARCITY

为了对这一理论进行更为严格的测试，我们在波士顿的一个火车站对上班族展开了调查。[2] 我们请这些乘客设想自己正在考虑购买一台电视机，并请他们列出所有考虑因素。一开始，大家都只列出了电视机大小、屏幕分辨率、价格的合理性等比较明显的因素。而当我们将实验对象分为低收入者和高收入者两组后，就得出了一个规律：只有一部分人表现出了权衡式思维，他们主动道出了一些想法，比如具有"如果买下电视，我要放弃些什么"这样想法的人，其收入比平均水平要低很多。表现出权衡式思维的穷人，几乎是富人的两倍（15 ：8）。[3] 这一差异非常显著，尤其是考虑到我们所利用的收入分隔线，最多只能粗略地将其视为稀缺的替代性表现。一些被我们归类为富人的人，很可能同样面临着稀缺问题，比如一定有人正承担着按揭贷款、信用卡的债务、大学贷款，或是要养一大家子人的压力。

我们在印度进行同样的调查研究时，发现了一个值得注意的地方。我们了解到，可支配金钱与物品大小之间存在着联系，而稀缺就是由这种联系决定的。与之前进行的调查一样，面对考虑购买搅拌机的问题，只有不到 30% 的富有实验对象提到了权衡，而超过 65% 的穷人都产生了权衡式思维。而当我们问到更为昂贵的物件——电视机时，无论穷人还是富人都会表现出权衡式思维。[4] 可见，我们是否会联想到权衡，取决于相对可支配金钱能购买的物品的大小。对于穷人来说，搅拌机代表了其手头现钱的很大一部分，而富人则不然。相比之下，就算是印度的富有家庭，购买电视机的钱也是比较大的一笔支出。换句话说，搅拌机仅引发了一部分人的稀缺，而由于电视机的价格对于每个人的可支配金钱数量来讲都很可观，因此就引发了所有人的稀缺，就好像考虑购买汽车的问题会引发绝大部分美国家庭产生权衡式思维一样。

余 闲

余闲（slack）
就是我们在拥有很大空间、不存在稀缺心态时的产物，也是我们在资源丰富时进行资源管理的特定方式。

收拾行李箱的比喻让我们了解到稀缺为什么会创造出权衡式思维——我们会随随便便地往大行李箱里装东西，而角落里还有没利用上的空间。我们将这部分空间称为“余闲”。所谓余闲，就是因我们装箱剩余下来的没有用上的可利用空间。面对大行李箱，我们经常会产生余闲。余闲，就是我们在拥有很大空间，不存在稀缺心态时的产物，也是我们在资源丰富时进行资源管理的特定方式。余闲的概念，可以用来解释我们考虑（或未考虑）权衡、关注（或不关注）价格的倾向。

试想，当你刚收拾好一只大行李箱，但又想往里面放件东西，此时你完全可以直接打开箱子扔进去，而不需要拿东西出来。你不需要对行李箱里的物件进行重新整理，因为行李箱本来就有多出来的空间——余闲。但如果是只小行李箱，要想往里面放件东西就需要拿东西出来。余闲的存在，令我们感觉不到权衡的存在。10 美元一杯的鸡尾酒，钱从哪里来？如果你很有钱，那么喝杯酒就好像没花钱一样,因为从某种角度讲的确是这样。余闲替你埋了单。可见，**余闲可以将我们从做权衡的苦差事中解脱出来。**

我们都体会过时间上的余闲。如果这周工作不太忙的话，我们在日程安排中就会留出空闲。此时，你可以在两次会议之间留出 15 分钟的休息时间，但在工作繁忙时，你可能会利用这点时间回个电话。现在，时间就在这里，仿佛散落于房间四处的零钱，但是你却没有要去利用这些时间的紧迫感。你不会为了完成各项事务而马不停蹄。当同事说他会在 10 点到 11 点之间给你打电话时，你没有跟他约定具体时间，而是将整整一个小时都划给了这通 30 分钟的电话。

许多富人会十分享受金钱上的余闲。研究显示，高收入购物者不记账的比例是普通人的两倍多，因为他们“没有必要记录，根本不差钱”。[5]

稀缺实验室
SCARCITY

荷兰学者进行的一项研究发现，富人不会在大脑中盘算自己有多少可支配的金钱，而财务规划师则会直接假定客户拥有金钱上的余闲——他们会对大笔支出精打细算，然后将余下的部分留给规划师随意支配。[6] 比如，MSN 公司的理查德·詹金斯（Richard Jenkins）就建议将资产的 10% 留置一旁，作为“乐趣资金”。这就是可支配金钱的余闲，即用来休闲与享受的钱。[7]

当然，对积蓄的精打细算是一个明智之举。手头留有余钱，以备不时之需，是非常英明的做法，就像是用来应对人生变化无常的保险。就算去机场只要 25 分钟时间，你也应该提前 45 分钟出发，以防万一。但是，我们并不会用“余闲”这个说法来指代那些为了应对突发事件而精心规划、刻意预留的空间。你也许会在行李箱里留出余地，以备到罗马出差时采购一番。但请注意，这里的余地是属于计划之内的，就像行李箱里的其他物品一样，在你的分配与规划之下。

我们所谓的余闲不是刻意预留的空间，而是因为装箱时空间充裕而产生的“副产品”。在我们工作顺利、收入稳定时，并不会仔细到 1 元钱都计较的份上；买房买车这种大事，只要支出后能剩下供我们支配的充足资金，就没问题；我们大概会了解自己能以什么样的频率光顾什么档次的餐厅，这样就能基本保证不超支；我们选择的度假产品的价格只要在心理价位左右就行，而不需要考虑银行账户里还有多少钱，然后再选择一款与预算分毫不差的产品。这种心态就是“充裕”的一个特点，而余闲便是其结果。[8]

为什么穷人的余闲更少，而富人更多呢？从大自然中，我们可以找到答案。

穷蜜蜂与富泥蜂

任何一座人工建筑都不如蜂巢那般精致。[9]蜂巢是这样建造起来的：年轻的工蜂会吃下大量蜂蜜，然后分泌出一点点蜂蜡——蜂蜜与蜂蜡之间的比例悬殊，1 千克蜂蜡需要 8.07 千克蜂蜜，而为了采集这 8 千克多的蜂蜜，蜜蜂需要往返于花丛 9 万次。然后，蜜蜂会将蜂蜡聚集成小堆，用体温将之软化，以便塑形。一点一点，一块一块，蜜蜂将蜂蜡连接起来，就制成了筑造蜂巢的“砖瓦”。这些工作是在各处分散进行的，并没有统领整个项目的监工。试想，你要用一粒粒细沙建造沙堡，但却从未停下手去看看建造工作的进展情况，也没有人给你任何指示。然后再试想一下，同样一份建造沙堡的工作，你需要与几百位朋友在伸手不见五指的黑暗中完成。但尽管如此，蜂巢还是建成了。蜂巢巢壁之间的角度是精准的 120 度，形成了完美的六边形。每层巢壁的厚度都不到 0.1 毫米，偏差仅在 0.002 毫米之内。也就是说，公差为 2%。从建筑标准的角度来看，它的建造水平很高。因为对于建筑中使用的预制内层层压板的宽度，美国国家标准与技术研究院（NIST）允许的公差为 10%。

与蜜蜂一样，泥蜂也要筑巢，但它们的原材料是泥巴。[10]它们会对蜘蛛发起进攻，将 20 多具尸体塞进巢穴，产卵并封存。孵化出来的泥蜂幼虫以这些猎物为食，在密封的巢穴中过冬。泥蜂并不会像蜜蜂那样精心地筑巢：巢室基本是柱状的，以不规则的方式用泥巴黏合在了一起，完全比不上蜂巢的精美。

为什么蜜蜂会建造出如此精美的蜂巢，而泥蜂却马虎行事？答案在于稀缺。泥蜂采用的建筑材料——泥巴，是充裕的；而蜜蜂的建筑材料——蜂蜡，则是稀缺的。蜂蜡就像塞满东西的行李箱里的空间或经济不景气时的钞票一样，必须得到妥善的保存和利用。如果草草筑巢，就会浪费蜂蜡，而为了不至于浪费，就必须提高工作效率，明智地分配资源。相反，泥蜂则拥有相对充裕的建筑材料——大量可以浪费的泥巴，它们有能力享受余闲，可以粗心地筑巢，因为它们的建筑材料实在是太廉价了。但蜜蜂不能这样做，因为它们筑巢材料的成本实在是太昂贵了。

穷人和富人也会有类似的体验。试想一下，在行李装箱前，你将所有需要带上的东西都摆在了床上——最有价值的东西放在左边，不那么重要的东西放在右边。对于为期 3 天的行程来说，最左边的应该是第 1 套换洗内衣，而第 5 套换洗内衣则应放在最右边。你开始将东西以从左向右的顺序往行李箱里装。在行李箱装满之前，你可以放进去许多东西，而若想将行李箱装满，你就会放进去一些原本不需要的东西，比如第 5 套换洗内衣。所以说，空间富裕的大行李箱最终抛弃的是重要性较低的物品；而空间拥挤的小行李箱，在主人还没装完需要的东西时就满了。对于小行李箱来说，空间尤为宝贵，而对于大行李箱来说则不然。

经济学家们称这种现象为边际效用递减，即你拥有的越多，对你而言，每一样额外增加的物品的价值就会越低。

我们的叙述存在着这样一个经济学逻辑：穷人之所以没有那么多余闲，是因为他们没有那么多能力负担。装箱所需要的空间，对于拥有大行李箱的人来说是廉价的，就像泥巴一样；但对于小行李箱的主人来说则是昂贵的，就像蜂蜡一样。因此，大行李箱的主人会像泥蜂那样，以低效的方式随随便便地装箱——因为行李箱里还有余闲；而小行李箱的主人则会像蜜蜂那样细心，尽量不留余闲。

同时，导致这种现象出现的原因还有深层次的心理学因素。当大行李箱和小行李箱的主人在装箱时停下手来，每个人都有尚未被装进行李箱的物品时，二者就会表现出不同行为：对于小行李箱的主人而言，许多十分重要的东西装不进行李箱的情况会唤起他们的关注和焦虑。就这样，他们会对这些装不进去的东西产生管窥心态，会不由自主地想："难道我不能重新整理一下箱中的物品，然后将这些东西也塞进去吗？"装箱这件事俘获了他们的注意力，因为装不进行李箱里的物品的确十分重要。但当大行李箱的主人停下手来时，就说明没有装进行李箱的物品确实没那么重要——装上也好，不装也罢。[12] 大行李箱的主人之所以会产生余闲，是因为他们并不那么在意装箱这件事情。

余闲心态下的购买行为

> 房子不过是一堆东西上面加了个盖子。[13]
>
> ——乔治·卡林（George Carlin）

余闲都用来做什么了？如果你与大多数人一样，那么就可以自己找到这个问题的答案。去厨房打开橱柜看看吧！里面可能装满了很久以前你买回来的东西。其实许多人都会这样。一般来说，许多美国家庭的厨房里都会堆满好多年没有人碰过的汤包、果酱和罐头食品。这一现象非常普遍，食品研究人员甚至专门为这些东西起了一个名字——"橱柜遗弃品"（cabinet castaways）。[14] 据估计，在从超市买回来的 10 件物品中，就有一件会成为橱柜遗弃品。

实际上，我们许多人家里都称得上是"遗弃品博物馆"。记不记得上次你清理衣柜时发现的一件很陌生的衣服，然后自言自语道："我怎么不记得还有这件衣服！"这些衣柜遗弃品实在是太多了，以至于让你觉得自己真正稀缺的不是金钱，而是空间。甚至，有些人还需要租用自助式仓库，才能储存所有这些东西。有人估计，每年人们花在租赁自助式仓库上的钱，就高达120亿美元，足有音乐类消费的3倍多。[15]在美国，自助式仓库共占用1.86亿平方米的面积。自助式仓储协会（Self Storage Association）曾得出这样的结论："自助式仓库顶棚的面积可供所有美国人同时站于其上。"[16]

自助式仓储业之所以能得到如此兴盛的发展，主要依赖于资源充裕所形成的余闲。这与一位作家在《纽约时报杂志》（*New York Times Magazine*）上所讲的观点不谋而合。

> 提供仓储营销解决方案的咨询集团总裁德里克·内勒（Derek Naylor）曾对我说："人们的懒惰情结一直是自助式仓储业从业者的'密友'。因为只要将东西装进仓库，就没有人会想要再花上一整天时间将其搬出。只要人们有能力去支付费用——从心理上感觉他们能够付得起费用，那就会一辈子将东西放在那里。"而在2008年开始的经济大萧条时期，他曾说："现在，有些人要比以往更加关注信用卡账单。他们真的开始关注储存在仓库里的东西，他们开始意识到，这些东西根本不值得每个月100美元的储存成本。于是，他们就把东西丢掉了。"[17]

因为余闲的存在，我们才可以随意购买这些最终被丢掉的物品。有了余闲，我们就会随随便便地买下特色风味的汤罐头，或者遥控飞机模型。有了余闲，我们就不会觉得一定要去思考"这个东西是否真的有用"这样的问题。我们不会想到："我是否能常常用到这台榨汁机？这部机器值得我花这些钱吗？"或者："我真的有机会穿上这双'恨天高'（鞋子）吗？还是干脆用同样的钱来买条裤子？"因为不存在权衡，所以我们只能想到"为什么不呢"。余闲令我们脱离了权衡的困扰，允许我们去购买那些具有一定吸引力的东西，而不去考虑其他因素。

这样一来，低效和浪费就会产生。当我们拥有很多空闲时间时，就会无所事事，然后时间就这样被耗尽了。从各项工作的间歇中挤出来的零散时间，加在一起也会有好几个小时。原本一天可以工作 16 个小时，但结果只做了 6 个小时的事情。我们常常会用一周时间去完成一项本来只需要用两天时间就能完成的事。而且，我们现在指的并不是那些你明确认为“没事可做”的时间段，而是那些没有被你合理利用的时间。当我们拥有一些自由时间时，就会散漫地将其一点点浪费掉。当我们不费什么力气就能赚到钱时，就会购买一些之后会被弃置一旁的物品。就这样，我们浑浑噩噩地过着日子，不知道时间是怎么渐渐流逝的；橱柜里装满了我们永远不会去吃的汤罐头，而自助式仓库里还存放着一大堆早就被我们忘却了的东西。

但是,余闲并不仅仅意味着低效。我们曾在一组大学生中进行过此类调查。

稀缺实验室
SCARCITY

你计划今晚在图书馆里完成第二天就要交的论文。但当你穿过校园时，忽然发现你仰慕已久的一位作家要在校园里办讲座。此时，你是坚持去图书馆，还是去听讲座?

随后，另一组大学生也拿到了同样的问题，不过里面加上了一个新选择（加黑部分），以进一步诱惑他们放弃图书馆之行:

你计划今晚在图书馆里完成第二天就要交的论文。但当你穿过校园时，忽然发现你仰慕已久的一位作家要在校园里办讲座。而且，在另一个礼堂里，一部你一直想看的外国电影也要放映。此时，你是坚持去图书馆，去听讲座，还是去看电影? [18]

当只有“讲座”这一个富有吸引力的选择时,60% 的学生都会坚持去图书馆。而当同时面对两个富有吸引力的选择时,更多的学生（80%）会选择去图书馆。这一结果可能会让人觉得有一些诧异：虽然人们有了更多能引起兴趣的选择，却更坚持最初的决定。之所以会产生这种现象，是因为做选择实在是一件不容易的事情。当选择存在于讲座和图书馆两者之间时，你可以决定在那一天里哪件事情更重要，是学习还是休闲？但当两种休闲活动同时出现时，你就又多了一个选择：究竟哪个休闲活动更适合我？面对这个多出来的选择，人们常常会说："算了，我还是去图书馆吧。"所以，人们常常会通过坚持最初的计划来避免选择的负担，实际上就是选择了不去做选择。

余闲能让我们轻松地避免选择负担。你之所以必须在讲座和电影之间做选择，是因为你可以利用的时间是有限的。如果你有余闲，就可以两件事情都做。当你逛街买衣服时，同时看到两件你喜欢的衣服，如果口袋里的钱有限，你就不得不二选一。如果你同时喜欢上两款口味的冰激凌，而此时你正在节食，就不得不从中选择一款。无论是金钱余闲、时间余闲还是热量余闲，都会给予你不去做选择的权利。此时，你就可以说："我两个都要。"与米尔顿·弗里德曼（Milton Friedman）"自由选择"的理想相反，[19]余闲给了我们无须做选择的自由。

没有余闲时犯错，后果很严重

余闲还给了我们另一类重要利益。先来看看下面这则小故事。

亚历克斯和本路过一家服装店。两人都看上了一件皮夹克——他们俩都没有皮夹克，而且一直都想买一件。这件皮夹克非常适合，只不过太贵了，要价 200 美元，而且也不是非常实用。对于他们来说，正确的选择是掉头走开，但一直想要皮夹克的愿望却实在难以放弃。他们俩说："为什么不买呢？"于是向欲望屈服，稀里糊涂地花了钱。

此时，亚历克斯的现金很充裕。他回到家才想明白：“真是花了冤枉钱！”

而本正缺钱。他回到家也想明白了：“真是花了冤枉钱！”紧接着他又想到：“现在我没有钱修车了。车子坏了我上班就会迟到，上班迟到就会……”

本所处的环境比亚历克斯更具挑战性。显然，他们两人都没能抵挡住这200美元的诱惑，花了冤枉钱，自作自受。两人虽然都为这件皮夹克支付了同样的费用，但亚历克斯没过多久就淡忘了自己犯下的这个错误；而本却不能。可见，同样的错误会产生不同的后果。本所处的环境之所以更具挑战性，不是因为他遇到了更有本事的销售员，或是需要负担更高的利息，而是因为他根本就没有金钱上的余闲。

这200美元的诱惑该如何支付？对于富有的亚历克斯来说，他可以用余闲来支付。就算没有头脑发昏买下皮夹克的这个插曲，他的可支配资金也没有用完——200美元可以从没有用完的部分里支出。而对于囊中羞涩的本来说，他并没有余闲。为了支付这200美元，他必须挪用计划内的其他支出，而计划内的支出都是他认为必要的。他的错误让自己付出了实实在在的代价。可见，余闲不仅会令你免于权衡，而且还意味着：即便你犯了错误，也不会让你遭受实实在在的牺牲。

现在来看一个关于时间的例子。在一项研究中，心理学家们请了一些大四学生来对完成毕业论文所需要的时间进行预估。[20]最后，他们预估的平均时长是34天。当研究人员问到所需要时间的最好情况和最差情况时，学生们普遍认同的是，27天（如果一切顺利）到48天（如果诸事不顺）都有可能。而实际上，学生们完成论文的平均时间是55天。当然，这并不是缺乏经验的大学生们所犯下的无知错误，而是每个人都有可能会经历这样的计划谬误，从经理人到制片人，谁也逃不掉。我们所有人都会对未来的计划抱有乐观的态度。就连顶尖的象棋选手都会给开始的几个回合分配过多的时间，以致在后来陷入时间紧迫的麻烦。[21]

虽然计划谬误对于许多人来说都已经是司空见惯的事情，但并非所有人都会得到同样的结果。假设一项工作需要你在月底前完成——这项工作实际上需要 40 个小时的工作量，而你却错误地认为只需要 30 个小时，并错误地实施了工作计划。随着截止日期的一天天邻近，你的这一错误也变得明显起来。你少了 10 个小时的时间，该怎么弥补漏掉的这 10 个小时呢？

如果你并非忙到不可开交的地步，那么这 10 个小时不过是一个小麻烦。你看了看工作计划，然后想办法将这 10 个小时加进去：几件事情可以改一下时间，几件需要完成的任务可以缓一缓，而且最重要的是，你的日历中本来就四处散落着空闲的时间。随便改一改，你就能搞定这件事，就能找到需要的 10 个小时。

如果你这星期已经排满了各项工作，那么这 10 个小时就不仅仅是一个小麻烦而已了。你看了看工作计划，感觉被压得喘不过气来。实在是太糟糕了。工作好像一座摇摇欲坠的积木塔一样，如果少一件，或挪动一件，整座塔就会在顷刻间崩塌。在没办法的情况下，你一百个不愿意地做出了几个艰难的选择：你暂缓了另一项工作（这项工作的紧迫程度仅稍稍有一点缓和），主要是害怕耽误手头上的这项工作，所以并没有踏实下来认真思考。但是你要知道，你是借用了其他工作的时间，而借了总是要还的。随后的一周，你将会遭遇一场更加可怕的噩梦。

对于不那么忙的人来说，余闲会将错误吞噬，将错误所引发的后果最小化。而忙碌之人就没有那么容易逃避犯错的后果了。每加上一个小时，都要以其他一些事情为代价。甚至，同样的错误会引发更为严重的后果。我们只看到了余闲会导致低效——我们去购买那些注定会成为橱柜遗弃品的东西行为，是低效地利用了时间和金钱。而在这里我们了解到，余闲还能够提供一个隐藏的功效——在我们犯错误时，它给了我们周转的空间和失败的空间。

余闲也以另一种方式将我们隔离开来。亚历克斯和本为那件皮夹克支付了同等的费用。而从某种意义上讲，本为这件皮夹克支付了更高的成本。200 美元，不过是亚历克斯收入的一个小零头，是他余闲的一个小零头，但却是本收入中相当可观的一部分。同样的钱数，从比例上来讲，其代价对于本来说更加高昂。正如经济学家阿比吉特·班纳吉（Abhijit Banerjee）所说的，“诱惑负担是递减的，对于资产较少的人来说更为沉重”。[22]

稀缺实验室
SCARCITY

一位名叫丹·比约克格伦（Dan Bjorkegren）的经济学研究生曾对这一概念进行了测试。在印度尼西亚，他针对人们的消费规律展开了一项大调查。他将某些消费品归类为诱惑性商品。（这种分类当然是主观的，有探讨的空间。）之后，他会请受调查者自己划分哪些商品属于诱惑性商品。但鉴于这是第一次调查，也算是值得借鉴的实践活动，而且诱惑性商品清单中的东西也是经过深思熟虑后列出来的，其中包括香烟、酒类和其他成瘾性商品等。比约克格伦就人们在购买这些商品时的消费比例进行了研究，并对诱惑性商品的赋税进行了量化。研究发现，对于最为贫穷的人群，诱惑性商品的赋税高达 10%。而比例会随着人们富有程度的上升而下降，直到降至消费总额的 1%。不可否认，富人会在诱惑性商品上投入更多金钱，但赋税比例却会更低。

如果失误的成本更加高昂，失败的可能性更大，那么稀缺难道不会令我们变得更加谨慎吗？这句话说起来容易做起来难。若想减少失误，仅凭努力是不够的。许多错误之所以会出现，并不是因为我们不够谨慎，而是要从我们心理过程的根源处找原因。努力和专心还不足以令我们避免计划谬误，也无法提醒我们那些根本想不到的事情，更不能给予我们钢铁般抵制诱惑的意志力。偏见是大脑运转的直接结果，而且并不总能对事件的后果作出响应。我们也许会屈服于瞬间的诱惑，在身体健康时随意吃零食，而在患有糖尿病时，也同样有可能屈服。我们在玩简单的视频游戏时，有可能会走神，而在高速公路上开车时，也有可能会走神。就算会导致更加极端的后果，偏见也会持续。[23]

不仅如此，稀缺还会令我们犯下更为严重的失误：带宽负担让我们身陷险境，很容易出错；忙得不可开交的人更有可能对未来的工作做出错误的规划——他此时需要将精力投入于手头的工作，所以在顾及其他事项时会心神涣散、不知所措，而在这种状态下，制订出来的工作计划十有八九会存在失误。在带宽受到负面影响的情况下，我们更有可能向冲动屈服，向诱惑低头。在没有余闲的时候，我们也没有允许失误的空间。

从这个角度出发，我们就能够从新的视角来审视稀缺。滞纳金是对规划失误或忘记做事的惩罚，而其无疑也是对那些生存于稀缺之中人们的火上浇油。随处可以买到的垃圾食品会让穷人和忙碌之人患上肥胖症，而这些人更容易暴露在垃圾食品的诱惑之下，会更加不注重饮食健康。相对来说，富人和悠闲自得的人则有能力躲避垃圾食品的威胁。低成本按揭贷款表格上那些难以看清楚的披露内容，特别容易为人们所误解（也会导致更为严峻的后果），尤其是对于那些生存于财务稀缺状态下的人。有些环境会创造出允许失误的空间，而随后这些失误又会给予人们惩罚。这种情况对于我们所有人来说都是一个难题，而对于面临稀缺的人来说更是难上加难、雪上加霜。

稀缺不仅意味着人们没有失误的空间，也意味着人们更有可能会出现失误。在亚历克斯和本的例子中，皮夹克就是他们面对的诱惑。买下皮夹克对于两人来说都是一个错误。但如果我们将故事写成下面这样，又会是另一种情况：

> 亚历克斯和本路过一家服装店。两人都看上了一件皮夹克——他们俩都没有皮夹克，而且一直都想买一件。这件皮夹克非常合适，只不过太贵了，要价200美元，而且也不是非常实用。亚历克斯很有钱，他想：“为什么不买呢？”反正他的钱也没有什么其他用途。而本有些囊中羞涩，他意识到购买皮夹克的行为不是明智之举。所以他必须抵制诱惑。

这回，买下皮夹克对于本来说是一个错误，而对于亚历克斯来说则不是。这就是充裕的资源为我们提供的自由，它可以让我们去购买更多东西。财富会将诱惑转化为可以买到的奢侈品。同样一件商品，在你身无分文时是一个诱惑，而在你不差钱时，不过就是随手的挥霍。看着非节食者毫不犹豫地大吃曲奇饼，节食者必须要忍住不吃。忙碌之人必须要避开各种干扰，不能去与朋友喝酒，更不能坐在沙发上漫无目的地看电视；而悠闲自得的人则完全可以毫无顾虑地享受这些。

可见，**稀缺不仅提高了失误的成本，也为人们创造了更多机会去犯下错误、做出不明智的选择**。稀缺状态下，将事情做对做好会变得更加艰难，因为无论是忙碌之人的时间，还是贫穷之人的金钱，都必须在十分有限的范围内精打细算。为了更好地理解这一点，我们不妨再回忆一下行李装箱的比喻。

> 请想象我们二人——塞德希尔与埃尔德应邀去参加野餐。塞德希尔负责带水果做沙拉，埃尔德则负责带软糖。塞德希尔必须要好好考虑一下如何将水果装进包里，因为他要带一个大西瓜，而他的包中已经装了许多其他水果。在塞进菠萝之后，背包实在装不下其他东西了。此时他想：也许我可以将香蕉掰开，沿着背包的边缘码放整齐，要不就在苹果和梨子的缝隙中塞进一点点葡萄或草莓。将

水果装进背包的事情看似简单，实际上却很难找到其最佳的排列方法。与此相比，埃尔德的任务就轻松多了。他将西瓜味的软糖扔进包里，又随手丢了几个橙子口味的。之后他拿起背包晃了晃，背包中瞬间就又多出了一些空间。于是，他又在包里装了其他几种口味的软糖。

埃尔德也许同样面临着权衡问题，那就是他可能无法将所有口味的软糖都装上。但只要做出了选择，他的打包行动从本质上讲就会比塞德希尔简单许多——装软糖这件事情根本不需要开动脑筋来想办法。将塞德希尔和埃尔德的任务区分开来的，就是物品的“粒度”（granularity）。水果个头相对较大，而软糖则小了许多，像沙粒一样可以随意堆积。随着物品的粒度增大，打包的复杂程度也在提高。

生活中，你是在往行李箱里装小物件还是大物件，这取决于你可支配的资金。如果你拥有的资金较少，那么一部 iPod 就会让你感觉到贵重，因为它可能会占据你整月开销的一大部分。而随着资金的增加，一部 iPod 所占的比例也会变得越来越小。在你可支配的收入中，购买 iPod 的资金会变得越来越微不足道。可支配资金越多，就越能令决策不那么容易引发直接后果，而且也能降低打包与装箱的复杂性。当可支配空间变少时，装箱的物件体积就会变得相对较大，装箱难度也会相应增加；而当可支配空间变多时，装箱物件的体积就会相对变小，装箱难度也自然会减轻。

当然，就算拥有大量可支配的空间，如果物件的体积真的很大，还是会令装箱变得复杂：在一起重大而漫长的刑事案件审判过程中担任陪审员，就算对于拥有大把时间的人来说都不是一件易事；购买一处度假别墅的决策，就算对于有钱人来说，也需要投入精力。但如果资源充裕，你所做出的诸多选择，平均来看，“粒度”就会变小一些，以至于不会占用你全部的可支配资源或计划。

这就引发了更深一层的思考。虽然我们在此关注的是稀缺所引发的心理变化，但其影响可能不仅仅存在于心理层面。我们可以从数学角度来理解稀缺——稀缺可以创造出运筹学上难度更大的装箱问题；人们的大脑会受到稀缺心理的挑战，让人们发现自己身处于一个计算难度更大的环境中。[24]

稀缺的本质就是没有余闲

我们在本书一开头就讲到了稀缺的定义，即一种需求比资源多的主观感受。这就引出了主观感受与实际限制之间的对比，因为我们所有人都必须面对有限的金钱、时间等资源，而装箱的概念则令这种差异变得更加尖锐。实际限制和权衡永远存在：行李箱不管有多大，体积都是固定不变的。但事实上，只有小行李箱才能让我们感受到稀缺的存在。这时，我们才会注意到权衡，才会意识到我们所拥有的空间实在是太小了。同时，从客观上讲，小行李箱也令稀缺管理变得更加复杂。大行李箱不仅给予了我们更多的空间，而且也消除了稀缺的感受——我们不仅会觉得自己拥有了足够的空间，而且也想不到要去做权衡。虽然实际限制和权衡无处不在，但人们的感受却并非如此。

从这个意义上来讲，余闲的概念深入到了稀缺心理的核心。拥有余闲，我们就会拥有充裕的感受。余闲不仅仅意味着低效，更是一种奢侈的心理享受。充裕不仅能让我们购买更多的商品，也会给予我们随意装箱的奢侈享受、不用动脑筋的奢侈享受以及犯了错误无所谓的奢侈享受。就像亨利·大卫·梭罗曾说过的那样，**“一个人的富有程度，与他所能舍弃之物的数量成正比”**。[25]

SCARCITY

WHY HAVING TOO LITTLE MEANS SO MUCH

第 4 章

行为经济学告诉我们的道理

1美元的价值，在穷人眼中和富人眼中是不一样的。环境条件会影响富人对1美元的价值判断。当穷人在评估1美元的价值时，会用上大脑中内化的衡量标准，而不会依赖环境进行判断。穷人是金钱价值方面的专家，他们更接近于“经济人”。人们对货币价值的衡量是相对的，这是行为经济学中的经典结论。

几年前，塞德希尔和他的一位博士生（就叫他亚历克斯）在印度金奈城郊，想找一辆电动三轮车载他们去下一个开会地点。他们所在的地方很少会有电动三轮车经过，所以他们等候的时间不仅漫长，而且痛苦。那一天天气湿热，空气中漂浮着灰尘和沙土。温度计上显示的 37 摄氏度高温，根本不能说明任何问题。（印度南部的夏季气温需要进行温度更正，就像北方冬季刮起凛冽的寒风时，体感温度会更低一样，印度夏季的高温也会令人感觉更加闷热。）焦灼中等待了 10 分钟之后，一辆电动三轮车停了下来。塞德希尔松了一口气，但他这口气松得为时过早了。

金奈的每一样东西都需要讨价还价。一般情况下，这样一段行程的费用是 40 卢比（80 美分）左右，但司机看到亚历克斯这位外国人在场（塞德希尔是在美国出生的印度后裔），发现宰客的机会到了。他开价 100 卢比，一番你来我往之后，司机一步步让到了 60 卢比，然后就一口咬定，不再让步。塞德希尔准备跳上车去——天气实在是太热了，而且他们还要赶着去开会。[1]

亚历克斯却非常固执，他不想支付60卢比，还对塞德希尔说自己不想上车。“还会有三轮车路过的，咱们再等会儿。”此时，塞德希尔真想抽自己一个嘴巴子——真不该用英文讨价还价，要是用泰米尔语的话，说不定现在已经上路了。但他实在累得不想争辩，于是只能看着三轮车绝尘而去。他们又在烈日下干巴巴地等了10分钟，终于等到了另一辆三轮车。幸运的是，这位司机同意用40卢比的价格载他们去往目的地。亚历克斯终于决定上车了。塞德希尔随着他也上了车，暗自发誓今后一定要带个靠谱点的博士生出差。

为什么亚历克斯不肯接受第一位司机的出价？他之所以会拒绝，一部分原因在于公平原则——谁也不想被欺骗。但另一方面，亚历克斯已经在印度生活了一段时间，已经适应了当地的环境，了解要价偏高不过是日常生活中的一种普遍现象，并不针对他个人。所以，他是从纯粹的金钱角度来审视这个交易的。亚历克斯说道：“让我多给钱没问题，但不能多出50%！”亚历克斯明确地做出了选择：他宁愿在烈日和尘土中多等10分钟，也不愿意多支付50%的费用。

> 现在，假设在另一个场景中，塞德希尔提出了这样的建议：“亚历克斯，我想让你穿着衣服蒸10分钟的桑拿浴，听着频频作响、震耳欲聋的汽车喇叭声。对了，我还会时不时地扔一把土在你脸上。但为了让你觉得这一切是值得的，我会给你50美分。”

对于此，亚历克斯很可能不会接受，而更大的可能性是他会放弃塞德希尔，转而投奔另一位导师。但事实上，这与他在金奈所接受的权衡并无差异。而现实中，他不仅接受了，还非常坚持。这是为什么呢？

在另一次相似的情况中，塞德希尔帮一个外国人跟另一位三轮车司机因为几个卢比而讨价还价。这次，司机没讲英文，而是讲泰米尔语。他问道：“你为什么为了这点小钱计较？这点小钱对这位外国人来说连根毛都不是！”从某个角度来看，司机说的没错。这点小钱对于富人来说真的不算什么。但从另一个角度来看，司机说的又是不对的，因为人们就是会在某些时候表现得好像小钱很重要一样。

对于研究判断与决策的心理学家来说，亚历克斯的行为具有高度的可预测性——我们不用去印度就能在身边见到。这种行为方式与有关选择的最古老的结论相吻合。在下面的实验中，我们分别为两组调查对象展示了下面这些文字。

稀缺实验室
SCARCITY

请想象你要花一天时间去购物，[2]购物清单中的一样物品是DVD播放机。在一天要结束时，你在一家商店里找到了自己想要的品牌与型号，价格是100美元。这个价格还算合理，但不是你当天看到最优惠的——还有一家商店仅卖65美元，但到它所处的位置需要你在回家途中绕路30分钟。那么，你是会在这家商店里花100美元买下DVD播放机，然后直接回家，还是会绕路去另一家商店用65美元买下同一款播放机？请思考一下你会怎么做。

请想象你要花一天时间去购物，购物清单中的一样物品是笔记本电脑。在一天要结束时，你在一家商店里找到了自己想要的品牌与型号，价格是1000美元。这个价格还算合理，但不是你当天看到最优惠的——还有一家商店仅卖965美元，但到它所处的位置需要你在回家途中绕路30分钟。那么，你是会在这家商店里花1000美元买下笔记本电脑，然后直接回家，还是会绕路去另一家商店用965美元买下同一款笔记本电脑？请思考一下你会怎么做。

我们可以看到，以上这两个场景都需要你为了省下35美元而绕路30分钟。

但调查结果显示，大多数人都会为了购买便宜点的 DVD 播放机而绕路，却不会为了购买便宜点的笔记本电脑而绕路。这与标准的经济学模型产生了矛盾，因为在经济学模型中，时间与金钱的兑换率应该是恒定的。但在这里，兑换率出现了极大的浮动。为了精确起见，我们请调查对象明确说明绕路能省下多少钱，这样就能计算出人们为时间而标上的隐含价值。得出的结论让人震惊：通过改变商品的价格，一小时的价值从 5.64 美元（想购买 3 美元一支的钢笔）到 1 364 美元（想购买 3 万美元一辆的汽车）不等。[3] 这说明，我们所谓的节俭存在着一个违背常理的推论——**我们在小物件上连几毛几分钱都会计较，而在大物件上却挥金如土**。这样看来，我们所谓的节俭根本派不上用场。我们会花好几个小时在网络上东查西找，就只是为了从一双标价为 150 美元的鞋子上省出 50 美元；但我们却不会为了从一辆价值两万美元的汽车上省出几百美元，而花费几个小时的时间去做信息搜集工作。

这一推论颇具现实意义与重要性，因为其说明了人们的惯常行为与经济学家所提出的“理性”的行为标准是相悖的。如果说人们理解中的 1 美元价值会如此轻易地发生变化，那么对经济行为的传统分析就需要进行极大程度的延展。这些现实情况以及相关结论将心理学与经济学融合在了一起，促成了“行为经济学”的诞生与发展。这些理论的影响力是深远的，因为其分析结果具有广泛的实用性，不仅能解释亚历克斯在印度金奈的古怪行为，也可以用来解释大学生、MBA、职业赌徒以及各领域业内人士的行为。[4] 我们一直认为，这些基本结论存在于每个人的行为之中。

50 美元，在穷人和富人眼中的价值不一

我们与博士生克丽斯朵·霍尔（Crystal Hall）曾一起进行了一项实验，它与 DVD 播放机 / 笔记本电脑购买实验很类似。[5]

稀缺实验室
SCARCITY

请想象，你的朋友想要购买一台价格为 100 美元的家用电器。虽然商店中的这个价格已经很优惠了，但店员告诉你的朋友，一家距离此地 45 分钟路程的商店售卖的同一款电器还要再优惠 50 美元。此时，你会建议朋友前往另一家商店，从 100 美元中省下 50 美元吗？

与最初的 DVD 播放机 / 笔记本电脑购买问题一样，我们在叙述中做了点手脚：第一组调查对象看到的家用电器价格是 100 美元，第二组调查对象看到的价格是 500 美元，而第三组调查对象看到的价格是 1 000 美元；不过，这 3 组商品都优惠了 50 美元。

一开始，我们对比较富裕的人群进行了测试。当我们在新泽西州普林斯顿火车站对过往的旅客展开调查时，我们也得出了许多学界前辈曾得出的结论：当电器的价格为 100 美元时，54% 的人建议去另一家商店；当价格为 500 美元时，39% 的人建议去另一家商店；而当价格为 1 000 美元时，只有 17% 的人建议去另一家商店。由此看来，电器标价越高，50 美元的优惠就会显得越少。对于价格较高的大件商品来说，为了节省 50 美元而在路上奔波就显得太不值得了。

稀缺实验室
SCARCITY

我们在距离近 20 公里以外的新泽西州特伦顿慈善食堂进行了同样的调查。这家慈善食堂和美国其他地方的慈善食堂没有什么两样，来这里吃饭的人在年龄、性别、种族上各有不同，但都有一个共同点：没钱。在此事实基础上，我们假设，他们更愿意为了省钱而在路上奔波。实际调查结果与假设相符——当电器价格为 100 美元时，76% 的人认为应该为省下 50 美元而赶赴另一家商店。

当然，不是所有人都做出了这种选择，但原因却各不相同。也许他们的时间也很紧迫，也许他们有其他需要处理的事务，也许他们因为贫穷而买不起车，所以去另一家店的交通问题没法解决。又或者，也许慈善食堂的食客们与所有人一样，为时间设定了价值。

这项研究值得注意的地方在于，我们将商品价格提升之后所收集到的调查对象的反应：当电器价格是 500 美元时，愿意赶路的人的比例基本没变，为 73%；当价格上升到 1 000 美元时，愿意赶路的人的比例就会稍微上升，到了 87%。出现这一增长的原因可能是因为购物者认为既然自己要花这么多钱，那么就一定要尽量节省。[6]

对于绝大多数人来说，如果能从价格为 100 美元的 DVD 播放机中省下 50 美元，就是很大一笔钱（相当于打了五折），但对于价格 1 000 美元的笔记本电脑来说，这 50 美元就显得微不足道了（只有九五折）。相反，慈善食堂的食客们却对这种变化无动于衷。那么，稀缺（这一案例中特指缺钱）为何会对这一规律发挥倒置作用呢？

为了明白个中原委，我们要先了解一下关于认知的行为心理学知识。

知觉的相对性

实验心理学的奠基人之一德国物理学家恩斯特·韦伯（Ernst Weber），发现了关于人类感觉如何发挥作用的重要事实。在一项由他首创的实验中，实验对象被蒙上双眼，一只手托着装有砝码的盘子。[7] 研究人员会向盘中悄悄地一点点增加金属屑，并请实验对象在感觉到重量发生变化时进行告知。这个实验的测量目的是：在增加多少重量的情况下，人们才会发现；多少重量才是“正好能感觉到的变化”。韦伯发现，“正好能感觉到的变化”相对于背景重量的比例是恒定的。对于重量来说，这一恒定比例约为 1/30——如果你举着大约 1.5 千克的重物，就需要至少增加大约 0.05 千克的重量；但如果你举着大约 15 千克的重物，那么则要增加大约 0.5 千克的重量。

韦伯的实验说明，认知具有高度的相对性。举例来说，人眼并非曝光表①，对光度的判断与背景的明暗相关：如果你身处黑暗的洞穴中，即使一根火柴的光亮都足够照亮你的四周；如果是在一个阳光明媚的午后，你在户外咖啡厅点燃了同样一根火柴，那就可能根本察觉不到它所发出的光亮。同样，我们所能感知的物体大小也是相对的，在日常生活中常常会有这样的体验。洗衣液生产商很早以前就发现，如果瓶盖变大，洗衣液的用量就会变多。[8] 大瓶盖里面的倾倒口只会占整个瓶子的很小一部分，因为我们体会到的是相对量而非绝对量，所以倾倒口就显得很小。就这样，人们每次都会多倒一些洗衣液，而洗衣液的销量也会因此增长。在某种程度上，人们对金钱的判断也是与背景相对的。这就是为什么我们会更在乎为购买一本 20 元钱的书去节省 4 元钱，而不会在乎为购买一台 1 000 元钱的冰箱去节省 100 元的原因。在印度金奈，亚历克斯不过是用看火柴光亮的眼睛去看待金钱，是在与背景相对比。当公允价格为 40 卢比时，60 卢比看起来的确是太贵了。

虽然相对性认知是大脑处理信息时的固有特征，但经验与专业技能还是能让我们摆脱这一限制。

稀缺实验室
SCARCITY

心理学家西蒙·格朗丹（Simon Grondin）与彼得·基利恩（Peter Killeen）曾进行过一项研究。两组实验对象参与了这项研究：一组是

① 曝光表，亦叫测光表。摄影时计量光的强弱并以控制摄影曝光时间和光圈大小的仪表。——编者注

> 非音乐家，另一组是接受过 11～23 年正规音乐培训的音乐家。研究人员请两组实验对象分别弹奏 6 秒、12 秒、18 秒、24 秒的八音阶间隔的反复高低音。[9] 非音乐家的表现如最初所料——错误与音程长度成正比。也就是说，音程越长，错误越多。可见，他们是从相对角度去估计音程的。相比之下，接受过大量音乐训练的那组实验对象，随着音程增长，其表现出了逐渐缩小的变化性。也就是说，音程越长，音乐家们出错的比例就越小。可见，他们的判断力更接近于绝对标准。

从这一实验中我们了解到，**专业技能，也就是对某一领域知识的深度理解，能够对认知形成改变。**对音程有着专业理解的音乐家们，大脑中存在着内化的度量标准，他们不需要依靠对时间长度的直觉性进行启发式的估计。研究显示，经验丰富的酒保在倒酒时更富技巧，在客人要求倒一定量的酒时，他们的判断力不会那么容易受到酒瓶高度的影响。[10]

稀缺也会迫使我们成为专家——装箱专家。在没有余闲时，我们深谙行李箱中每一寸空间的价值。穷人珍视每一元钱的价值，日理万机的人珍视每一个小时的价值，节食者珍视每一卡路里的价值。

营销研究人员以特定方式对专业技能问题进行了研究。他们在超市门口，对采购之后正准备走出大门的顾客进行了快速访问。[11] 他们拿到了顾客的购物清单，并询问了一些问题："你刚刚购买的高露洁牙膏是多少钱？"针对这一问题，生活富裕的采购者基本都答不上来。"高露洁牙膏的价格？差不多 3 元钱？要不就是 5 元？"大多数富人甚至连他们刚才一共花了多少钱都不知道。但低收入购物者却对一切消费都心中有数：他们不仅会记得采购费用的总数，而且也会记得各项物品的价格。在我们进行的一项研究中，同样的现象也出现了。对于这项研究，我们进行了精心的设计，从而将知识与频繁的经验区别开来。我们针对波士顿的旅客进行了调查，并询问他们出租车计价表上的起步价是多少。[12] 富人中只有 12% 给出了正确答案。而没有那么富有的人，答对的人数是富人的 3 倍。但事实上，富人打车的频率要多得多。

对价格心知肚明，并不仅仅是留意价签的结果。同时，你还需要一定的警觉性，因为你看到的价格通常不是你所支付的货款。举例来说，香烟收取的税金存在两种分类：消费税会显示在价签上，而销售税则不会。总价只有在收银台结算时才会显示。如果你只看到价签上标明的价格，就是忽略了销售税。当标识于明处的消费税发生变化时，穷人与富人都会作出回应——他们的吸烟量会有所下降。[13] 而当藏于暗处的销售税发生变化时，就不会出现以上现象。此时就只有低收入消费者才会作出回应，因为只有低收入消费者会同等地看待消费税和销售税（他们应该这样做）：他们不仅会注意到标明的价格，而且也会更加明白，总价不仅是价签上标注的数字。[14]

低收入消费者在其他方面也非常精明。去超市购买薯片或金枪鱼罐头时，他们会自然而然地假定，大包装商品的单价一定更便宜，所以购买大包装商品能省钱。而事实上，这种假定常常是错误的。大包装商品的单位价格有时更高，因为可能存在"大件商品附加费"。一项调查发现，在不同型号包装的品牌商品中，其中 25% 的商品存在某种形式的大件商品附加费。[15] 这些附加费并非定价失误，《消费者报告》（*Consumer Reports*）称其为"消费品的卑鄙伎俩"。[16] 在那些不留意价格，只是假设大包装商品会更合算的消费者身上，这一伎俩非常奏效。（你是否也经常落入这种圈套？）一项研究对哪些超市善于玩弄这些"花招"进行了调查，结果与我们所讨论的话题不谋而合——位于低收入社区的超市较少出现大件商品附加费。[17] 当消费者十分在意花出去的每一元钱时，商家就很难从他们身上榨出什么油水了。

简而言之，穷人是金钱价值方面的专家。他们在评估 1 元钱的价值时，会用上大脑中内化的衡量标准。他们并不会凭借环境去判断物品值多少钱。**需求的压力始终存在于穷人心中，挥之不去，从而造就了他们自身的内化尺度。**拥有内部标尺的意义在于，他们不像普通人那样容易受到背景环境的影响，如同音乐家能准确地掌握节奏一样。慈善厨房的食客们不会表现出与亚历克斯在金奈时表现出的同样的偏见，或者那些高收入实验对象表现出的同样的偏见，因为他们不那么容易利用环境中随处获取的特征作为价值衡量标准。

这一现象值得我们深思。研究中，穷人表现得更加“理性”。从这些案例中可以看出，**穷人更贴近于理性的经济学理想，更接近于“经济人”**。从中，我们不仅了解到了一些关于贫穷的内涵，也了解到了一些行为经济学的内涵。人们对货币价值的衡量是相对的，这一点是行为经济学中的经典结论。行为经济学假设每个人的思维中都包含这样的特征。但在这里，我们了解到稀缺的概念已经冲淡甚至推翻了这一经典结论。事实上，稀缺也改变了许多其他结论。

1美元的真正价值

记得塞德希尔还在念本科时的一天，他正在考虑是不是要买一部随身听。（可能有人不知道什么是随身听。随身听就像iPod，只不过里面装的是磁带。不过也可能有人不知道磁带是什么，对于这些朋友，此问题暂且搁置。）

随身听的价格是70美元。那么，随身听值不值70美元呢？他应不应该买呢？其实，这个价格还算公允，因为塞德希尔四处逛了一下，发现没有比这更便宜的了。但他到底更倾向于选择哪一个？是70美元现金，还是一部随身听？深究下去，70美元到底是什么？1美元的真正价值又是什么？面对这种决策难题，塞德希尔有一套自己的方法。当时，他总吃（基本上只吃）Taco Bell的豆沙馅玉米煎饼，于是决定以豆沙馅玉米煎饼作为衡量一切事物价值的基本标尺。他没有思考是买随身听还是存下70美元现金的问题，而是思考他是想要随身听还是买78个豆沙馅玉米煎饼的问题。因为与钞票比起来，豆沙馅玉米煎饼更加有形，更加真实。

为什么塞德希尔需要去构建一个比较基准，从而为 70 美元赋予意义？因为余闲的存在。资源充裕意味着不需要做权衡。当在资源充裕的情况下发生购买行为时，我们感觉不到自己需要放弃任何东西。从心理上讲，这种感觉很愉快。但在做决策时，却是一种障碍。如果你不清楚自己为了获得某件东西而需要放弃什么，那么就很难想清楚这件东西的成本和价值。余闲以及权衡的缺失意味着我们无法拥有对物品进行价值判定的简单、直接的方法。

对于塞德希尔来说，豆沙馅玉米煎饼这个衡量标准也并没发挥多大作用。但这种方法与专家给出的建议有一定的相似性。一位研究决策的心理学家认为，一款 iPhone 的 APP 就起到相同的作用。[18] “你可以在 APP 中输入‘我想去巴哈马群岛度假，还想买鞋子、拿铁咖啡和书籍’。之后，当你想要购买某样东西时，这样东西的价值就能转换成一定数量的你感兴趣的东西。APP 会告诉你，‘这件物品的价值相当于在巴哈马群岛度假半天、两双鞋子和一杯拿铁咖啡’。”还有专家建议利用“时间价格”作为衡量标准。假设你的工作每小时能赚 20 美元（扣除通勤成本、各项税款等之后的净收入），如果你想购买一台价值 80 美元的冰激凌机，那么就需要多工作 4 个小时；如果你想购买每个月 60 美元的有线电视套餐，那么就需要从此之后每个月多工作 3 个小时。（如果你每天要喝一大杯拿铁咖啡，那么每年就要多工作大约 50 个小时。）

在思考关于随身听的问题时，塞德希尔意识到这种推理具有误导性。他已经吃够了豆沙馅玉米煎饼。假设他选择不购买随身听，也不会再出去额外多吃 78 个玉米煎饼。所以，他并不是在随身听和玉米煎饼之间做权衡。为了让这种思维方式能真正发挥作用，他需要知道，不购买随身听而省下来的钱能花到哪里。这些钱肯定不会用来购买豆沙馅玉米煎饼，而管着自己不乱花钱，也不会因此就能去巴哈马群岛度假。若想让权衡具体化，就需要对节省下来的金钱进行追踪，搞清楚这些钱之后会有何用。同时，我们还需要思考另一个问题：

我们如何挑选不同的物品进行对比，才具有切实的意义？

人们总是在价格相当的物品之间进行对比，而这种对比又非常具有误导性，因为许多这类物品是他们在任何情况下都不会购买的。同样，时间价格（“这样东西的价格相当于4个小时的工作所得”）也具有误导性，因为即便你管住自己没有买某样东西，也不会因此少工作几个小时；而即便你买了某样东西，也不会因此多工作几个小时。寻找金钱的最佳用途同样会产生误导作用。

> 如果我花40美元吃了一顿大餐，那么并不能说我花出去的每40美元都能给我带来同等的愉悦。就算我花出去的每笔钱都无比正确，也只有很少的40美元能与这次大餐带给我的享受相提并论。我每天能享用多少顿这样的美味大餐呢？依据收益递减原则，我最后花出去的40美元，也就是我正在思考的准备做权衡的40美元，其带来的体验根本无法与那种愉悦同日而语。

所有这些比较基准存在的问题都要归因于它们本身就是不现实的。在稀缺状态下进行权衡，就像是鱼和熊掌两个都想要一样。由于现实中我们并不会进行太多真正的权衡，因此权衡不过是被虚构出来的。在没有这些权衡的情况下，少量金钱并不会让你费多少脑力。如果你多出来20元钱，那么你会用这点钱去购买什么你尚未买到的东西？如果你的经济状况良好，就永远不需要回答这个问题，连想都不用想。如果你想要某件只需花20元钱就能买到的东西，你早就买了。

这些问题之所以存在，是因为我们在资源充裕的条件下并不会理解10元钱的真正价值，而这种理解上的模糊会令我们更容易落入他人的操控之中。通过精心设计的对比，购买行为可以看起来更富有吸引力，或者没那么富有吸引力。度假时将酒店房间升级为更好的房型，如果将多出来的费用与你所支付的房租做对比，就会显得微不足道。但如果将多出来的费用换成可以购买到的美味甜点，你就会觉得这是一大笔钱。营销公司和非营利性机构常常会使用这一策略：资助非洲儿童或者购买吸尘器，每天只需花个几分钱。而对于那些拥有余闲的人来说，这几分钱让人感觉这东西就像是白捡来的一样。

有些富人同样也会保持节俭的作风。当我们与这些富人朋友们聊起自己的工作时，他们总会点头附和道："这就是我的做人风格——对金钱非常专注。"但是，节俭与稀缺的体验并不是一回事。节俭之人对金钱怀有一种保证富余的责任感，而穷人则需要随时进行权衡。发生购买行为时，节俭之人会思考的是，该商品的价格是否"优惠"。相比之下，穷人则会思考，为了付出相应的金钱他们要放弃什么。所以说，**节俭之人并不需要进行真正的权衡，他们与所有生活在资源充裕条件下的人一样，很难体会到 1 元钱的真正意义。**因此，他们就需要依赖周遭环境做判断。亚历克斯与三轮出租车司机打交道时就是这样：廉价（而且前后不统一）出售自己的时间，就因为他是根据当时所处的环境来确定三轮出租车的"合理"价格的。可见，亚历克斯很节俭，但并不贫穷。

> 我们的一位朋友也是行为学专家，他最近花 3 美元买了一块白兰地松露巧克力。之后，我们问他这块巧克力买得值不值。为了进行判断，他想到了用同样的价钱能买到的其他东西："6 块士力架、一本《体育新闻》杂志（*The Sporting News*），或者晚餐时的一杯高档一点的红酒。"他还想到自己可以将这几元钱节省下来，虽然钱少，但如果在其他地方也节省一点，说不定明年就能买一个大一点的公寓。他还想到每个月的卫星电视收费是 49 美元，而且他最近并不怎么看电视，如果能省下这 49 美元，就能买好多松露巧克力。最后他不得不承认："我不知道这块巧克力买得值不值。"所以说，充裕的资源使得我们不那么容易了解金钱的价值。[19]

行为经济学所研究的许多偏见与矛盾，其实都是因为人们无法真正体会金钱的价值。在我们的研究中，实验对象无法清晰地理解节省下 50 美元的意义，于是只能利用背景信息来对之进行评估。相比之下，因为穷人真的面临着 50 美元的权衡问题，所以早已拥有了对 50 美元的价值进行内化衡量的尺度（可能并不精确）。因此，穷人比较不容易采取前后不一致的矛盾行为。在知道了这一点之后，我们就可以认为，一定存在着某些情形会令生存于稀缺状态下的穷人对事物的价值进行更加明确的判断，而这种认识是生存于充裕资源中的富人所缺乏的。**缺乏清晰价值观会导致可以预见的失误：同样的情况下，富人会犯错误，而穷人却能够避免。**

识 解

识解（construal）
在认知过程中，大脑会利用大量的环境线索去理解视觉数据。

对认知的研究让我们从另一个角度了解了人们是如何对不清晰的价值赋予意义的。在认知过程中，大脑会利用大量的环境线索去理解视觉数据。我们只要了解了大脑所利用的线索，就能予以操控，但有时这种操控甚至可能会引发反常的结果。由麻省理工学院的泰德·阿德尔森（Ted Adelson）所设计的方块阴影错觉图充分利用了这一知识，也就是我们常用的视觉错觉展示图（见图 4-1）。[20]

图 4-1 视觉错觉展示图

这幅图会给人以错觉，方块A的颜色看起来比方块B要深一些。之所以称之为错觉，是因为方块A和方块B的灰度是完全相同的。你可能不相信，就连我们有时也觉得需要再去仔细查一下两个方块的颜色，因为方块A和方块B看起来真的不一样。如果你不想轻信我们的这个说法，就请拿出一张纸，盖在图上剪两个洞——只露出方块A和方块B。这样你就能看到，这两个方块的颜色完全一致。那么，我们的双眼为什么会遭遇如此的误导？

一般来说，视觉系统会利用图像中的背景线索为物体赋予意义，而背景线索则会影响前景物体在人们视野中的呈现。我们可以看到，方块B的背景与方块A不同：方块B的周围都是颜色更深的方块，而且正好位于圆柱体的阴影之中。因为阴影中的物体看起来颜色更深，所以我们的眼睛就会针对阴影进行修正，让物体看起来颜色更浅。可见，**感知颜色与感知距离一样，取决于背景环境。感知价值也是同理。**

行为经济学家理查德·塞勒（Richard Thaler）所领导的一次经典实验，堪称这一视觉错觉现象的金钱版本。我们和阿努伊·沙阿一起重新进行了这场实验。我们请实验对象思考以下两个场景，它们的区别只存在于括号中的文字——一个场景是超市，另一个场景是度假酒店。

稀缺实验室
SCARCITY

请想象在一个炎热的日子里，你正躺在沙滩上。你能喝到的只有冰水。最后一个小时，你特别想喝一瓶自己最喜欢的冰啤酒。一位朋友起身去打电话，提出可以从附近唯一能买到啤酒的地方带酒回来，要么是在一个简陋的小超市，要么是在一家高档的度假酒店。朋友说，啤酒可能有点贵，问你愿意为啤酒付多少钱。他说，如果啤酒的价格与你所说的价格一样或低一些，他就会买；但如果啤酒的价格高于你说的价格，他就不会买。你信任这位朋友，而且也确实不存在与酒保讨价还价的可能性。此时，你会告诉他什么样的价格？[21]

与塞勒最初的实验报告一样，富有的实验对象表现出了经典的决策偏见。在高档度假酒店中，他们会为同一瓶啤酒支付更高的价格。与亚历克斯的行为相同，支付意愿的差异也是一种自相矛盾。一瓶啤酒就是一瓶啤酒（而且他们也会在同样的沙滩上享用同样的啤酒），无论啤酒是来自简陋的小超市还是高档的度假酒店，都同样能解渴。而富有的人并不清楚应该为之支付多少钱，所以只能利用环境来做判断。

穷人的表现就非常不一样了。在两个环境中，他们愿意支付的价格非常接近。关键不在于他们愿意支付价格的高低，而在于他们给出了更加统一的价格。请注意，我们向实验对象询问的并不是他们预期支付的价格。向实验对象提问时，无论是穷人还是富人都会给出同样的答案：高档度假酒店中啤酒的价格一定会更高。两组实验对象的不同之处只在于，他们愿意支付的价格变低了。实验结果与我们的预测相符：穷人对所支付的金钱有着更加清晰的认识，他们不会为环境所动，而是会依赖于自身对金钱价值的内化衡量尺度做出判断。

这样我们就掌握了一个秘诀，可以从中找到办法“推翻”传统行为经济学的结论，也就是那些依赖于从任意局部环境中进行价值分析而得出的结论。在这些结论中，人们会认为自己可以将金钱划分到不同的账户中。

研究发现，当汽油价格上升时，[22]人们会以消耗更少的汽油这种方法来进行弥补。我们表现出来的就好像自己变得“更加贫穷了”，虽说多出来的汽油成本并不一定会对我们总体可支配的资金构成任何实质性的影响。但就算是这样，我们的行为表现也好像是自己在“汽油”上变得更加贫穷了。（想想看，如果问题出在钱上，那么你完全可以通过购买便宜一些的饼干或少去打高尔夫球来省钱。）出现这种情况是因为金钱被我们划分到了具体的账户中：更高的汽油价格对汽油账户形成了负面冲击，导致我们要去节省该账户里的资金，消费更少的汽油。心理账户的思想有许多含义。举例来说，我们消费 2 000 美元退税的途径，会与消费 2 000 美元股票收益的途径非常不同，而原因就在于心理账户。在这两种情况下，我们都多拥有了 2 000 美元，但我们将这两个账户（“意外之财”和“退休账户”）完全区分了开来，用不公平的眼光去对待它们，因此，对账户内的资金进行消费的倾向也会不一样。相反，穷人则不太会表现出这种行为。[23]

机会成本

我们之所以会对物品的价值感到模糊和混淆，是因为我们在资源充裕的情况下是不会进行权衡的，而且我们可能根本不知道应该如何进行权衡。为了对这一观点进行直观的分析，我们请实验对象试想下面这个场景。

稀缺实验室
SCARCITY

你买下了最喜欢球队的季票套餐。[24] 套餐中包括 8 场固定场次的比赛门票。单场比赛的门票价格是 30 美元，而季票套餐只需要 160 美元，算下来观赏每场比赛你只需要花费 20 美元。你很喜欢季票套餐中包含的那些场次，于是决定将之买下来。

现在请想象一下，这一赛季即将结束，你只剩下一场比赛还没看。这最后一场比赛大受球迷追捧，门票价格已经被炒到了 75 美元。你就要去观看比赛了。现在，请说出你对这场比赛观赏成本的感受。

> 我们列出了两句话，请实验对象选择，哪个说法更贴近他们对观赛成本的感受：
>
> - 我感觉观看比赛花了我 **75 美元**，也就是门票的现价，即假设我选择将门票出售时的价格。
> - 我感觉观看比赛花了我 **20 美元**，也就是我购票时所支付的费用。

正确答案是什么？经济学家将 75 美元视作真正的成本：如果你不去观看比赛，就能卖掉门票，换得 75 美元。（这里不包括时间权衡。）经济学家称之为机会成本，也就是同样的钱作他用时所进行的权衡。相反，富人答不对这道题，他们会觉得答案是 20 美元。还有许多人甚至会选择第三种情况：0 美元。因为门票的费用早已支付过了。[25] 我们可以理解为什么富人会有这种感受：当你拥有余闲时，就会觉得 0 元（或 20 美元）都没错；有了余闲，你就不会为了观看比赛而放弃任何东西，就算卖掉那张门票，你也不会用换来的钱去买什么尚未购买的东西。

相比之下，穷人对 75 美元的用途了解得非常清楚。我们发现，穷人更倾向于认为票价的成本是 75 美元。可见，他们的答案更接近于经济学的理想情况。

每年，来自世界各地的经济学家都会汇集于一处展示自己的研究成果。2005 年，经济学家保罗·费拉罗（Paul Ferraro）和劳拉·泰勒（Laura Taylor）决定反客为主，[26] 他们向在场的 200 多位职业经济学家提出了与上述问题十分相似的一个问题。可以想见，经济学家们的回答远远脱离了经济学的理想情况。正如经济学家亚历克斯·塔巴罗克（Alex Tabarrok）在博客中写的一样："我实在不敢相信这是真的，78% 的经济学家都答错了！这并不是什么难题，也没有玩花招。机会成本是经济学的核心思想，回答问题的经济学家们是全世界最优秀的，其中许多人都在大学里教授经济学入门课程，但他们却没有给出正确答案。"[27]

世界顶尖的经济学家却不以经济学理想情况作为思维标准，这的确令人有些惊讶。但他们都收入颇丰，可支配资源中存在大量余闲。既然他们都不习惯面对日常生活中的小权衡，又怎么会愿意计算小钱的机会成本呢？如果按经济学教科书的标准来看，这些经济学家的回答是错误的；但如果以人们的惯常行为方式作为标准，他们的答案就是正确的。许多富人包括这些经济学家在内，都不会为小钱去做权衡。

我们不妨这样理解：**身陷贫穷会让人比职业经济学家更懂经济学。**我们也可以这样总结：如果经济学家的收入降低一些的话，就会更懂经济学。但本书两位作者中至少有一位对这一总结存在异议。

行为经济学的诞生，是因为实证观察发现人们的行为会违反几条基本的经济学预测：人们不会去考虑机会成本；人们购买物品的意愿也会轻易发生动摇。但经济学的本意还是遵从稀缺的内在逻辑的。而经济学的预测，对于那些真正拥有稀缺心态的人来说，会更加准确。

我们并不是说与富人比起来穷人永远更理性，而是说穷人所拥有的是一种特殊技能：他们更善于维持当下的生计。他们能让 1 美元发挥更大的价值，他们是金钱价值方面的专家。这种专业技能会令他们在一定的环境中表现得更加理性，更不容易做出自相矛盾的选择。**因为专注，所以拥有专业技能；因为专业，所以有了管窥之见；因为管窥，所以产生了一系列负面后果。**

SCARCITY

WHY HAVING TOO LITTLE MEANS SO MUCH

第 5 章

借用与短视

在稀缺状态下，我们会产生管窥心态。当稀缺成为带宽负担时，我们会对当下更加关注，从而导致我们产生借用行为。而当我们借用时，就是给自己的将来挖下了更深的坑。今天的稀缺，将造成明天更大的稀缺。当我们为了解决眼下的难题而极度专注时，就无法有效地规划未来，这样一来，向前看的能力就很可能会因管窥负担而丧失。

> 为讨得生活必需品而不停地艰苦奋战，这样的日子毫无希望可言。若鼓起勇气展望未来，我们能想到的每一件事情都会让自己气馁。[1]
>
> ——雅各布·里斯（Jacob Riis）
> 《另一半人怎样生活》（*How the Other Half Lives*）作者

美国车主贷款责任贷款中心颁布了一份报告，其中讲到了桑德拉·哈里斯（Sandra Harris）的故事。

桑德拉还是学生时，曾参与了一项针对低收入家庭的“领先”儿童发展项目。[2]现在，她在新汉诺威小镇的“领先”项目理事会中负责管理工作。2003年，她被雇主北卡罗来纳大学威明顿分校评选为年度优秀员工，还在WMNX电台主持了一档广播节目，算是威明顿当地的名人。但光鲜的外表不能代表全部：她丈夫曾是一名行政主厨，最近却失业了；夫妻俩本来一直能提前一个月支付房租和各项账单，但现在手头却有些吃紧；他们的汽车保险眼看就要到期了，却没钱续保。

后来，桑德拉想到了一个解决办法：申请工薪日贷款（payday loan）。这个贷款的理念很简单：先通过贷款拿到现金，几周后发薪水时，再偿还贷款，支付手续费。这正是她所需要的服务。她用贷款续了汽车保险。到了下一个发薪日时，桑德拉就有能力还清这笔小额贷款，并支付 50 美元的手续费。

> 工薪日贷款顾问对桑德拉说："你可以接着贷款。"于是桑德拉想到她还没有支付电费账单，便说："你说的没错，我的确有这个需要。"

桑德拉就这样拉起了一条贷款链条。第二个月也不比第一个月轻松。她手头可以周转的钱变得更少了。因为需要支付手续费，所以她签下的贷款数额变得越来越大。接下来的几个月中，她不断去贷款，然后再用新的贷款来偿付之前的贷款。有的月份，她甚至连手续费都支付不起。

> 几次延期还款后，第一位借款商提出了贷款全额偿付的要求。桑德拉没有能力偿还，于是找到了另一家工薪日贷款商"急钱服务公司"，贷了一笔钱，以偿还第一位贷款商的贷款。就这样，她越陷越深。短短 6 个月时间，桑德拉就要同时为 6 笔不同的工薪日贷款支付滞纳金。2003 年 6 月，桑德拉和她丈夫差点就被房东从他们居住了 6 年的公寓中驱逐出去。桑德拉写道："我们就是在用一笔贷款偿还另一笔贷款，后来手续费涨到了每个月 495 ~ 600 美元，我们就只能支付手续费，再没有能力偿还本金了。"
>
> 这种情况一直持续了至少 6 个月时间。这些钱并不能让夫妻俩过上奢侈的生活。桑德拉说："人们总觉得你是挥霍无度才去借钱的。"但她并没有用这些钱买衣服，而是在支付账单。一直以来，桑德拉都勤勤恳恳，在艰难的日子里努力管理着家庭的收支。
>
> 后来，桑德拉的支票开始被退回，汽车也被收回了。她提高了免税额度，这样就能有多一点的钱去支付账单，结果却欠下了数千

美元的退缴税。最后，她破产了。在广播电台值班的时候，她总在休息时悄悄擦眼泪。

“我不是一个轻易掉眼泪的人。”桑德拉说。

调查数据显示，桑德拉的情况非常典型。2006 年，全美共有 23 000 多家工薪日贷款的分支机构，[3] 比全部麦当劳（12 000 家）[4] 和星巴克（差不多 9 000 家）[5] 加在一起还要多。桑德拉延期偿付贷款、积压手续费的这类行为也十分常见。所有工薪日贷款的 3/4 都来自延期偿付，最终形成了每年高达 35 亿美元的手续费。[6]

为什么那些缺钱的人会选择他们根本偿还不起的极端贷款类型？为什么他们一开始就放任自己走上这条不归路？这类问题一不小心就会演变成一场辩论，不是关于个人责任的重要性，就是关于商家如何不择手段地将低收入人群作为捕猎目标，随后引发出关于穷人目光短浅和财务知识教育必要性的讨论。支持消费者的一方会为工薪日贷款行业的存在而痛心疾首，他们认为这一行业掠夺成性，并敦促相关机构叫停这些贷款。还有一些人认为，如果真的有需求，如果真的能贷到款，无论利息多高，总比没有要好。我们讲桑德拉的例子，并不是因为我们想参与这场激烈的讨论，而是因为这种现实与稀缺有着重要关联。

问题不仅仅在于工薪日贷款。缺钱的人会想尽各种方法借钱，不仅限于工薪日贷款。他们通过迟还账单来“借钱”。在收入最低的 20% 的家庭中，6 户人家中就有 1 户会在任意一年至少迟还一份账单。这种情况的极端表现就是重装费。一项研究发现，最贫穷家庭中有 18% 都曾有过电话停机的经历，10% 曾在 12 个月内停水停电。[7] 因无法支付账单而被停机，之后为了重新开通电话服务而缴纳了 40 美元的费用，就像一开始为了在拿到薪水之前紧急周转而贷款，并为此缴纳 40 美元手续费一样。1997 年进行的一项研究认为，在穷人的年收入中，近 5% 都用在了重装费、滞纳金等费用上。[8] 而我们估计，与当时相比，这一费用的比例现在早已出现了大幅提升。桑德拉·哈里斯也“借钱”了，一开始是通过减少扣缴税款，后来就演变成了迟交税款。世界各地的穷人都会借钱，通常都是向那些非正规的放贷机构借钱，而这些机构的贷款利息和工薪日贷款商的一样高，有时甚至更高。[9]尽管如此，穷人们依旧要支付这一利息，且不只一次，而是持续地支付，他们就这样踏上了滚雪球般的债务不归路。

这种现象不仅限于贫困人群。工作繁忙的人同样会借用时间，而借用时间的“利息”也同样高昂。为了尽快完成迫近截止日期的工作，他们会放下手中的其他工作。就像工薪日贷款一样，账单迟早都会来，延迟的工作也迟早都要完成。而且，借用时间也要支付“费用”：将工作暂时放下，会增加完成这项工作所需的时间。用挂号信邮寄纳税申报单，只消几分钟时间，但如果是最后一天，邮局门口就会排起长龙。因为截止日期即将到来，你没时间将手写的会议笔记输入计算机里。之后，你必须重新研究这份手写笔记，而所花费的时间要比会议刚刚结束、头脑清晰时多出许多。就像工薪日贷款人一样，繁忙之人也会将他们的债务雪球越滚越大。一些本来今天要做的事情必须先放一放，因为你还有一些本应昨天完成的事情。多少工作会在最后完成之前一遍又一遍地被延期？而且每次延期的原因都大同小异：下次准备着手做事时，你会发现时间并不比之前多。

借用（borrowing）
当人们面临资源稀缺时，就会通过借用相应的时间或金钱来应对突发事件。从长远来看，借用会进一步加剧稀缺。

借用与稀缺同时存在。

管窥与借用

在稀缺状态下，我们为何会产生借用行为？之所以去借用，是因为我们有了管窥心态。而当我们借用时，就是给自己的将来挖下了更深的坑。也就是说，今天的稀缺将造就明天更大的稀缺。

以桑德拉为例。她第一份没有能力偿还的账单，最终产生了稀缺。之后，她有了管窥心态，一心想着当月如何才能收支相抵。在这种心态下，工薪日贷款就有着巨大的吸引力。贷款的好处落在了“管子”之中，桑德拉看到贷款能帮助她渡过眼下这个月的难关。而贷款的成本，也就是还款和手续费，都落在了“管子”之外。贷款看似好像能为她纠结的问题给出解决方案。

管窥之见会令工薪日贷款显得尤为吸引人。我们进行的量化实验也支持同一观点。如果你问贷款人打算如何偿还债务，总能得到这样草率的答复：“没事，我一周之后就能领工资了。”如果你继续盘问：“到时你没有其他支出吗？”当事人就会怒火中烧：“你怎么还不明白？我这个月必须要付房租啊！”言外之意就是：“我正专注于现在需要做的事情。下个月的钱从哪里来，是一个抽象概念，之后再想办法也来得及。”这就像你要着急赶赴医院时，所有的重要目标都失去了意义一样，工薪日贷款所引起的长期财务问题，在当时看来也并不重要。这就是为什么工薪日贷款如此富有吸引力的原因——当人们用管窥心态盯着眼下的燃眉之急时，就会求助于工薪日贷款。而工薪日贷款最好的一点就是，它能够快速有效地解决人们的燃眉之急。而这场大火迟早都要烧起来，以后很可能会摧毁更多东西。但是，工薪日贷款所导致的恶劣后果则往往会被人忽视。

这种现象并不仅局限于工薪日贷款或与金钱有关的问题。请想象你现在有一封邮件迟迟未回。当我们借下这笔时间债时，一直在专注于借债的好处：“现在我有其他工作要完成。”而没有停下来自我反省：“我之后从哪里找时间做这件事？”这么做并不是说我们无视这种行为的成本，只不过是成本得不到我们的关注罢了。

关于我们管窥的事物，这里有一个重要的隐喻：桑德拉今天缺钱，下个月照样会缺钱；日理万机的人这星期很忙，下星期依旧会很忙。处在稀缺状态下的人，不仅现在有这样的体验，一般之后也会持续生活于这一体验中。但人们还是会管窥他们当下的稀缺，就算你知道下个月会饿肚子，这种认识也不会像今天饿肚子的现状这样让你全神贯注。即刻到期的账单摆在眼前，会激发你的危机感，但两个月之后到期的账单则完全不会引起你的重视。就算你能细心地想到明天将要面对的稀缺，但也只能抽象地“知道”其存在，却无法切实地感知、体会。因此，**明天的稀缺注定无法像今天的稀缺一样俘获你的注意力。**其中一个原因就是带宽负担——当下的一切会自动加载在你身上，但未来却不然。若想关注未来，则需要带宽，而稀缺已经占据了带宽中很大的一部分。当稀缺成为带宽负担时，我们会对当下更加关注。我们需要通过对资源的认知来估测未来的需求，需要利用执行控制力来抵御当下的诱惑。在稀缺成为带宽负担时，会让我们关注当下，从而导致我们产生借用行为。

我们已经了解了支持这一假设的相关数据。请回忆第 1 章中有关截止日期的研究：一组学生有 3 周时间来完成任务，而另一组学生每周都要面临一个截止日期。最后的结果是，第二组学生的表现更佳。我们将这一优势归因于专注红利。但第一组学生也要面对截止日期，只不过是在 3 周之后，而不是每周一次。我们从中了解到，3 周之后的截止日期并不能给人以紧迫感。事实上，在实验开始时，每周一次的截止日期也不会让人感觉到压力重重。但我们可以猜测之后发生的事情：只有截止日期即将到来时，这个日期的重要性才能得以体现。在此之前，它只不过是一个抽象概念而已，无法激起学生们的稀缺心态。对于那些面对一周一次截止日期的学生来说，3 周就会产生 3 次稀缺心态；而对于在 3 周时间结束时才面对截止日期的学生来说，仅会产生 1 次稀缺心态。我们所有人对此都不陌生。这就是为什么我们会在截止日期即将到来时发现自己的工作效率会出现大幅提升的原因。

以这种方式形成的管窥之见，就会造成针对借用的偏见。只有最迫近的稀缺才能进入“管子”视野，也正是因此，工薪日贷款才显得尤为富有吸引力。[10]

当然，贷款本身并不一定是一个错误的选择。如果你下周会拥有更多的时间，那么现在将手头上的其他事情放一放，以尽快完成当务之急，也是明智的做法。在面临被房东驱逐的情况时，如果马上就能领到工资，那么借钱交房租也是可行的。

当今天的资源，无论是时间还是金钱，能在当下为你带来比未来更大的利益时，借用就是行得通的做法。而当我们有了管窥之见时，借用就会超越得失均衡的限度。当面临稀缺状况时，我们的借用，从长期来看通常是不合理的。

《家庭问答》的启示

这一关于借用的解释，与寻常的说法有所不同。若想说明穷人为什么会过度借贷，其实并不需要在财务教育、掠夺成性的贪婪借款商或自我放纵等方面找原因。若想解释忙碌之人为什么会将事情一拖再拖，一直落后于工作进度，也不需要在自控能力弱、理解能力低或时间管理能力不足等方面找原因。借用，不过是管窥心态所引发的后果而已。为了对这一理论进行测试，我们又用上了最得心应手的工具：在实验室中建立人造稀缺。

这一次，我们将目标瞄准了美国一档电视游戏节目《家庭问答》(*Family Feud*)。我们的同事阿努伊·沙阿是这档节目的忠实粉丝。(对于当时还在普林斯顿大学攻读博士学位的阿努伊来说，时间异常宝贵，而他竟然会有看电视的爱好，实在让人有点摸不着头脑。)

> 《家庭问答》的选手要说出哪些东西属于特定的物品类别，比如“如果芭比娃娃急需用钱，就会将这件东西拍卖”等。节目播出前，节目组会随机挑选100位美国人，让他们看这些分类，并给出自己心中的最佳答案。选手要猜出最为普遍的答案，答案越是为人所熟知，就越能拿到更高的分数。答案“芭比娃娃的梦想汽车”能获得35分，因为在100个人中，35个人给出了这个答案；答案“芭比娃娃的朋

友‘肯’”能获得21分。

许多竞猜类节目都会问一些看似微不足道的问题，若想给出这些问题的答案，却需要挑战者掌握深奥的知识。因此，看节目的观众总会忍不住猜想：这些选手是不是以阅读年鉴为乐？相比之下，《家庭问答》提出的问题完全是普通人所能理解的，而且非常引人入胜，因为这些问题没有正确答案，只有更为人所熟知的答案。这个节目将真理变得更加民主化，我们不妨称之为第一部后现代电视节目。

阿努伊意识到，《家庭问答》的参赛选手会体验到稀缺：他们必须在有限的时间内给出答案，这样一来，用来思考的时间就会变得非常少。普通的知识竞赛需要选手在记忆中搜寻答案，要么知道，要么不知道；而在《家庭问答》中，回答问题需要完全不同、更富创意的方法。当问题是“给出芭比娃娃能出售的物品名称”时，就要在脑海中分类整理各种不同的答案。你可能会想到与芭比娃娃有关的东西，想一想这些东西是否能出售；你也可能会想到人们一般会出售的物品，想一想芭比娃娃是否拥有这些物品。每一种思路都会得出不同答案，可能是“肯”，也可能是“汽车”。这些答案纯属猜测，每个答案的普及程度还需要进一步分析。时间上的压力，意味着选手没有办法拥有太多思路，而分析每个可能答案的时间就变得更少了。忙碌之人用几天或几个小时为单位来衡量稀缺，而《家庭问答》中的选手则以几秒钟为单位：选手没有时间思考要先做哪项工作，而必须迅速地决定如何给出他们认为最普遍的答案。

我们招募了普林斯顿大学的一些本科生，在受控环境下玩起了《家庭问答》游戏。[11] 参与者在固定时间内进行几轮游戏，而分配给他们的时间决定了他们的“财富”：“富人”时间多，“穷人”时间少。每一轮都有一个新问题。在几轮游戏结束后，他们得到的总分会被兑换成美元作为奖励。

在将实验对象分为“贫、富”两组之后，我们在游戏中加入了自己真正感兴趣的元素：给他们一个选择，可以借时间，但需要支付利息。如果参与者选择在一轮游戏中增加一秒钟时间，就会在总时间中减去两秒钟。我们也会给他们“存储时间”的机会：如果他们提早完成了一轮游戏，剩余时间就可以被存入总时间内。

“穷人”十分专注。他们每一秒钟都会比“富人”更有成效，他们猜测的次数更多，赚得的分数也更高。尤其是到了后面几轮，时间快要用完的时候，“穷人”平均每秒钟的猜测次数比“富人”多出了50%，每次猜测也能获得更高的分数。如果“富人”能像“穷人”一样专注,他们就能赚取多得多的分数。我们给了“富人”3倍的秒数，他们完全可以玩3倍的轮数，赚3倍的分数。但事实上，他们的分数只是“穷人”的1.5倍。后来经分析证实，我们所有能想到的其他原因都无法对这一结果进行解释，包括“富人”因为玩的时间长而觉得无聊以及最佳猜测出现在刚开始玩的时候等。

“穷人”之所以更富成效，是因为他们拥有管窥心态。所以，他们比“富人”借用的更多。虽然利息很高，但从管窥心态来看，他们会觉得贷款极富吸引力，其吸引力要比普通眼光看起来大得多。因此，“穷人”常常会采取借用手段,为当下寻求帮助。但最终,他们会反受其害。这就是管窥心态的负面作用。为了证明这一负面作用，我们在新一轮实验中取消了借用功能——玩家只能竭尽所能地玩好当前的一轮游戏，之后再继续下一轮。结果，穷人比上次能借用秒数的时候多赚到了60%的分数，而“富人”的得分则没有受到什么影响。

在这一实验的另一个版本中，我们重建了与桑德拉的体验非常类似的工薪日贷款陷阱。《家庭问答》中的“穷人”就像工薪日借贷人一样，将债务雪球越滚越大。欠下的时间债从下一轮开始偿还，使得下一轮游戏的时间比这一轮要稍短一些。就这样，每轮游戏的时间越缩越短，玩家们越发感觉到了借用更多秒数的需要。从游戏之初就开始借用的“穷人”，就这样陷入了恶性循环。因为时间紧迫，他们来不及给出什么高明的答案，于是就只能去借用更多的时间。而且，他们绝大部分的时间都用来偿还之前借用的时间和利息。与之前一样，在拥有借用能力时，“穷人”的成绩会差许多，根本无法与没有借用能力时的成绩相提并论；而“富人”在借与不借时的发挥都不会受影响。

这一研究显示的是稀缺状态下成败之间的紧密联系。《家庭问答》的参赛选手在成效最高、精神最投入、感觉最需要更多时间时，会借用最多的时间。从某个角度讲，他们的借用行为没有错，因为他们之后有能力去偿还现在多出来的时间；但从另一个角度讲，他们的借用行为却是错误的，因为偿还借用时间的同时，他们还需要偿还利息。他们用管窥心态注意到的利益，是现在真的需要那多出来的几秒钟时间，所以借用是正确的。他们的错误在于忽略了“管子”视野之外的事物——现在多用几秒钟，会让我在接下来的游戏中付出什么样的代价？值得注意的是,“穷人”和“富人”在非常有成效和感觉时间紧迫时，都会采取借用手段。只不过因为“穷人”拥有的秒数少，所以会比“富人”更加频繁地借用罢了。

为什么“穷人”会更加频繁地借用呢？这是由于管窥心态使然，还是有其他影响因素？也许时间压力会导致人们在恐慌之下采取借用手段。毕竟，没人会每天都面临 15 秒钟内给出答案的紧张状况。我们在其他一些环境中对这些结论进行了复制。在第 1 章中讲到的《愤怒的蓝莓》游戏中，我们也赋予了实验对象借用的能力。我们发现，“蓝莓穷光蛋”们虽然没有时间压力，但也借用了更多蓝莓，并因而反受其害。不过，专注也发挥了一定的作用：每次射击所用时间更长的人，借用的可能性更高。越是投入，借用的越多。我们在许多类似的游戏中都尝试过这种实验，得到的结果都一样：**无论稀缺以什么形式呈现，都会导致借用。**

抑或，我们的结论源于普遍的短视。举例来说，研究人员发现，人们会就“此时此刻”怀有偏见，并将这种现象称为“双曲贴现”（hyperbolic discounting）或“现时偏见”。[12] 人们会将未来的利益作为代价，过高地估计

> **现时偏见（present bias）**
> 人们会将未来的利益作为代价，过高地估计即刻的利益。

即刻的利益，这就是为什么坚持储蓄、去健身房锻炼、提早报税存在难度的原因。现时偏见也会引起借用。穷人之所以会借用，也许就是因为他们有着更强的现时偏见。事实上，有人曾利用这一理论来解释现实世界中的实际借贷行为。在我们进行的研究中，实验对象是被随机分配成“穷人”的，他们与实验中“富人”的唯一区别就在于，掷硬币时一个是正面，一个是反面。研究中的贫富两组应该表现出同等的现时偏见。事实上，若想在贫富两组的个体差异层面对短视思维进行分析，无论是分析现时偏见还是其他因素，都需要对稀缺如何在当下的环境中导致借用这个问题进行解释。而在这个环境中，“穷人”与“富人”是随机分配的，彼此之间并无实质性的差异。

这些研究也支持了我们关于世界的一个更普遍的假设：穷人之所以会产生借用行为，是因为贫穷本身造成的。所以，我们不必在短视、财务知识缺乏等因素上寻找解释。掠夺成性的贷款商无疑在这类借贷上起了煽风点火的作用，但他们并不是问题的根源。想要借钱的强烈冲动与对滚雪球般高利率恶性循环式贷款的需求，是管窥心态的直接后果。

稀缺致使我们借用，并且让我们在稀缺的泥潭中越陷越深。

忽视未来

请想象一项工作的截止日期马上就要到了。在反复思考了几周之后，仿佛一瞬间，这份报告就得交了。交稿日期就是第二天，而你根本没有做好准备。你施展开浑身解数，通宵工作，但就是有几本参考书目找不到——至少第二天到来之前是找不到了。于是，你只好破罐破摔地将报告交给了老板，暗自祈祷不要露出马脚。随后的一周，就在你准备出差之前的几个小时，你收到了老板的邮件："报告里缺少参考书目。我立刻就要！"上周匆忙中的权宜之计像回旋镖一样，在最不恰当的时刻飞回了你的手中。与借用一样，这类行为从"管"中窥视时会非常吸引人，但从"管"外来看，却很有可能会导致恶性循环式的后果，将你拉进稀缺的泥潭。

两位组织研究专家用钢丝制造商的故事来说明了这一点。

> 机器的运行时间非常重要，公司鼓励维修工程师对故障**尽快**采取措施。尽管如此，总体业绩还是没有得到提高。后来，公司改变了以人为单位的做法，开始以机器为单位进行日常工作的记录和分析，才意识到问题出在了哪里。工程师会在匆忙中随便修理，然后就赶赴下一台机器。每次机器故障都至少要维修 3 次才行。[13]

从某种角度讲，公司要求维修工程师迅速解决问题，而维修工程师的做法完全满足了这一要求。你可能会认为，管理层犯下了一个经典错误——用组织研究专家的话说，管理层就是在"幻想种瓜得豆"。他们对速度提出要求，但又同时要求质量。这并非是一个对员工激励不足的问题。案例中的员工，就算自己是老板，也会同样在匆忙间解决问题。在"管子"视野中，匆忙维修是他们需要做的事情，而偷工减料就是完美的解决办法，至于为此要付出的代价就只有到以后再考虑了。与高息贷款一样，从"管子"视野中看出去，匆忙维修的解决办法非常具有吸引力。这种办法会对未来产生更严重的影响，却能为现在节省一些资源。而到了未来，需要我们去做的事情会变得更多，需要我们解决的问题会变得更多，需要我们支付的账单会变得更多。匆忙修补与借用有许多相似之处，都是在当下不能投入足够的资源去解决问题。

缺钱的人也会将短期解决办法匆忙地拼凑在一起。你需要一台洗碗机，可是手头的钱不够？那就买最便宜的一款好了。便宜当然没好货，但这就是"管子"视野之外的问题了。遇到轮胎漏气的情况时，你可能会找家便宜的汽车维修站随便补补，而不是换一个新胎。你知道补过的轮胎肯定没有新的那样安全、耐用，而补胎的做法也并不明智。但眼下从“管子”视野中看出去，补胎更省钱省事。就像能为眼下节省出时间的权宜之计一样，所有这类权宜之计都能为眼下省出一些钱。随着补丁越积越多，那些工程师、报告者、穷人们的长期成本也会变得越来越高。

史蒂芬·柯维（Steven Covey）认为，将任务根据重要性和紧迫度进行分类，可以有所助益。[14] 他认为，繁忙之人会将时间用在既紧急又重要的事务上，这就是在截止日期前埋头赶工的意思。当我们为了紧急而重要的事务辛勤工作时，工作成效就会突飞猛进。我们称之为专注红利。

同时柯维也认为，繁忙之人此时会容易忽略那些重要但并不紧急的事务，即那些永远都能往后推的事情。就这样，我们一推再推。从办公室和家中的整洁程度，就能清楚地了解这一点。当我们忙得不可开交时，办公室和家里就会变得凌乱不堪。总有一些事情比整理东西紧迫，而整理东西这件事情则永远不会紧急到火烧眉毛的程度。

我们并不是有意选择生活在一片狼藉之中，而是在我们忙于处理紧急事务时，周围的一切就这样凌乱了起来。乱七八糟的家庭或办公环境是一系列小选择的结果，而这些选择绝大多数是被动的、容易的，是不为我们所留意的。比如，你急着去赶赴一场会议，于是就将一摞信件随手放在了另一摞文件上面；为了接电话，你随手将看到一半的书扔在了沙发上。诸如此类的许多小事，最终造就了你乱七八糟的环境。虽然这不是什么紧要的事情，但却十分重要。在凌乱的环境中生活和工作，你一定不会很开心，而你的工作效率也一定不会很高。

将一件重要但不紧急的事务搁置一旁，与借用无异。你通过不去做这件事情，而为今天赚得了时间，但却增加了未来的成本，因为你早晚要借用其他时间（很可能是更多时间）来处理这件事。与此同时，你也许会因为没有做这件事情而付出成本，或损失这件事情可能带来的收益。办公环境混乱，一定会令你的工作效率有所下降。你会花上许多时间，去寻找压在信件下面的那摞文件。每天，你都会给未来增加一点成本。这些成本永远不会大到将此事升级为紧急要务的程度，永远不会像截止日期那样奏效。被你忽略的办公室环境，会像小刀一样，一刀接一刀，让你遍体鳞伤，流血不止。

稀缺，尤其是管窥心态，会让你搁置那些重要但不紧急的事务，比如整理办公室、做结肠镜检查、写遗嘱等，这些都是很容易为我们所忽略的事情。做这些事情的成本是立即显现的，用管窥心态来看的确十分高昂，而且这些事情可以轻松地往后推，其好处都落在了“管子”的视野之外。于是，人们会等到所有紧急事务都处理完毕后才会做这些事。就算现在做这些事情能为今后带来很大的好处，人们也常常不愿意在现在就付出这些小小的努力。

将重要却不紧急的事务搁置，这种倾向不仅有关于时间，也有关于金钱。印度的拾荒者在城中四处寻找可以出售、重新利用的旧衣服和旧布条。可以想见，这份工作的收入很低——拾荒者一般每天的人均收入还不到 1 美元。同时，这也是一份低投入的工作，除了劳动力之外，唯一的设备就是一辆售价为 30 美元的手推车。而大部分拾荒者都没有自己的手推车，他们每个月只能花 5 ~ 10 美元去租赁手推车。许多拾荒者都希望能省下钱来买一辆属于自己的手推车，但很少有人能做到。

在手推车上投资，对于拾荒者来说，是重要但不紧急的事务。就像整理办公室可以给今后带来好处一样，这种事情总是可以再等一等。讽刺的是，如果拾荒者拥有了属于自己的手推车，租赁手推车的日常支出就会被节省下来，也就意味着他不用那么艰难地去应对其他紧急的费用问题。而办公室整理也一样，如果将办公室整理干净，你就能省出时间，用不着凡事都那么匆忙。（也就有了更多整理办公室的时间。）手推车的案例，是贫穷问题研究专家经常谈及的例子之一：就算购买手推车的回报很高，但最需要这些回报的穷人却总是没有能力攒钱购买，而这一现象是贫乏的财务知识或技能所无法解释的。

如果你觉得这些理论似曾相识，那么很可能是因为你曾经在政治讨论中听到过类似的言论。在政府的工作中，工作人员经常会为了处理紧急事务而牺牲重要事务；在几十年的财政紧缩过程中，政府常常会削减基础设施建设的支出。举例来说，桥梁维修是一项事关重大的投资。而在预算紧张，需要进行经费裁减时，政府总会将桥梁维修暂时搁置。这是因为桥梁的老化问题很重要，但并不紧急。美国土木工程师学会 2009 年公布的一份报告显示，美国约有 1/4 的郊外桥梁和 1/3 的城市桥梁存在缺陷。[15]

无力规划

所有这些不同行为都有着同样的明显特征：短视。这就引出了管窥心态最基本的含义：**当我们为了解决眼下的难题而极度专注时，就无法有效地规划未来**。当然，研究也显示，规划对于所有人来说都是一个问题，而稀缺则令这一问题变得更为严峻。[16]

> 某一天你可能感觉还不错，于是就看了看日历，花了点时间计划了一下当天需要做的事情，可能还想了想整个星期需要完成的事项。对未来将要发生的事项心知肚明，可以让你从心理上有所准备，对富有挑战性的对话有所预期，还可以自我提醒一些有关事务的细节，不至于开会时跟不上进度。而相较之下，如果这一天你特别忙，就会不假思索地直接投入工作。你不会退后一步，思量一下一整天的安排；你不会清楚与会人员都有哪些，会议会讲什么内容。这不仅仅是由时间紧迫所引起的。你可能会有一点时间投

入工作，但心思却全都放在了那些需要你完成的事务上，以至于你的视野开始变得模糊。你已经没有能力考虑几次会议之后的事情了。

退后一步讲，从当下脱离出来向前看，你需要具备宽广的视野和一定的认知资源。你需要考虑下个月到期的账单、其他可能的收入来源和有可能接手的新任务，所有这些都需要你的认知能力拥有一定的余闲。当大脑专注于当下的稀缺时，向前看的能力就很可能因管窥负担的存在而丧失。

我们是否也能在《家庭问答》游戏中对此进行重建？与以往一样，实验对象要玩几轮游戏。同样，一部分是“富人”（每一轮都有许多秒钟时间），另一部分是“穷人”（每一轮只有几秒钟时间）。但这次，我们为实验对象提供了“向前看”的选项，即为接下来的游戏做准备的机会：其中一半的人会看到下一轮问题的预览，他们可以在思考当前问题的同时，去思考下一个问题；他们也可以在看到问题后，决定是节约时间还是借用时间，因为他们可以考虑自己在下一个问题上会花更少的时间还是更多的时间。

预览的确会有所帮助。说得更准确些，是会对“富人”有所帮助。他们向前看，利用提前给出的信息，获得了更多的分数。而“穷人”就算在有预览的情况下，也不会表现得更好——他们太过专注于当前进行的这轮游戏，无法投入向前看所需要的心智资源。可见，稀缺会令“穷人”拘泥于当下，以致他们不能从未来的信息中获益。

许多形式的管窥负担都拥有相同的内在逻辑。稀缺所引发的行为会令我们产生短视现象：在忙碌不堪时，我们会忽略在外用餐可能给自己将来造成的健康负担；当手头缺钱时，我们想不到将来偿还工薪日贷款的难度；在截止日期到来之前忙着赶工时，我们不会想到保持办公室整洁能给自己将来的工作带来好处。当然，例外总会存在，总有一些事情在任何时候都会萦绕于我们心头。

你心里可能会一直惦记着一年之后将要举办的婚礼，而忘记了当天的会议。这就是人类心灵的有趣之处。但总的来说，稀缺问题会给当下的我们带来压力。明天，我们可能依然贫穷（无论是时间上还是金钱上），但那是明天的问题，可以留到明天再去解决。**俘获我们的稀缺，就存在于当下，它所产生的管窥负担，令我们带着短视的眼光做人做事。**

从这个角度讲，短视并非个人问题，管窥也并非由个人性格所导致。毕竟，如果我们说桑德拉是短视之人，也是不妥当的——她从“领先”项目中脱颖而出，还是大学里的年度优秀员工，同时也是“领先”项目的理事会成员。同样，我们也不能说那些日理万机的人是短视的——参与我们实验室研究的学生们，不可能带着短视的大脑考进普林斯顿大学；许多借用时间的繁忙人士，都在竞争激烈的职业发展上投入了多年的努力，也对如何力争上游进行了精心的规划。事实上，从个人性格上讲，这些人远非短视，而是在稀缺环境下，都表现出了短视的行为。

可见，管窥心态会限制每一个人的视野。

SCARCITY

WHY HAVING TOO LITTLE MEANS SO MUCH

第6章

稀缺陷阱

稀缺陷阱就如同“杂耍”，太多的“最后关头”让人们持续从一项紧要任务转移到另一项紧要任务。这是管窥所引发的后果。我们可以在当下尽己所能，但这样的做法会给未来带来新问题。稀缺陷阱源于人们将可预期事件当作突如其来的事件处理。避免落入稀缺陷阱的唯一方法就是要拥有余闲，尤其是要建立起应对突发事件的缓冲机制。改变心态，才是人们逃离稀缺陷阱的唯一希望。

如果你有时间，每个地方都会在步行距离之内。

——史蒂夫·赖特（Steven Wright）[1]

印度金奈的克延比都（koyambedu）蔬菜市场总是一派热闹繁忙的景象。它占地约 243 亩，坐拥 2 500 家店铺，销售的商品从芒果到金盏花，应有尽有。熙熙攘攘的数万名顾客攒动在各色商品间，仿佛高峰时段的地铁般拥挤。吸引眼球的东西很多。但最有意思的事情，也是最容易为人所忽视的。

在黎明前的几个小时，小贩们就会来到市场。如果你去过世界上任何地方的贫穷城市，就很可能见过这类街头小贩，也很可能从他们那里买过东西。在金奈，小贩们会坐在路边，有的摆个货摊，但大多数人只有一张毯子，兜售着蔬菜、水果或鲜花。他们的商业模式很简单：小贩们一般会在清晨购买价值为 1 000 卢比（20 美元）的货物；[2] 当天卖完之后，收入 1100 卢比，总利润 100 卢比（2 美元多一点）。[3] 这种买卖需要两类投入：小贩们的劳动力和每天用来进货的 1 000 卢比。有些小贩拥有 1 000 卢比，而大部分（我们得到的数据是 65%）小贩得去借钱。这笔贷款一点也不便宜，每天的利息是 5%。换句话说，小贩们在卖完东西后，他们收获的 100 卢比总利润的一半还要用来支付利息。

小贩们为贷款支付的利息，可能是克延比都市场上最有意思的事。

你可能会觉得，只有经济学家才会用“有意思”这个说法来形容利息，但让我们先来了解一下这个故事的原委。

> 在每位小贩的可支配金钱中，都有一小笔余闲，可以用来消费。他可以去买杯茶喝，买点零食吃，也可以给孩子或孙子买些糖果。假设小贩们没有将这笔小钱花掉，而是每天都省下5卢比，就可以用这5卢比进货。这样，他们每天就可以少借5卢比。如此看来，经过200天的努力，他们就可以免于1 000卢比的借贷。而事实上，只消50天就可以实现这个目标。这就是复利的作用（尤其是在利率很高时），每天5%的利率会以很快的速度积累复利。

这样做的意义十分重大。如果每天都能节省一点钱，50天之后，小贩们就会无债一身轻。没有债务之后，小贩们每天的收入就能翻番。如果在不到两个月的时间内，就能让穷人的收入翻番，这样的社会福利项目简直美好得让人难以置信。虽然每位小贩都能享受“项目”带来的好处，但却无法加以利用，而且对借贷依然执迷不悟。在我们提取的样本中，典型的街头小贩已经借贷达九年半之久。

小贩们落入了稀缺陷阱。值得思考的是，小贩们是怎样落入这个陷阱的？我们总是认为，稀缺就是摊派到自己身上的现实。在某些情况下，这种认识是没错的。生活在发展中国家，每天挣1美元的人，与生活在发达国家，每天挣100美元的人相比，其收入差别的原因不在于行为差异上，而在于出生的地理位置上。但某些稀缺的确可以在行为上找原因，比如印度的街头小贩们：如果他们采取了不一样的行为，就可以不那么贫穷。

小贩们的处境就是我们所称的稀缺陷阱。稀缺陷阱，就是某人的行为有助于稀缺形成的一种情况。处于稀缺陷阱中的人，就像小贩们一样，可能会继承

稀缺陷阱（scarcity trap）
就是某人的行为有助于稀缺形成的一种情况。

一些稀缺元素，而这些元素其实早已远远超出了他们的控制范畴。如果小贩们生于纽约，就会富裕得多。而令我们尤其感兴趣的是，由我们自身的行为而导致的稀缺。让我们更感兴趣的是，稀缺是如何激发出这类行为的，它是如何经久不衰的，而我们又是如何在稀缺心态中通过行为来使其进一步强化的。

> 请想象有两位学生，一位名叫菲力克斯，一位名叫奥斯卡。菲力克斯每个周末都有一份作业要交，于是花费了许多时间写作业，也能按时交作业。他很忙，但心态很放松。奥斯卡也很有天赋，与菲力克斯同班，却总觉得时间不够用。他用来写作业的时间比菲力克斯多，却感觉心烦意乱。他每周都匆忙赶着交作业，还经常迟交。那么，什么让奥斯卡变得更加忙碌？事实上，他并没有选修更多的课程，也不是一个效率低下的人。只不过他比菲力克斯晚了一步：他在做的永远是上一周的作业。菲力克斯在写作业时，记忆中的相关内容十分清晰，因为他刚刚听完课；而奥斯卡总要多花时间去回忆上周课堂上讲过的内容，还要将上周的内容与当天早上听过的课程区分开来。虽然奥斯卡更加忙碌、更加奋力地写着作业，却没能完成更多的作业。奥斯卡不过是落后了一步。

金钱上，我们也可能会落后一步。试想，菲力克斯和奥斯卡二人都是农民，每一季都种植同样的作物。菲力克斯用存款去购买种子和肥料，在收获时节到来之前，还能用存款养活一家老小；而奥斯卡为了购买种子和肥料以及养活一家老小，不得不去借钱。与心态放松的学生菲力克斯一样，农民菲力克斯在经济上也显得更加富裕；而奥斯卡能用来支出的钱则更少。虽然菲力克斯和奥斯卡的收入相同，但后者的一部分收入却用来支付贷款利息。同样，农民奥斯卡的问题也在于他落后了一步：菲力克斯的收入用来为下一季度投资，而他的收入却用来偿还上一季度的贷款。

可见，**稀缺并不仅仅有关于实物资源。**在两个案例中，菲力克斯和奥斯卡都拥有同样的资源，而在奥斯卡体会到稀缺的同时，菲力克斯却没有。在第一个案例中，菲力克斯和奥斯卡的作业量和时间是相同的；在第二个案例中，他们的土地面积和收入也是相同的。之所以最后的结果会出现不同，是因为他们部署资源的方式不同。

菲力克斯和奥斯卡之间的对比，使稀缺陷阱的概念变得清晰起来。两人都面对着明确的约束，但奥斯卡却因为自身的行为而陷入了稀缺中不能自拔。更宽泛地说，稀缺陷阱并不限于实物资源的短缺。它的根源在于对资源的错误利用，从而出现了实际的短缺。稀缺陷阱就是一直在落后一步，一直在偿还上个月的支出。用这种方法管理并使用资源会让我们感觉所拥有的资源变得更少了。**对稀缺进行放大的行为，就像复利一样，会使最初的稀缺变本加厉。**[4]

我们在审视稀缺时，总是会忽略这一特征。当我们看到农民奥斯卡一直在借钱时，就会想："他花钱太多了，省不下钱来。"当我们看到学生奥斯卡每天通宵达旦地写作业，还不能按时完成时，就会想："他太累了，要放慢脚步。"但只要我们明白了稀缺陷阱的内在逻辑，就会说："奥斯卡支出的太少了（请记住，他与拥有同等面积土地的菲力克斯相比，支出要少一些）。"或："奥斯卡的努力还不够（他用更多的时间去写作业，但完成量并没有比菲力克斯多）。"所以，问题不在于花了多少钱，用了多少时间，而在于如何花钱和利用时间。一直靠借贷维生的人，并没有在他想要的东西上花什么钱，许多收入都用在了偿还贷款上；工作一直赶不上进度的人，并没有用足够的时间来完成需要完成的工作，而是将许多时间用来追赶早就应该完成的工作。更确切地说，我们在了解了街头小贩们的境况之后，很可能会认为他们因收入太少所以存不下钱。这一点无疑是正确的。但稀缺也同时会因为另一个原因使他们落入陷阱之中而无法自拔。

我们将在本章中讨论稀缺陷阱：这种陷阱是如何发挥作用的，我们为什么会陷入其中以及为什么我们不会去做那些能将我们从陷阱中拯救出来的事情，就像每天连 5 卢比都省不下来的街头小贩们一样。

停不下来的杂耍

为了了解我们为什么会落入稀缺陷阱中而不能自拔，首先就要明白稀缺陷阱常常会被人所忽视的一个特征。

> 在我们的工作过程中，第一次意识到这一特征，是在与经济学家迈克尔·法耶（Michael Faye）于印度泰米尔纳德邦（Tamil Nadu）的村庄中研究珠宝借贷问题的时候。在当地，珠宝借贷就像首饰典当一样。我们与一座贫困村庄的银行合作，那里提供年利率为 13% 的珠宝贷款。[5] 而令人不解的是，客户更愿意选择当地放贷人年利率高达 70% 的贷款。村庄中普遍流行的看法是，珠宝贷款是紧急情况下的选择，是紧要关头才会考虑的办法。而放贷人就在村民们身边，他们的工作时间非常灵活——周末也可以去他们家敲门借钱，而银行只有工作日和星期六半天开放。在面临真正的紧要关头时，谁也不想等。只要有了管窥心态，我们就会做出这种选择。道理还是讲得通的，至少一开始便是这样。

但之后，我们了解到这些“紧急事务”的内容：排名第 3 位的原因比较合理，是医疗费用；而排名第 2 位和第 1 位的原因则让人有些摸不着头脑——学费和购买种子的费用。按理说，人们应该提早就知道他们要在什么时候交学费、什么时候买种子，那么为什么这两件事情会成为紧急事务呢？事实上，我们深入调查后发现，就连一些医疗费用都算不上他们真正的紧急事务，有些钱是花在了治疗白内障或生孩子等早就有计划的外科手术上。为什么人们会在最后时刻才对这些事情采取应对措施？为什么他们对待例行的预定事件就好像对待突发事件一样？

你以前肯定也有过这种经历。当你专注于解决本周的吃饭问题时，就不会考虑下一周即将发生事情的细节。之后，当下一周到来之时，一些你有所预期的事情很可能会存在一些你意想不到的地方。你很可能早就准备买一张机票，却错过了提前一周购票才能享受的优惠。或者，你万分惭愧地向妻子低头认错，因为你早就答应陪她去看一场表演，但临时却买不到票了。工作上，在你脚打后脑勺地完成了一项任务之后，突然意识到另一项任务的完成时间只剩两天了。仿佛就在前不久，这项任务的截止日期还有好几周时间。你一直“知晓”的事实，现在却成了突如其来的惊诧。

如果长时间地经历这种“最后关头”，我们就会一直处在所谓的“杂耍”状态，也就是持续从一项紧要任务转移到另一项紧要任务的状态中。杂耍是管窥的必然结果。**当有了管窥心态时，我们就只能局部地、暂时性地解决问题。**我们可能会在当下尽己所能，但到头来却会出现新问题：今天的账单迫使我们去借钱，但就会给未来创造另一份数额更大的账单；廉价的医疗服务虽然能缓解一时的问题，但之后还是需要更为昂贵的治疗。在同时抛起许多球时，带有管窥心态的我们只能将目光集中在即将落入手中的那个球上。有时，我们能一次性地解决问题。而更多时候，我们只能在最后关头接住球，然后再将之抛入空中。

杂耍，就是人们将可预期事件当成突如其来事件进行处理的根源。杂耍时，你从“管子”视野中只能看到即将落入手中的球，而会忽视抛在空中尚未落下的其他几个球。当那几个球“突然”降落时，对于用管窥心态看问题的杂耍玩家来说，这些球就是新的“震惊”。用旁观者的眼光看，你可能早就知道球快要落下来了。作为不偏不倚的局外人，我们也能想到学费应该什么时候交；而对于忙着处理财务问题的人来说，只有当财务问题迫近时，他们才会觉得债务是实实在在存在的。

这种管理稀缺的方法会使收支变得乱七八糟。如果我们一次又一次地用应急心态去处理最紧迫的问题，长此以往，这种临时修补的做法就会织起一张由各种承诺构成的大网。结果，就形成了用各项资源和责任东拼西凑成的凌乱的补丁图。对于繁忙人士来说，这就意味着我们在本章之初讨论过的那种压力重重的扭曲计划，里面充满了堆积如山、摇摇欲坠的待办事项和定了又改、改了又定的会议。对于穷人来说，这就意味着烦琐的财务人生。《穷人的投资组合》（*Portfolios of the Poor*）一书中进行的详细研究显示，平均来讲，穷人会使用 10 款完全不同的金融产品。[6] 在孟加拉国，一种短期零利率贷款产品在一年间有 42 户家庭使用了 300 多次。任何时候，调查中的穷人都会同时欠与被欠着好几笔钱，而这一借贷行为在经年累月的管窥心态下，为了解决当下最紧要问题而被织成了一张凌乱的补丁图。

决策，无论是有关于购买一样东西，还是有关于进行一项投资，都要依据这套越来越复杂的大补丁图来进行。之前进行的选择留下了尚未解决的问题，而这些问题则令新的选择更加棘手。雪上加霜的是，杂耍通过我们自身的行为使问题变得更为复杂。稀缺陷阱中那乱七八糟的收支，更是增加了手头这些问题的复杂性和挑战。

杂耍，并不一定是由时间紧迫、任务繁忙所造成的。在有些地方，穷人们会同时打好几份工，他们是真的很忙；而在另一些地方，穷人们虽然有很多自由时间，但却依然以杂耍的方式处理事务。在农耕区，每到邻近收获时，都是杂耍最为频繁的时候。此时，正是上一次收获得来的收入用光时。我们的研究显示，正是此时，人们的流体智力表现得更低，执行控制力也有所减弱。同时，此刻的农民们除了等待农作物成熟之外，整天都无所事事。时间利用的相关数据显示，农民们在这一阶段虽然每天只工作很短的时间，但依然会出现许多杂要现象。[7] 杂耍，并不是因时间不够用而心烦意乱，而是因为人们的大脑中装了太多需要做的事情——大部分带宽都用来为抛向空中尚未坠落的球而焦虑。

落后一步和杂耍这两个特征清晰地定义了稀缺陷阱。**生活在稀缺陷阱之中，你所拥有的就会比实际应拥有的更少。**这种生活总是需要我们紧赶慢赶，在每个球就要落下的刹那开始应对,结果就在匆忙间织出了一张乱七八糟的补丁图。所有这些问题大部分都是我们处于稀缺状态中所采取的行动的后果，而这就引出了一个显而易见的问题：如果说管理固定资源有几种不同的方法，那么我们为什么会不断地重复其中非常低效的一种？为什么我们无法逃离这个陷阱？

逃 离

我们已经了解到陷于稀缺陷阱而无法自拔的一个主要原因：管窥心态会致使我们产生借用行为。当利息很高时，比如街头小贩们所面临的境况，这种极为本能的冲动就会创造出更多的稀缺。这不仅仅是小贩们的经历，也是第 5 章中提到的借了工薪日贷款的桑德拉的经历。虽然借用机制十分强大，但出于其他原因，稀缺心理也会让我们难逃其中。

逃离稀缺陷阱，首先就需要制订计划，而在稀缺心态的控制之下，我们很难集中精力去做到这一点。**制订计划很重要，但并不紧急，而这类事情正是管窥心态导致我们所忽略的事情。**做计划，需要退后一步来审视自己的生活，而杂耍则会让我们始终处于当下——将关注点集中在就要落下的球上，使我们很难顾全大局。你也很想停下脚步，不再追赶，但你需要去做的事情太多了，以至于根本不知道如何才能停下来。现在，你必须要付房租；现在，你必须要在截止日期之前完成一项工作。长期计划，肯定是在你的“管子”视野之外的。

最重要的是，对未来进行计划需要带宽，而稀缺则是带宽的沉重负担。印度金奈市场上的小贩们每天都要反复思考许多事情：每样蔬菜、水果要进多少，进什么质量的？前一天还有哪些货物没有卖完？这些东西是否能过夜？为什么这一天的货物卖得比平时慢？会不会一整天都这样？每位商家都会有这类想法：富有的商家能承受得起偶尔的起伏，有能力从容决策，然后接着去做别的事情；但对于街头小贩们来说，这种想法会一直逗留在他们的脑海中。这些问题会成为带宽的沉重负担，就算小贩们觉得自己已经做出了选择，还是会反复琢磨：是不是真的应该为下周的节日储备点货？我是不是承担了巨大的风险？这样的想法会一直占据他的大脑。我们已经了解到，这些想法会成为实实在在的重负。在这种环境下，集中精力去制订逃离稀缺陷阱的计划确实很难。

雪上加霜的是，真正的计划比我们上面描述的情形要复杂得多。对于小贩们来说，每天省下 5 卢比，是不是正确的做法？是不是应该在某些日子省下更多的钱？如果有时候真的需要花钱怎么办？同样，类似的问题也不局限于街头小贩们。在引言部分，我们讲述了一个可以让塞德希尔和肖恩逃脱困境的简单“计划”：拒绝所有新任务和购买欲望。而若想形成真正的计划，难度则要大得多：肖恩真的不能买任何东西吗？那些从长期来看能省钱的消费，是不是可以考虑？比如定期去看牙医，给车子换个新轮胎。那么，他需要首先偿还哪些债务？是最迫近的、借贷时间最长的，还是数额最大的？杂耍和稀缺陷阱形成了由各类责任拼凑而成的凌乱的补丁图。从中找出最佳的解决方案，可不是一件轻而易举的事情。

最后，就算制订了计划，我们真正执行起来也会有难度。我们了解到，美好的意图总是无法落实。在面对非常有吸引力的工作任务或商品时，我们很难拒绝。按计划行事，需要带宽和执行控制力，而稀缺会削弱我们在这两方面的能力。

杂耍也会使逃离稀缺陷阱的难度变得更大，因为意想不到的事情总会发生。比如，你终于制订好了逃出陷阱的计划，突然之间，因为车子年检过期，一张罚单横空飞来。你曾将年检的事往后推，就像重新抛入空中的球一样。现在，这个球又落回了你的手中，你又多了一件事要做。就这样，你再一次回到了稀缺陷阱的底部。

所有这些又会因为余闲的缺乏而变得更加复杂。如果街头小贩们能做到日复一日、谨小慎微地攒钱，时刻保持警醒和自我控制，那么就能像预想的那样积少成多。但很可能在几周之后，就有那么一天，他大意了，在冲动下买了样东西。他当时心不在焉，失算了，有些东西看起来就是很值得购买的样子，毕竟他手里有钱。就这样，几周时间的精打细算和自我忍耐全都付之东流了。所以，逃离稀缺陷阱需要的不是偶尔表现出来的警醒，而是持续、永恒的警醒——一种在任何时间里都能抵御所有诱惑的能力。

那么，意志力是否会在不断的磨炼中变得更加强大？穷人们不得不持续考验自己的意志力，他们是否能拥有更为坚定的意志呢？没有证据显示，意志力会随着经历困难次数的增加而提升。[8]（人们总是认为，穷人们的意志力会更强一些，而事实与普遍的认识相悖。）退一步讲，就算贫穷会增强人们的意志力，我们还是有理由认为，单凭增强的意志力并不足以让人们拥有从一而终的坚忍。而且，我们还有明确的证据可以用于驳倒上述认识。

研究显示，在我们不断进行自我控制时，自我控制力很可能会被消耗掉。

稀缺实验室
SCARCITY

一项研究让节食者进入一个满是美味零食的房间，里面放有薯片、彩虹糖、巧克力和咸味花生豆，然后再让他们在计算机上完成一项任务。对于有些人来说，食物就摆在他们旁边非常显眼的位置；而对于另一些人来说，食物摆在他们看不见的地方。在计算机上完成任务后，实验对象可以吃到大桶的冰激凌。那些坐在食物旁边的人，刚才一直在抵御美食的诱惑，现在终于忍不下去了。他们所吃的冰激凌量要比远离零食诱惑的另一组实验对象多得多。[9]

这一领域的研究人员将意志力比喻为肌肉，以此说明意志力在频繁使用后会变得疲劳。从这个角度理解，如果某个人需要持续地抵御诱惑，那么他的意志力就会被耗尽，想要逃离稀缺陷阱就会变得更难。

问题的根源

稀缺陷阱尤其会令人感到辛酸的就是，它会让人产生一种感觉：只要再多一点资源，就能摆脱欠下的所有债务，就能逃脱这个恶性循环。所以，工作一直赶不上进度的人会说："如果我再多那么一点点时间，就能赶在进度之前做完这些事。"街头小贩会想："如果我拥有买水果的钱，而不用一点一滴地攒钱，那么就能摆脱债务，我的收入就能翻番。"在所有这些情况中，一次性的资源补充似乎是解决问题的关键。

我们想要一探究竟，于是为印度市场的小贩们提供了他们所需要的现金。我们与经济学家迪恩·卡兰（Dean Karlan）合作，针对数百名小贩展开研究。对于其中的一半，我们进行了为期一年的跟踪，对他们的财务状况进行了记录。对于另一半，我们为他们指明了一条逃离陷阱的道路，帮他们还清了所有债务。一夜之间，我们将他们从借债者转变成了有能力存钱的人。于是，他们的收入翻番了。

我们想要了解稀缺陷阱的细节和形成原因，所以参考了对街头小贩们落入债务陷阱这种现象的惯常解释。**一种解释认为，小贩们宁愿借债也不愿意存钱，因为他们没有地方储存省下来的钱**——一方面，银行拒绝为他们提供服务；另一方面，他们也会担心随处放置的现金的安全，因为这些钱很容易被偷，或者被家里的其他成员悄悄花掉。如果真的是这样，那么在拿到我们提供的现金后，他们应该会迅速地去购买一些耐用品，然后将这样东西保存好，并继续借债。最终，他们会再次落回稀缺陷阱之中。

另一种解释认为，小贩们缺乏长远的目光，他们之所以会陷入债务陷阱之中，是因为他们对未来没有长远打算。在我们看来，这种观点不符合实际情况。这些小贩们每天凌晨3点钟起床，在拥挤的三轮车上忍耐45分钟，前去进货。接下来的一整天，他们都要在烈日下看守摊位。这些行为不是短视之人能做到的。还有人说，至少小贩们在财务问题上并不能着眼于未来。如果真的是这样，那么只要拿到我们所提供的现金，他们就会立刻挥霍一空。可以想象，短视之人花起钱来，动作相当快。这样，小贩们很快就又会落回稀缺陷阱之中。

第三种解释认为，小贩们理解不了复利的强大力量。毕竟，对于我们来说，50天就能无债一身轻的事实也会颇令人惊讶。也许当小贩们听说这样的事时，也同样会感到惊讶。对于选择借债的小贩们来说，如果其无法理解借债行为带来的叠加成本，那么每天去借债，在感觉上就会比这种行为本身更廉价。既然为小贩们提供现金也无法改变他们对复利的认识，那么其就会继续借债，很快就又会落回稀缺陷阱之中。

我们认为，为小贩们提供一次性的资金补充，让他们逃离稀缺陷阱，可以从中获得许多新发现。于是，我们在随后的一年中对这些无债一身轻的小贩们进行了跟踪。

> 在最初的几个月里，无债一身轻的小贩们并没有重归债务陷阱之中。他们没有将现金随意花掉，没有将现金换成物品以便保存，也没有再次开始借债。好像他们现在了解到了身陷债务陷阱的害处，坚持要远离以前的生活方式似的。这种现象符合定性数据：小贩似乎完全理解了落后一步的高昂成本。与那些忙着做不完事情的人一样，小贩们也似乎深刻地认识到了处在稀缺陷阱中所要付出的沉重代价。
>
> 这并不是事情的全部。在随后的几个月中，小贩们一点一点地

又回到了最初的状态，其实说是一个接一个地回到了最初的状态更为贴切。到了一年结束之时，他们所有人累积的债务量都等同于没有得到现金帮助的控制组。

由此可见，实验数据驳斥了上述那些惯常解释，小贩们没有立即落回债务陷阱中，而帮助他们脱离债务的一次性现金补给也不能让他们免于稀缺陷阱的威胁。

那么，我们应该如何对这种行为进行解释？小贩们为什么会最终落回稀缺陷阱之中？稀缺陷阱究竟有何神通广大之处，能在人们拿到足够的金钱，将收入翻番之后，还能对其生活再次产生如此巨大的影响？

余闲，应对突发事件的利器

问题的核心在于余闲的缺乏。就算拿到我们资助的现金，小贩们每天也只能靠不到两美元的金钱来维持生计。毕竟，他们的收入不只用来养活自己一个人。当眼前的行李箱如此之小，而需要容纳的东西很多时，他们一旦遇到点意外，比如亲戚结婚要给红包等，就会出现资金周转困难——印度的社会习俗要求其在亲戚结婚时购买一件大礼物。那么，小贩们如何处理这件意外事件，就要部分取决于其是处于身负债务还是尚有余钱的状态中。

身负债务时，小贩就要面对这个难题。他必须做出权衡：若想买礼物，我要放弃什么？或者要么干脆买件小一点的礼物。此时，他有了管窥心态，但借钱并不是一个选择，因为其已经从放贷人那里借钱去进货了。他只能尽自己的微薄之力去平息这场风暴。他可能会因为购买礼物而放弃许多，而放弃令其感受到了切实的痛苦。他也可能购买了一件拿不出手的礼物，并因此而感到羞愧不已。

现在请想象，我们帮助这个小贩解决债务问题后，他手头尚有余钱。当他突然需要去购买礼物时，就会产生管窥心态。他必须去应对这一紧迫的需要。对于小贩来说，摆在眼前的是一个“轻松”的解决办法：用手里的现金去解决问题。当然，这些现金只是用来应对紧急事件的，而亲戚的婚礼也属于紧急事件。他可以借用自己的运营资本，用手头的现金去购买结婚礼物。那么，他将如何才能从另一轮债务的恶性循环中走出来？这样做的成本是什么？我们似乎能轻易地想到这些问题的答案：“目前，我考虑不了那么多。”可见，这些顾虑全部都落在了“管子”视野之外。

从这个角度来看，这名小贩之所以落回了稀缺陷阱之中，是因为在他的可利用资源中没有足够的余闲，也就使他无法平息自己所面临的各种突发事件。如果他现有的余闲不足以应对大的突发事件，那他就会重新回到稀缺心态之中。只要回到这种心态，最先被牺牲的就是存款。虽然我们没有得到直接证据，但从小贩们那里搜集到的数据完全支持这种解释。小贩们并非立刻落回了陷阱之中，而是逐渐地、一个接一个地掉了回去，就好像有一只无形的大手将他们推了回去一样。而当突发事件偶然发生在他们身上时，就会呈现出这种现象。在许多情况下，小贩们报告称，突发事件就是他们重新开始借贷并最终跌落回债务陷阱之中的导火索。

当问题不是金钱而是时间时，我们会更加感同身受。

请想象，有个日理万机却总是完不成任务的人获赠了一份时间礼物：过期未完成的任务凭空消失，所有需要花时间解决的问题都被解决了。这位曾经不堪重负、如今很忙碌的人，可能会在一段时间内保持积极状态。但最终，他还是会跌上一跤：一项重大工作中的突发问题、因病休假、工作效率低下等，导致他突然之间又落后一步。

任何一点小小的不稳定都会威胁到生存于稀缺陷阱边缘的人，因为他们没有足够的余闲去吸收这些不稳定因素，只能任由其影响自己的生活。在《穷人的投资组合》一书中，作者指出穷人们的生活中充满了许多不稳定因素和突发事件。那些每天靠不到两美元维持生计的人，不可能每天只用两美元——可能有时要 3 美元，有时要 1 美元。[10] 社会底层的生活是无常的。在美国等发达国家，这种震荡幅度可能会小一些，但依然足够大。穷人们会从许多地方获得收入，他们常常要打好几份工，而且基本都是临时性的。许多人的工作按小时计价，而每天能工作几个小时就说不准了。另外，他们还随时都有可能失业。突然出现的费用问题，比如车子坏了或家人生病了，也是一个难关。请看下面这段引自新墨西哥州一所社区大学的访谈内容：

> 汽车修理费本来就是不可预期的。访谈参与者称，修理费一般都在数百美元，而这个数字占据了他们月收入的很大比例。为了支付汽车修理费，访谈参与者会向朋友和亲戚借钱，寻求财务支持……或等待预期的大笔财务收入到手，比如学费补助等。[11]

最重要的是，可以用来平息突发事件的可用余闲。这就是为什么不稳定性会有如此巨大影响力的原因。如果没有充足的余闲，在车子坏掉时，你要去哪里寻找汽车修理费？如果你有活期存款，就会使用这些存款。如果你很富有，就会削减其他消费：你也许会临时取消本周末计划之中的奢侈晚餐；如果你有第二辆车，可能就会推迟修理这辆车的时间，先细心筹备出修车的钱。这些都是简单廉价的可选方案。但当你存款不够，没有第二辆车，也没有晚餐可以取消时，修车这件事情就会变成一个十分严峻的考验：你上哪里去找钱？就在那一刻，你有了管窥心态。于是你去借用，开始踏上回归稀缺陷阱之路。

所有这些严酷的事实说明：我们要深化对稀缺的认识。**稀缺并不仅仅是资源和寻常欲望之间的鸿沟。**就算在许多日子里都能享受到余闲，但真正重要的，还是那些忍耐稀缺的日子，就像街头小贩们的例子一样。为了远离稀缺陷阱，仅拥有比寻常欲望更多的资源是不够的。我们要拥有足够的余闲（或其他一些机制），以去应对任何时候都有可能突然出现的重大事件。社会科学家，特别是经济学家，很早就了解到不确定性会对结果产生巨大的影响。我们知道，不确定的回报会减少投资，不确定的收入会让人焦虑、迟疑。而我们目前的讨论是，从另一个视角在稀缺的大环境中看待不确定性和不稳定性。这种视角认为，**阶段性的稀缺会引发一些行为，而这些行为最终会将我们拖回稀缺陷阱之中**。在稀缺陷阱之中，如果某个资源充裕的阶段不时地被稀缺所打断，那么其很快就会演变成一种永恒的稀缺。

顺便说一下，我们并不是说避免稀缺陷阱的唯一方法就是拥有足够平息所有突发事件的大笔财富，而帮助小贩们解决问题的唯一方法也并不是给予他们更多的钱。我们的讨论强调的是，我们要建立起针对突发事件的缓冲机制。如果小贩们能得到低成本贷款或建立活期储蓄账户，而且只在紧急事件发生时才使用，那么他们就有了关键时刻所需要的余闲。同样，针对一些突发事件的保险也能解决问题。当然，许多人都能意识到这些缓冲机制的好处。这些好处实际上远比我们预期的要大，它们不仅能用来进行风险管理，还可以用来保护我们免于再次跌落到稀缺陷阱之中。

贫穷始于富足

我们可以认为，小贩们之所以会重归稀缺陷阱，是因为那些打击到他们的突发事件，但我们也能将问题归咎于缓冲机制的缺乏。既然他们知道自己生存于动荡之中，那么为什么不在经济宽裕的日子里存点钱以备不时之需呢？印度街头的小贩们并非唯一犯下这种错误的人。世界各地穷人们的活期存款都太少了。我们之前讲到过，研究报告显示，美国人一般认为，如果他们遭遇了紧急情况，那么自己根本无法在30天内筹到2 000美元。[12] 数据也显示，手头活期存款较少的穷人更容易遭受突发事件的打击。

我们可以这样来看：**小贩们的问题远在突发事件发生之前就已经存在了，稀缺陷阱的种子也早在资源相对充裕的阶段就已经被种下了。**而且，同种情况也会随着事件的发展而出现。你热火朝天地赶着工作，但还是赶不上进度。你的生活非常苦闷，你暗自发誓，这辈子再也不做这类事情了。截止日期过去了，你终于爬到了陷阱的边缘，喘了口气。此时，距离下一个截止日期还有几周时间。谢天谢地，现在你终于可以放松一下了。几周之后，你想不明白时间都去哪儿了。再一次，你开始加班加点地工作。就像小贩们面临的稀缺一样，你的稀缺来自资源相对充裕阶段时所犯下的错误。

在资源充裕阶段，我们会浪费时间与金钱。我们太过松懈了。在第 2 章中提到的收获研究中，农民们在收获之前很穷，但他们本可以避免这种境况。如果他们能在收获之后更好地管理金钱，就不会在收获之前发现自己兜里没钱了。他们之所以在收获之前穷困潦倒，只是因为他们在金钱充裕时没能很好地进行财务管理。这与穷人借用的问题不同，而是关于金钱充裕时的浪费行为。浪费的结果就是，资源充裕的阶段紧跟着备受稀缺威胁的阶段，如此周而复始。但是，这种情况是完全可以避免的。

到目前为止，我们一直在讨论由稀缺心态所导致的问题。我们会产生管窥之见，我们会有所忽视。我们的带宽有了负担，缺乏远见，更为冲动。**所有这些可能都会让人认为，在资源充裕阶段，我们会精打细算，充满远见卓识。事实当然并非如此。数十年的研究显示，在资源最为充裕的时期，而且特别是在这样的时期，我们尤其容易犯下拖延的毛病。**拖延，就是对眼下之事的过分关注，是阵发性的盲目乐观。我们将需要去做的事情搁置起来；我们将本应存下的金钱挥霍出去。我们错误地分配了自己充裕的资源，存储下来的金钱和做完的事情太少，无法免于那些可能威胁到我们的稀缺。富人和穷人一样，都会犯拖延症：富人因为拥有余闲，所以不会受到什么打击；而穷人和忙碌之人由于拥有的余闲太少，只要一遇到突发事件，就会立刻落回稀缺陷阱之中。

远离稀缺陷阱的威胁，需要的不是充裕的资源，而是足够充裕的资源——就算我们乱花钱，做事一拖再拖，还是有足够的余闲去应对绝大部分突发事件；如果拥有足够充裕的资源，就算长时间的拖延，我们还是有时间去管理预期之外截止日期的到来。远离稀缺陷阱的威胁，需要拥有足够的余闲去应对这个世界中林林总总的突发事件，去应对我们给自己制造出来的诸多麻烦。

将所有这些内容联系起来，我们就能明白，稀缺陷阱的出现，背后有着几个相互关联的原因，而最核心的问题还是稀缺心态。管窥致使我们借用，这样我们就可以用更低效的方式使用同样的实体资源。因为管窥和忽视，我们最终落入了杂耍的境地。稀缺陷阱成了一场无比复杂的事件，一张由到期未完成的任务和代价高昂的短期解决方案拼凑而成的补丁图，而其中的诸多细节，需要我们不断地回顾，不断地修正。我们没有足够的带宽去制订挣脱陷阱的方案。当我们做计划时，也没有足够多的带宽去抵御诱惑、坚持不懈。而且，余闲的缺乏，也意味着我们没有能力去平息突发事件。由于我们无法在资源充裕阶段利用宝贵的时间为未来创建出缓冲机制，所以事态就会进一步恶化。

孤独就是社交稀缺

请想象某人刚来到一座陌生城市的场景。在老家，他有许多朋友，但在这里，他谁也不认识。几天之后，孤独的处境开始让他有所感触。他给还在老家的朋友们打电话，但感觉却不如之前那样亲密了。他觉得一个人出去吃饭有些尴尬，于是就坐在电视机前胡乱对付了一顿。这样怎么能认识新朋友呢？于是他决定在约会网站上碰碰运气，几封邮件来往之后，他定下了一次约会。但随着日子一天天邻近，他越来越紧张，之前的约会从来没有像这次这样让他紧张。约会当天，情况也不怎么理想。他想讲个笑话，但笑话说出来一点也不好笑，整个晚上都过得平淡乏味。他一直在琢磨接下来要说什么，以至于根本没有办法集中精力听对方讲话。他意识到，自己做得有点过犹不及。这次约会真是噩梦一场。

我们可能会认为，这个人陷入了社交稀缺的陷阱。他的孤独导致自己很难交到新朋友，而他表现出来的行为也会让孤独一直延续下去。但这种稀缺陷阱，与我们之前所讨论的所有稀缺陷阱都有所不同：这里没有借用，也没有为应对突发事件而建立缓冲机制的问题。笑话讲得不好笑，无法倾听对方讲话等问题，源自此人太想被其他人喜欢而做得过犹不及，源自太过专注于自身的稀缺。

稀缺实验室
SCARCITY

研究显示，孤独者会对一件事情过分专注。[13] 一项研究中，实验人员请那些将自己评判为“孤独者”的人录一段音。他们没有具体的任务，只需进行自我描述，并尽量做到有趣。他们唯一了解的是，事后会有人倾听他们的录音，给他们打分。可以想见，打分的人在倾听这些孤独者的讲话时，都觉得没有什么新鲜之处，认为这些孤独者比其他人要无趣得多。这不足为奇，我们多数人可能都认为，这就是这些人如此孤独的原因。

实验的另一个版本显示，这种理解没有考虑到某些重要元素。这次，孤独者同样会对着录音机讲话，但有一点重要的不同之处：他们不知道之后会有人倾听他们的录音，并对他们进行评价。所以，他们录下的内容都是轻松状态下的心声。

针对这些录音，评判人员认为，孤独者讲话的有趣程度和普通人相仿。所以，孤独者的问题不在于他们本身是无趣或缺乏魅力的，而在于他们在自认为重要的事情上表现得很糟糕。这也不是缺乏知识所造成的。不知读者是否还记得引言部分中提到的研究项目：孤独者在理解他人情感方面更擅长，这正是他们得到的专注红利。而当利害关系增大时，他们就无法灵活地运用这方面的技能。我们可以认为，孤独者发挥失常了。请回忆一下，你以前是否也曾经历过语塞或言语笨拙的情况？**如果你和我们一样，就很可能依然会记得在某些社交场合中，你特别希望一切进展得很顺利，但却在那一刻表现得十分笨拙。**

发挥失常，并不是孤独者的专属。体育场上，这一现象比比皆是。篮球比赛中，罚球十分简单——篮球运动员与篮筐之间的距离并不远，不仅能自己掌握速度和节奏，还不会受到其他人的盯防。罚球的英文，直译过来就是自由投篮，这个说法本身就表达了投篮的轻松程度。自由投篮的世界纪录保持者是一位 72 岁的老人，他连续投进了 2 750 次球。[14] 只要经过训练，以 90% 的命中率进行自由投篮，对任何人来说都不是什么难事。但有些运动员却认为罚球的难度很大。在 2002 年到 2003 年的赛季中，职业篮球运动员布鲁斯·鲍文（Bruce Bowen）就遇到了这一问题。那一年他自由投篮的命中率只有 40%。[15] 鲍文的问题不在于缺乏技巧，因为难度大得多的投篮对他来说都不在话下。那一季，他三分球的命中率达 44%——三分球的距离要比自由投篮远得多，而且角度通常都十分诡异。投三分球时，动作必须要快，因为总会有对方球员挡在你面前或朝你冲过来。但就是这样，鲍文在那个赛季三分球的命中率还是要比自由投篮的命中率高。

无论是哪种体育比赛的粉丝，都能讲出许多运动员发挥失常的故事。篮球运动员会因错失自由投篮的分数，而输掉一场本该获胜的比赛；高尔夫选手会在最关键时刻，简单的入洞一击，却不幸跑偏。不管运动员的水平有多高，在那些时刻，他们也会紧张。而正是因为我们的恐惧，因为我们可能会预期到自己的发挥失常，才使事情的进展更富戏剧性。

如今，研究人员们已经对人们发挥失常的心理活动有了更好的了解。许多体育运动中的动作，可以在有意识或无意识的自动状态下进行。你可以在进行自由投篮时，想着胳膊的动作；可以在打高尔夫球时，专注于随势挥杆的动作。你也可以自发地进行这些动作，但却什么也不想。对于职业运动员来说，这些动作早已司空见惯，自发地做到也完全不在话下。[16]（下次跑着下楼梯时，可以想一想自己双脚的动作。但如果你险些跌倒，可别让我们负责。虽然你是走楼梯的行家里手，但用心思考一下上下楼这个任务，也会降低你的成效。）对于入门级的人来说，在心中铭记自由投球时要收紧肘部，或打网球时记得在击球后完成整个动作，就会让自己的表现有所提升。有意识地关注是有帮助的。对于职业运动员来说，所有这些动作都可以自动自发地完成。只要具备了这个级别的技能，过度的关注就会对最快速、最自然的肌肉协调产生干预。所以，运动员常常会因为注意力过度集中而发挥失常。

发挥失常，是一种更宽泛现象的冰山一角而已。**心理学家们在研究各类任务的过程中发现，表现与关注度或称“觉醒”是相互关联的，其关联性呈现为倒转的U型弧线——如果关注度过低，表现就会变弱；而若关注度过高，表现同样会被消弱**（见图6-1）。[17]

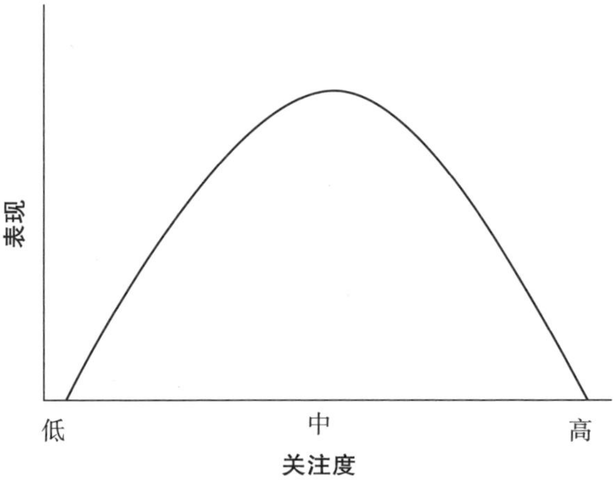

图6-1　表现与关注度的关系

如果我们所从事的任务位于波峰的左侧，那么过多的关注就是好事。对于其他任务来说，比如自由投篮，如果你是职业选手，就有可能因为在动作上投入了过多的精力而到达波峰的另一侧。自由投篮对于一些优秀运动员来说颇有难度，因为他们总是太过专注。布鲁斯·鲍文没有时间去思考他将要投出的三分球，但自由投篮却给了他太多思考的时间。更麻烦的是，你越是尽力不去想一件事情，就越是会想到它。心理学家们将这种现象称为“矛盾历程”（ironic process）——研究者请实验对象不去想“白熊”这种动物时，实验对象反而想不到什么别的东西。[18]

我们现在将目光放到孤独者身上。我们终于了解到他们为什么会表现得如此糟糕了。他们发挥失常，正是因为稀缺让他们太过专注。**对于人们之间的对话效果，同样存在一条倒转的 U 型弧线。心不在焉、注意力不集中地与人对话，肯定会让你显得很无趣；太过专注地与人对话，又会让人觉得你特别黏人、特别不独立。**孤独者之所以会表现得很糟糕，正是因为他们除了对自身的孤独进行管理外，无法思考其他任何事。他们之所以表现得很糟糕，是因为他们越过了倒转 U 型弧线的波峰，做得过犹不及。他们无法倾听对方的讲话，无法从容地闲聊，而是聚精会神地专注在“他们是否喜欢我”或“讲这个故事会不会好笑”等想法上。就像专业自由投篮选手将注意力转移到别处，随手一抛就能命中一样，孤独者如果将注意力从他们的社交需求上转移开来，就能做得更好。但是，稀缺却阻碍了这种变化，将孤独者的思想拉回了本该避免的状态。

节食者也面临着类似的问题。节食最大的挑战就是自我控制，而抵御冲动的最简单办法就是让冲动夭折于摇篮中。如果某样美食没有出现在你的大脑里，那么你就更容易避免在冲动下去吃这种东西。如果你确实想到了这种美食，那么将其遗忘的速度越快，就越容易抵御诱惑。一直想着某种美味的甜点，只能让节食变得更加艰难。节食造成了热量稀缺，而稀缺转而又牢牢地将甜点摆在了你大脑中最明显的位置。研究显示，节食者成天想着各种美味，不仅仅是因为他们肚子饿，同时也是因为他们所面临的稀缺问题。一项研究指出，刚刚吃过巧克力的节食者，心里想到食物的概率更大。生理上，他们拥有了更多热量；但心理上，他们需要做出的权衡却进一步加剧了。节食很难，正是因为节食令我们将专注力放在了那些本想避免的事物上。

上述两个例子中，稀缺锁定注意力的这一关键特征，成了一种阻碍。节食者和孤独者面对稀缺时，内心充满了挣扎，因为稀缺会令他们专注于每一个小细节。

改变心态，逃离稀缺陷阱的唯一希望

穷人会一直贫穷下去，而孤独者也注定会继续形单影只；繁忙之人永远会日理万机，而节食者的计划也总是会以失败告终。稀缺造就了一种心态，而这种心态会令稀缺长存。如果这种说法让你觉得太过残酷，那么就来看看另一种观点：穷人之所以贫穷，是因为他们缺乏技能；孤独者之所以孤独，是因为他们不受人欢迎；节食者之所以失败，是因为他们缺乏意志力；繁忙之人之所以整天忙碌，是因为他们没有能力过上井井有条的生活。这种观点认为，稀缺是深层次个人问题所引发的后果，很难改变。

相比之下，**稀缺心态是环境造就的结果，更有可能通过一些措施来加以改变。**变。**稀缺并非个人特质，而是自身创造的环境条件所引发的结果，而这些条件是可以进行管理的。我们越是深入了解稀缺在大脑中的发展历程，就越有可能找到办法去避免稀缺陷阱，或至少去减轻稀缺陷阱的影响程度。**

SCARCITY

WHY HAVING TOO LITTLE MEANS SO MUCH

第7章

穷人为什么穷

无能可以导致贫穷，贫穷也可以导致无能。穷人的稀缺心态，是导致他们无能的主要原因。研究表明，穷人的认知能力和执行控制力更弱。他们的大脑中装满了稀缺，就没那么多心思去想其他事了。穷人不仅缺钱，更缺带宽。反过来，带宽负担会致使他们的智力下降。

> 在批评别人之前，你首先要穿上他的鞋子走上一里地。这样，当你批评他时，就是穿着他的鞋子站在了离他一里远的地方。
>
> ——杰克·汉迪（Jack Handey）
>
> 《周六夜现场》节目作家[1]

毫无疑问，贫穷是最为普遍、最为重要的稀缺形式。现代世界中，贫穷的深度与广度令人震惊：联合国儿童基金会估计，每天都有22 000名儿童因贫穷而死亡；[2] 近10亿儿童是文盲，不会写自己的名字；[3] 全世界约有一半儿童的生活水平在全球贫困线以下；[4] 约16亿儿童的生活环境中没有供电。就算在美国，贫穷问题也十分显著。在美国，有几乎50%的儿童在某些特定时候领取过食物补贴；[5] 15%的美国家庭在一年中的某个时间段连糊口都成问题。[6]

截至目前，我们看待各种形式稀缺的方式是，仿佛它们彼此之间可以互换一样。我们的话题从节食跳到贫穷，再跳到时间压力，而没有关注其中的区别。毕竟，稀缺才是我们的主题。如果稀缺能够唤醒一种独特的心理，而这种心理又与其源头无关，那么我们就能将各种形式的稀缺同等对待。如果存在稀缺的共同心理，那么我们在穷人身上所观察到的现象，难道不应该同时适用于繁忙之人和节食者吗？

不同形式的稀缺拥有共同的元素，但并不意味着这些不同的稀缺类型会产生同样的结果。在化学领域，同样的基础元素按不同的结构比例组合起来，能生成不同的化学物质——碳元素和氧元素能形成二氧化碳这种生命存活所必备的要素，也可以形成一氧化碳这种致命的污染物。[7] 同样的元素却组合成了完全不同的东西。我们对稀缺的分析遵从的是同样的逻辑。**各种类型的稀缺都有着相同的元素：管窥、借用、余闲缺乏、带宽负担。**但这些元素会依据所在环境，以不同的方式表现出来：在金钱稀缺的情况下，借用是主要特征；而在孤独的情况下，借用就没有什么意义了。借用这种特定的元素，就像一氧化碳不需要额外多出来的氧原子一样，在特定的环境中也会完全不存在。贫穷所包含的元素会创建出一种环境，这一环境对稀缺心态怀有特别的敌意。[8]

一位家境富裕的专业人士非常忙碌，他之所以会陷入这种境况，是因为他接手了许多工作。如果他少做一些，就不会那么忙了。事实上，他可以选择拥有更少的稀缺。从某种程度上来讲，他所拥有的稀缺是可以自由裁定的。

这种自由裁定能力可以为这位专业人士提供一个重要的安全阀，对稀缺带来的压力和造成的损害起到限制作用。执意要在一周时间内遍览意大利风光的游客，最后只会因为时间的稀缺而感到焦躁。到了某一时刻，他很可能会干脆地说："算了，我下次再去看罗马竞技场好了。"或是决定："不如在罗马多玩一天，在南部少花些时间。"这种安全阀很好地限制了稀缺陷阱所带来的压力和损害。

对于那些具有自由裁定能力的人来说，稀缺陷阱会威胁到他们，但其程度是有限的：接手太多工作的人，可能会赶不上几个截止日期；节食者可能会在节食过程中停下来休息几天；繁忙之人可能会去休个假。

但人们无法逃开贫穷去休假。穷人们无法选择不去过贫穷的生活。决定破罐破摔、肥胖到底的节食者和决定放弃雄心壮志的忙碌人士，根本不能与穷人所遭遇的困境相提并论。没有人会认为，印度乡下的穷人只要少一些欲望，就能适应金钱稀缺所带来的窘境。一些最基本的欲望，比如穿衣、远离疾病的威胁以及为逗孩子笑而买一两件廉价的玩具，都是很难抛开不顾的。在强制性稀缺中，穷人并非是独自在战斗。被严重疾病困扰的节食者、极度孤独的人以及那些打两份工才能付得起房租的繁忙人士，面对稀缺都别无他选。可见，**自由裁定能力的缺乏会导致一种极端形式的稀缺。**

上述讨论进一步澄清了我们所谓的贫穷。贫穷，在我们看来，就是一种经济稀缺的表现形式。在贫穷状态下，若想改变或思考你所需要的事物，是根本不可行的。有些难以改变的需求是生理需求，比如自给自足型农民所面临的饥饿问题，而有些需求则是由社会造成的。我们对需求的感受，取决于他人所拥有的东西和我们的习惯。如今，拥有室内卫生间并不能让生活在发达世界中的人感觉自己特别走运，但室内卫生间直到 19 世纪后期才出现，现在依然是许多地方的人们可望而不可即的。对于自给自足的农民来说，室内卫生间太过奢侈；而对于生活在新泽西州的美国人来说，则是生活必需品。拥有汽车，在 20 世纪 50 年代还是身份的象征，直到如今，在世界上的许多地方也依然如此；而在另一些地方，汽车就是生活必需品。这就引出了一个深层次的复杂问题：我们如何在这些需求之间进行对比？从感受上讲，没有能力拥有室内卫生间的美国穷人，真的与买不起衬衫的印度贫民或买不起汽车的欧洲穷人很像吗？绝对贫穷与相对贫穷，这两者从心理上是否可以进行对比还尚无有力的证据。而在我们的讨论中，绝对贫穷与相对贫穷都是贫穷的表现形式。

从另一个角度来看，贫穷也十分极端。想一想新生儿的父母，他们突然之间就感受到了时间的稀缺。

> 这些新生儿的父母们无法选择“提出更少的需求”，因为要带孩子去看医生，要喂孩子吃奶，要给孩子换尿布，要抱着孩子，要给孩子洗澡，还要不停地晃着孩子哄其睡觉。面对这一系列事情，家长们没有自由裁定权，只能用杂耍的心态一样一样地应对。但如果

你是一位有钱的家长，时间稀缺的问题就可以用其他方式来缓解：你可以请位育儿嫂或保姆；从外面叫外卖而不亲自做饭；招个会计；雇用一位园丁。所有这些人都能帮你节省一些时间。同样，如果你在节食，而你很有钱，那么就可以去购买一些味道鲜美的健康食品。金钱是用来交换的，所以我们完全可以用它来解决其他形式的稀缺。

如果你想反过来解决金钱稀缺问题，那么难度就大得多了。你可以尝试多工作几个小时，但绝大多数情况下，你并没有那么多富余的时间，而且就算你多工作几个小时，也只能带来有限的额外收入，却会让你变得更加忙碌、更加疲惫。没钱，就意味着没时间；没钱，就意味着更难开展社交；没钱，就意味着食物的质量会变低，你的健康程度也会变低。贫穷，就意味着在那些决定生活方方面面的事物上，你都处于稀缺状态。

我们利用稀缺心理架起了一座共情之桥，即用一种稀缺形式的体验（比如时间）来与另一种形式的稀缺（比如金钱）体验相连。我们已经了解到迫切需要更多一点时间的感受，可能就能借此想象出迫切需要多一点金钱或多几位朋友的感受。我们利用这座桥梁，在整日抱怨着时间不够、无法在截止日期之前完成工作的繁忙经理人和抱怨没钱付房租的穷人之间建立了联系。

但这座共情之桥也只能发挥有限的作用。毕竟，经理人可以说："算了。我不那么努力也罢，还是去寻找工作和生活的平衡吧。"而手头缺钱的人却不能说："算了。反正我也不需要这所公寓。"因此，虽然时间和金钱都会成为带宽负担，但这些负担的量级或严重程度却是非常不同的。

"最后一公里"问题

大多数关于贫穷的言论，都会包含一个避而不谈的重要问题。

全世界约有2.85亿人身患糖尿病。[9] 这种疾病十分严重，可能会致人昏迷、失明、截肢甚至死亡。幸运的是，这种疾病如今已经在人类的管控范围之内了。如果定期以口服或注射的形式用药，就能预防糖尿病对人体造成的伤害。但尽管如此，糖尿病依然是一个大问题：问题的一部分原因出在药理上，因为医药尚无法彻底地治愈糖尿病；但更重要的原因出在患者的心理上——若想让药物发挥作用，患者必须按时服药，但糖尿病患者仅会在50%~75%的时间服药，这严重地影响了药效的发挥。[10]

这一事实令人震惊。几十年的医疗研究，终于将一种令人日渐衰弱的致命性疾病转化成了可控疾病，但我们却在“最后一公里”、最不起眼的一小步上跌了跤——这一小步就是吃粒药或打一针这么简单。“最后一公里”问题，困扰着医疗界的诸多领域。

> 20年前，如果我们拥有如今可供治疗艾滋病的抗反转录病毒药物，一定会无比高兴。但是今时今日，数百万人却因不能坚持服药而死亡。对于肺结核病，不按时服药的问题非常严重，发展中国家为此还专门制定了标准的送药规程——直接观察疗法，即专门的工作人员会每天上门监督患者服药。在有些国家，我们没有能力提供肺结核治疗，并不是因为药片本身价格高昂——这些药不过是廉价的抗生素，而是因为直接观察疗法的成本实在是太高了。

一项又一项伟大的医疗成就，就是因为人们不遵从医嘱而不能充分发挥效用。患病又不遵从医嘱，这是多么奇特的人类行为啊！

许多人都会不遵医嘱，但尤以穷人最甚。虽然每个收入阶层的人们都有可能会忘记吃药，但穷人不服药的频率最高。艾滋病、糖尿病、肺结核等一项又一项疾病，却重复着同样的规律。无论是地理位置、医药种类还是副作用，只有一样东西没有发生改变，那就是：**穷人最不能持之以恒地服药。**

我们再看看农业收成的例子。一块土地上可以种植的农作物量能影响到全社会的方方面面，可以决定食品价格、世界贸易、环境状况甚至全球可生存人口总数。而对于农民来说，这个问题显得尤为重要，因为其全部收入都来自地里的收成。农业和医学一样，凭借着先进的科技，产生了更优质的种子、更高超的耕种技术以及有机种植的方法，大幅提升了农作物产量和农业的可持续性。像医生一样，致力于解决这些问题的农业科学家也总是为一件事而苦恼：农民们出乎意料的行为。

自古以来，所有农民都深知除草可以大幅度地提高农作物的产量——杂草会和农作物争抢养料和水分。除草不需要什么专业技能或机械设备，只需要勤劳肯干就行了。但在全世界的贫穷地区，农民们却往往不除草。

> 据估计，非洲某些地区因不除草而损失的农作物产量，至少占到总产量的 28%。[11] 在亚洲，不受控制的杂草生长占了稻米总产量的 50%。[12] 这些估测数据不乏夸张之嫌，但就算能将产量提高 10%，几天的辛苦劳作也是值得的。而且，因为除草可以在不花钱或占用土地的情况下增加农作物的产量，产量增加 10% 就意味着收入会增加 20% ~ 30%，这样的增长可不容小觑。但尽管如此，许多农民还是做不到定期除草，以至于让本该到手的收入白白溜走。在这些地区，受影响最大的就是那些最为贫困的农民。

我们再来看看父母育儿的问题。研究人员花费了大量时间对人们养育子女的方式进行了研究。那么，结果是什么呢？父母会在没有必要的时候提高嗓门对孩子嚷嚷吗？孩子有需要的时候，父母会表现出爱意和支持吗？父母在制定规矩的时候，是从一而终，还是会随意地、武断地变更要求？孩子们表现好的时候，家长们能否作出积极的回应？父母与孩子是频繁地互动，还是把孩子往电视机前一放就不管了？家长们是否会给孩子们辅导功课？

经过数十年的研究，专家们发现了一个普遍现象：**穷人做家长时更加不称职**。他们对孩子更严厉，更无法从一而终，而且情感上也会更加疏离，因此也就显得没那么富有爱心。[13] 另外，穷人更容易将自身的怒气发泄在孩子身上，前一天还在因一件事情而训斥孩子，第二天又会因相反的另一件事而责备他们。[14]穷人无法充分地与孩子们进行互动。[15]他们也不会经常辅导孩子们做功课。他们还会放任孩子们看电视，而不会给他们念故事书。我们现在已知的良好的家庭环境所需要的组成部分，都是贫穷的父母没有能力为孩子们提供的。[16]

穷人在许多方面都会显现出不足：美国的穷人普遍更加肥胖；[17] 在许多发展中国家，穷人不怎么会让孩子接受教育；[18] 穷人不懂得进行储蓄；穷人也不怎么会带孩子去打疫苗；[19] 村中最穷的人家，就是最不爱洗手，喝水前也不加以处理的人家；[20] 穷人女性在怀孕后，不懂得合理饮食的重要性，也不参加产前护理。[21] 类似的例子还有很多，我们就不在此一一列举了。

道出这样的事实，好像是怀着不可告人的目的而做的沉闷陈述（滥用一下 T.S. 艾略特的诗句）。而贫穷问题，徘徊在我们心中挥之不去的问题，竟是如此古老，甚至让人感到厌倦。为什么穷人会无能到如此地步，而且会以如此多样的方式表现出来？

这就是我们一直避而不谈的重要问题。

无能可以导致贫穷，贫穷也可以导致无能

当我们直面这一令人困扰的事实时，首先自然而然地就会去质疑人们对事实的理解。也许穷人们并不是因为“无能”才没有服药，而是因为这些药物的价格太高了。他们为什么不除草？因为太忙了。他们为什么不能更好地养育子女？因为他们就是在类似的环境中成长起来的，根本不了解其他养育方法。

诚然，所有这些关于获取能力、成本以及方法的问题，都发挥了一定的作用。但当你一次又一次地去研究相关数据时，仅凭这些因素是无法对穷人的“无能”做出解释的。

在美国，享受医疗补助计划的穷人不需要为医药花一分钱，但他们还是做不到按照医嘱服药。调查中，生活在农村地区的穷人称，他们在两次收获之间总会有充裕的时间，但就是不想去除草。

我们不能将这些现象看作偶然，而对其不闻不问。所有这些现象的核心，都要在行为上找原因。

另一个直觉上的本能反应就是，我们会去质疑这些事实本身。穷人“无能”与否，实际上只是旁观者的看法。也许他们并非无能；也许那些搜集数据的人本身就怀有偏见。对于这样的说法，许多有趣的心理学理论都可以作为佐证。

稀缺实验室
SCARCITY

在一项研究中，实验对象观看了一段视频，这是一段关于一位名叫汉娜的女孩参加测试的视频。她在测试中的表现有些让人摸不透，她答对了一些难题，却做错了一些很简单的题。其中一组实验对象拿到的材料说，汉娜来自穷人家庭，另一组实验对象拿到的材料说她来自上等中产阶级家庭。两组实验对象都看了她参加测试的视频，之后对她的表现和能力进行了评价。那些看过“穷人汉娜”材料的实验对象，会找到她表现中的更多失误之处，对她的评判较差。与看过“富人汉娜”材料的实验对象给出的评价相比，他们认为她还是低年级学生。[22]

我们似乎很容易对关于穷人的数据在理解上产生偏见。我们都对穷人怀有非常负面的刻板成见，而且这种成见还包含“无能”的因素，因此就会自然而然地将穷人的无能归咎于个人特质。那么，研究人员针对贫困人群无能的“发现”，岂不是有些“明知故犯”？而当你近距离观察他们时，就会看清这一众人避而不谈的重要问题，没有那么容易解决。绝大多数相关数据都与现实情况有着真实的关联，而非偏见下的理解。

研究人员们也无法因为政治偏见而对数据进行特殊处理。通常，这些数据的搜集工作都是由客观的研究人员所完成的——就算他们有些看法，实际的调查结果一般也会与他们的看法相悖。在另一些情况下，研究结论的得出是偶然的，而且并不是他们最初设定的目标。农学家和医疗工作者会搜集大量数据，而收入只是诸多变量中的一项。这些研究人员会将收入情况连带许多其他相关内容一起写在报告中。他们一开始没有抱着对贫困人群展开研究的目的去工作，也没有对数据进行夸大。而且，就算研究人员以贫困为关注点进行研究，也常常会带着同情的态度去接近研究对象。在诸如肥胖或其他与贫困相关的诸多领域中进行研究的学者，总会自然而然地怀有一种与研究对象的亲近感，在总结研究结论时，也常常会颇为伤感。也许，最引人注意的就是，事实证据的广度与深度：许多证据并非来源于孤立的研究或争议性很强的结论，而是经过长时间的数据搜集工作。将这些数据整合起来，就形成了我们所面对的这个重要问题。

如果我们无法对这一重要问题视而不见，那么应该如何理解它呢？一种办法是假设“无能”为因，“贫困”为果。穷人之所以贫穷，就是因为他们的能力比常人差。如果你的收入取决于你是否能做出正确的选择，那么就自然能得出这样的结论：无法进行正确选择的人们最终会变得贫困。但事实上，这一观点背后又蕴含着复杂的成因。比如，每个人出生的情况——你生于哪个大洲都会对你是否贫穷造成很大的影响。尽管如此，还是有一种非常流行的观点认为，**贫困和无能之间的相互关联是：无能导致了贫困。**

我们搜集到的数据显示，无能与贫困之间的因果关系，反过来也一样讲得通。贫困，也就是稀缺心态，是导致无能的原因。

大脑自由才能成为合格家长

有一项关于父母养育子女的研究，是以空管员为研究对象的。[23] 研究之所以会对空管员感兴趣，是因为他们的工作内容每天都有所不同，有时还会处于高度紧张的状态中。某些日子里，空中会有许多需要管制的飞机——天气条件非常糟糕时，等待起飞的飞机就会排起长队，频频延误。每当赶上这种日子，空管员的认知负荷就会变得非常高，他们会长时间地专注于让所有飞机安全降落这一件事上。在另一些日子中，空管员的工作节奏可能会稍微慢下来——空中没有那么多飞机，脑子里也没有装那么多“飞机”。研究人员发现，根据某一天空中飞机的数量,他们就可以预测当晚空管员养育子女的水平。飞机越多，为人父母的水平就会越低。用一个世俗一点的比喻来讲就是，同样一位空管员在轻松地工作了一天之后，就会表现出“中产阶级”的样子；而在辛苦工作了一天后，就会落入“贫困人民”的队伍。

你肯定也曾有过类似的体会。累得要死的一天结束后，你就想在家里安安静静地休息一会儿，可孩子们却在兴致勃勃地看动画片。电视机的声音没有那么大，但足够吵到你脆弱的神经。你恳求孩子们把电视机关了，心下暗自庆幸自己的语调还算柔和。但孩子们却回答说，现在是他们看动画片的时间。你曾经答应过，如果他们做完作业，就可以在这个时间段看电视，而且他们的确也已经把作业做完了。你迟疑了片刻，但噪声还是太大了。于是你爆发道：“赶快把这个破玩意儿关了！”后来，你对此感到懊悔。你也不想这样对待可爱的孩子们，可就是无法控制自己。

而且，你不开心的理由也很充分。虽然针对养育子女的研究有着形形色色的说法，但从中脱颖而出的几种非常优秀的观点都非常具有直观性。在对父母养育子女的建议中，最重要的就是始终如一。如果家长们在教育孩子们的说法和行动上前后不统一，那么孩子们要面对新事物时就会觉得很难，很容易焦虑，无论是在学习规矩和行事方式，还是在寻找安全感上。但这些话说起来容易，做起来却有难度。做一位合格的家长不容易，就算你知道自己应该做什么，有时也很难做到。始终如一、前后一致、持之以恒，需要父母对孩子们给予持续的关注、不断的努力以及坚定不移的信念。

良好的教养水平需要足够的带宽、复杂的决策能力和自我牺牲精神。你需要调动孩子们的积极性，去做他们不喜欢做的事情；你需要带着他们去看医生，为他们规划各种活动；你需要和老师谈话，贯彻学校的建议；你还需要为孩子们辅导功课，或者请其他人帮忙辅导功课，自己在一旁监督。不管对谁来说，这些事情做起来都不轻松——无论资源多少都一样。而当你的带宽减少时，这些事情的难度就会加倍。在面对孩子的那一刻，你没有办法表现得耐心，做不到你深知的正确之事，因为你的大脑此时根本就不够自由。这也就是空管员在一天的繁忙工作之后，回到家里就再也没有办法做一位称职的家长的原因。

穷人自有自己“领空”里需要管制的“飞机”。他们周旋于房租、贷款、迟还的账单之间，还要算着日子等待下一笔收入。他们的带宽在管理稀缺的过程中，已经用尽了。就像脑子嗡嗡作响的空管员一样，穷人也有着相同的体验。一位旁观者如果不了解空管员白天忙成什么样，肯定会认为这位家长缺乏教养能力。

最近一项研究也给出了一些证据。我们知道，贫穷的家长每个月都会收到食品补贴，但每个月末，他们还是会陷入没钱买食物的困境。月底，正是穷困家长带宽负担最重的时候，而他们此时的教育水平也很可能是最严厉的。经济学家丽莎·杰内蒂安（Lisa Gennetian）和她的同事发现，月末时段是家长们领取食品补贴的时候，也是孩子们在学校里最容易犯事被管教的时候。[24]

若想成为一位合格的家长，需要许多方面的能力，但最重要的是大脑的自由。而自由的大脑，对于穷人来说，仿佛是无法企及的奢侈品。

穷人缺钱又缺带宽

穷人不仅缺钱，也缺带宽。我们在商场研究和收获研究中，看到的就是这种现象。体验贫困或者在诱导下想到金钱问题的同一个人，与不贫困或没有想到金钱问题时相比，几项测试的成绩要差得多。此人会表现出更低的认知能力和更弱的执行控制力。所以说，当大脑中装满了稀缺时，就没有那么多心思去想其他事情了。

这一点之所以重要，是因为我们的许多行为都依赖于带宽，不仅限于为人父母。举例来说，带宽负担过重会让人更容易忘事。也就是说，你不太会忘记那些自己知道的事情（心理学家所称的“陈述性记忆”［declarative memory］），比如你第一辆车的品牌，而是会忘记心理学家所称的“前瞻记忆”（prospective memory），即那些你计划要记住的事情，比如给医生打电话或者在截止日期之前还账单。这些任务必须要存在于你的大脑中，而一旦带宽减少，它们就会被忽略。这样说来，穷人会忘记吃药的问题就很好理解了。有些人会觉得这种说法难以置信：你怎么能忘掉如此重要的事情？但记忆并不会以人们想象的方式工作。你的记忆并非为长期价值服务：肯定没有人会忘记吃止疼药，因为疼痛会一直提醒病人服药；但像糖尿病这样的疾病是“沉默”的，其后果不会立即为病人所察觉。对于一位带宽承受着沉重负担的病人来说，没有什么能比持续提醒他服药效果更好的了。

缺乏带宽的另一个后果就是，工作的成效会变低。所有类型的工作，无论是处理快餐订单还是整理超市货架，都需要工作记忆，也就是在使用信息之前，同时使几部分信息在大脑中保持鲜活的能力。贫穷会为工作记忆加上负担，并导致我们的工作成效降低。我们的工作成效之所以会降低，是因为我们的心智处理器正忙着处理其他需要被注意的事项。如此就形成了富有悲剧色彩的境况：**最需要用劳动换取薪水的穷人，他们的生产力却承受着最为沉重的负担。**

负担过重的带宽，意味着处理新信息的能力有所减弱。如果你在听课时总是开小差，那还能学到多少知识？现在，请想象一位低收入的大学生一直在为如何凑出房租的事而苦恼，此时，他上课能吸收多少知识？我们在上述研究中得出的数据显示，收入和课堂表现的相关性，可以用带宽负担来解释。许多公共健康项目的实施都要靠穷人吸收新信息才能实现。现在，许多宣传活动都致力于帮助大众去了解许多事情的重要性，比如健康饮食、戒烟、产前护理、艾滋病筛查等。在贫穷国家中，专门的工作人员会去到田间地头，帮助农民了解最新的农作物种类，或最近出现的害虫。这些活动在贫困人群中收效不高，我们很难劝服他们少抽烟、吃健康食品或采纳最新的农业技术。**因为想要让某人吸收新信息，就必须让其拥有相关的工作记忆。**

同时，带宽负担也意味着用来进行自我控制的心智资源变得更少了。辛苦忙碌了一天之后，你还会用牙线清洁牙齿吗？还是会想："算了，我明天再用牙线也不迟。"而且，我们也深知，长时间挣扎在贫困（稀缺）之中，会进一步令自我控制力变得枯竭。如果你只能承担很少一点东西，那么就要去抵御更多事物的诱惑。就这样，你的自我控制力会一点点被用尽。假设你是农民，整日为下星期如何糊口的问题而烦恼。上床睡觉时，你脑子里想的只有儿子牙疼的事情——不知道要到哪里凑钱带孩子去看牙医；你与朋友早就约好的聚会，可能去不成了；而且，你最近还要去除草。一觉醒来，你疲惫不堪，更加焦虑。就像懒得用牙线洁牙一样，我们不费吹灰之力就能想到你接下来的想法："我明天再去除草也不迟。"

我们在搜集到的与吸烟相关的数据中也看到了同样的现象。[25] 经济压力较大的烟民，比较不容易在戒烟上持之以恒。而且，穷人还会变得更加肥胖，因为坚持选择健康食品需要强大的自我控制力。一项研究发现，低收入女性搬迁到收入水平较高的小区后，极度肥胖和患糖尿病的比率都会大幅下降。[26]也许其他因素也发挥了作用，但减轻压力无疑是最关键的。如果想要做一位合格的家长，需要自我控制力；如果想要在患病时去上班，需要自我控制力；不冲着老板或客户发火，需要自我控制力；时常去参加工作培训，需要自我控制力；生活在农村，保证孩子每天去上学，需要自我控制力。环绕在贫困周围的所有这些“无能”，都可以从带宽负担的角度去加以理解。

最后，请思考下面这个例子。

稀缺实验室
SCARCITY

第二天，你要做报告。为了这份报告，你已马不停蹄地准备了许久。你知道休息很重要，于是每天确保在下午 5 点钟停止工作。下班后，你回到家中，与家人共享温馨的晚餐，然后早早上床休息。但你脑子里依然满是关于这次报告的各种想法。虽然你非常需要睡眠，但就是睡不着。睡眠研究显示，你这种情况其实并不罕见。在一项研究中，实验人员要求 38 位擅长睡觉的人尽快入睡。[27]其中一部分实验对象了解到，小睡之后他们要进行演讲——绝大多数人都不喜欢当众演讲。因此，这组实验对象入睡的难度要大得多，睡眠质量也差得多。其他关于失眠症患者的研究显示，经常睡不着觉的人，很有可能是心里装着烦心事。[28]简而言之，一旦你的脑子里装满事情，就很难睡好觉。

关于稀缺的想法会妨碍睡眠，而从长期来看，这有可能是稀缺对带宽造成负担的最有害的方式。针对孤独者的研究显示，他们的睡眠质量更差，时间也更短。[29]这些影响在穷人身上表现得尤为明显，他们也睡不好。[30] 睡眠不足会带来灾难性的后果。美国陆军发现，缺乏足够的睡眠会令士兵向自己的队伍射击。[31]1989 年埃克森·瓦尔迪兹号油轮（Exxon Valdez）在阿拉斯加州失事，原因很可能就在于船员的睡眠不足。[32] 如此的负面影响会逐渐累积。**研究显示，如果每晚仅睡 4 ~ 6 个小时，这样持续两周时间后，工作表现就会受到影响——相当于连续两天晚上不睡觉。[33] 睡眠不足会进一步危及带宽。**

穷人最缺的就是带宽。整日为了糊口而疲于奔命，就会令这种至关重要的资源日渐减少。这种短缺现象，并不能从生理上找原因，也与营养不良或幼年时代遭受压力从而阻碍大脑发育等因素无关。事实上，它是由眼下为糊口而产生的认知超载所导致的。随着收入的增加，认知能力也会相应增加。[34] 同理，农民的带宽，在用农作物换来钞票时就能得以恢复。可见，贫穷会成为带宽的负担，并削弱我们的各项能力。

带宽支撑着我们各种各样的行为。我们利用带宽计算扑克牌游戏中获胜的概率，评判其他人的面部表情，控制我们的情感和冲动，读书或者用富有创意的方式进行思考。几乎每一类高级认知能力都要依靠带宽。但是，带宽负担却常常为人们所忽视。这样一则类比可以很好地对其进行诠释：请想象你与正在忙着做另一件事情的人讲话，假设此人边与你说话边上网。如果你并不知道他正忙着做什么，那么在你眼中，他会是什么样的？愚蠢？困惑？冷淡？不太正常？带宽负担就会给人留下诸如此类的印象。

因此，如果你想对贫困人群有更加深入的了解，就请想象自己的思想总是在别处游离的状态吧！你晚上总是睡不好；发现自己很难想清楚一些事情；很难做到自我控制；心不在焉，烦躁不安……而且这些情形每天都会发生。可见，贫困在给人们带来物质挑战的同时，也会带来心智上的挑战。

从这个角度理解，贫穷这一避而不谈的重要问题就不会再令我们困惑。穷人的无能，其主要原因就在于贫穷本身。只要生存于贫困之中，我们所有人都会变得无能。

带宽负担导致智力下降

本章伊始，我们就举了几个小例子，将矛头直指贫穷这个避而不谈的重要问题。在各种不同的环境中，贫穷都与无能有着直接的关联。我们对这一结论给出了一种解释：带宽负担。但我们从何而知，带宽负担真的能对这一问题进行解释？比如，你可能会想，带宽负担的覆盖面是否够大，能将包括不能坚持服药和忘记除草在内的诸多问题统统囊括进来？我们认为，答案是肯定的。第2章中讲到的商场研究，其中的低收入群体根本算不上真正的贫穷，但他们的带宽负担却已经十分可观了，相当于IQ成绩的13～14分，而且他们的带宽负担对执行控制力的负面影响也很大。在印度进行的收获研究中，我们得出了带宽负担的影响效应在IQ成绩的9～10分的结论，而其对执行控制力的影响则更大。我们曾指出，带宽负担会对认知能力产生相当可观的影响。从标准IQ分类上看，这种影响及其相应的分数可以将你的智商从“正常”升级到“高级”，也可以从“正常”降级到“低级”，甚至降到“缺陷级”的边缘。带宽负担不容小觑。而且，我们在两种完全不同环境中均对此有所发现的事实，更是强有力的证据。印度农村的穷人和新泽西商场中的低收入购物者有着太多的不同之处，但他们在很多方面都拥有同样的带宽负担。因此，带宽负担在世界各地贫困人群的生活中都扮演着极其重要的角色。

带宽负担这种解释之所以具有吸引力，是因为它可以将许多现象都包罗在内。对穷人无能的解释，一般都是零碎而非整体的：农民不除草，可能是由于文化水平低；糖尿病患者不在服药上持之以恒，可能是害怕药物的副作用；

贫穷的家长不合格，可能是因为其缺乏养育子女的知识。这种解释是不系统的，因为穷人所处的环境差异极其巨大。生活在新泽西州特伦顿市的人们不知道的事情，对于生活在肯尼亚内罗毕市的人们可能就是常识；而在内罗毕市令人习以为常的事情，对于生活在菲律宾农村的人们可能就会是完全陌生的。相比之下，带宽这种单一的基础机制，就能跨越行为、时间和地理位置的藩篱，解释所有这些不同的实证事实。具体的环境在理解穷人生活时同样重要，但带宽具有从基础层面理解时的重要性，而且适用于解释与穷人生活有关的各类现象。

对带宽作用的理解也能帮助我们更好地理解穷人所处的特定环境。疾病、噪声和营养不良不再仅仅是痛苦的根源，同时也是带宽负担的额外表现形式。有一种看法认为，穷人缺乏某些基础技能。现在，我们除了将这种看法视为无可辩驳的事实之外，也会思考：带宽负担也许是导致穷人缺乏技能的原因之一。**任何形式的技能习得，无论是去学习社交技巧还是养成良好的消费习惯，都需要带宽。如果穷人缺乏带宽，那么他们就无法很好地掌握这些实用技能。**

以上论述为我们提供了理解贫困的新视角。我们要从认知的视角，带着稀缺的思维，去审视那些关于规范服药、除草、养育子女等行为的数据。这些行为与需要逐个分析的孤立行为不同，是可以综合到一起，将其视作带宽负担过重所导致的可预见后果的。这一观点也让我们在搜集新数据时有了新的关注点。我们在研究贫困问题时，总是会将目光专注于物质条件上，但同时，我们也应该去了解人们的心理情况，了解他们的带宽情况。这样，许多曾经解释不清的问题就会变得明朗起来。**为了加深对贫困人群的了解，我们必须认识到：他们会专注于自身的问题，会形成管窥心态，会犯错误；他们缺乏的不仅是金钱，还有带宽。**

第三部分

如何从稀缺走向富足

SCARCITY

WHY HAVING TOO LITTLE MEANS SO MUCH

SCARCITY

WHY HAVING TOO LITTLE MEANS SO MUCH

第8章

如何让穷人摆脱贫穷

从稀缺心态的角度出发，我们就不难理解发生在穷人身上的众多失误。这些失误的不可避免，不是因为他们缺少积极性，而是因为缺少带宽。因此，我们要包容穷人的不当行为。我们要设计有效的预警机制，让穷人提早为未来做准备。所以，为穷人提供的培训要简单实用——节省带宽的教育方法才是好方法。

第二次世界大战期间，美国军方为“起轮事故”（Wheels-up Crash）的频发而头疼不已。[1] 当时，飞行员在降落后，总会在收起侧翼时，误将轮子收起。可以想见，飞机在陆地上滑行时收起轮子，可一点儿也不好玩。为了解决这个问题，军方请来了一位专家——阿方斯·查帕尼斯中尉（Lieutenant Alphonse Chapanis）。查帕尼斯中尉是一位接受过正规培训的心理学专家，是研究这些飞行员想法的不二人选。为什么这些飞行员会如此粗心？他们太过疲劳了吗？还是他们太早就放松警惕，觉得可以在完成一项艰巨任务后就此“放手”？或者是在培训他们时出了什么岔子？

很快，一条线索就浮出了水面：问题只出在驾驶 B-17 和 B-25 轰炸机的飞行员身上，而运输机飞行员却不会犯这样的错误。这条线索帮助查帕尼斯中尉打破了自身的偏见：他决定不再从飞行员的大脑中找原因，而是去看一看他们的驾驶舱。在这些轰炸机里，机轮控制杆和侧翼控制杆紧挨在一起，看上去根本就是一模一样！而相比之下，运输机的控制杆布局就非常不同了。所以，轰炸机飞行员和运输机飞行员表现出不同行为的根源，就在驾驶舱内——其中一种控制杆布局给犯错创造了太多机会。

这一问题被发现后，轰炸机的驾驶舱便从此改头换面。查帕尼斯中尉等研究人员意识到，飞行员的许多过失其实都是由驾驶舱布局不合理而引起的。但在此之前，军方的关注点一直在飞行员培训和如何确保飞行员时刻保持警觉上，并且着重于培养那些不会出错的“优秀飞行员”。查帕尼斯中尉的结论彻底改变了这种情况。当然，飞行员还是要经过培训才能上岗，军方也肯定要去挑选最优秀的人才。但无论你如何培训，如何甄选，飞行员还是会犯错，尤其是让他们置身于容易使之犯糊涂的驾驶舱内。

失误在所难免，灾难却并非如此。优秀的驾驶舱设计，不仅不应该诱导飞行员犯错，而且还要避免将失误酿成灾难。查帕尼斯中尉在着陆变速杆的末端安装了一个小橡皮圈，这样飞行员就能通过触摸来得知自己操纵的是哪根控制杆，从而解决了轰炸机存在的问题。优秀的驾驶舱设备，能在飞行员犯错误时发出警报。测高仪旁边的低海拔警示灯，可以有助于提醒飞行员，在航空高度较低时，是飞行员有意而为之，而非无心之失。如今，飞机的安全性得到了很大的提升，不仅是因为我们有能力生产更为优质的机翼和发动机，而且是因为我们对人为失误有了更好的掌控。

包容穷人的不当行为

最初，查帕尼斯中尉因飞行员的行为而感到困惑不已，一心想从他们身上找原因。相比之下，许多分析人士也同样因为穷人的某些失当行为而感到困惑不解。美国针对低收入人群的培训项目，总是有人旷课、中途退课，就连劝服他们报名都很难。[2] 发展中国家的小额信贷项目负责人，总是会为客户不在高回报产品中做充分的投资而感到惋惜——这些客户宁愿将贷款用在偿还其他债务上，用去“救火”（比如马上要交的学费），或是去购买耐用品。[3]疫苗接种项目实施起来也是困难重重，因为人们总是不去打疫苗，所以项目的实际收效甚微，本可以通过接种疫苗而得到预防的疾病，现在依然在发展中国家肆意猖獗。

我们在研究工作中也看到了同样的现象。我们曾在美国的一个福利就业项目中担任顾问，这个项目旨在帮助依赖公共救济的人们找工作。项目遇到的最大问题之一就是，服务对象本身。虽然工作人员反复告知人们要着正装去上班，但他们还是常常穿着不合时宜的衣服露面。很多人的简历漏洞百出，格式混乱，错别字一大堆。虽然这些错误是因为人们缺乏相应的知识或技能，但绝大多数错误都是由人们缺乏按计划行事的能力所导致的。就算有工作人员的指导，人们还是不会去使用服务站的计算机来修改简历格式，或利用服务站提供的资源找到更适合的着装风格。面试时，他们常常会两手空空地到场，连简历都不带，也不知道如何展现出最佳状态。而在许多情况下，他们甚至连安排好的面试都不会参加。

而这一社会项目的设计者，并没有从查帕尼斯中尉的视角出发。相反，他们假定问题就在这些服务对象身上,而不去“驾驶舱”内找原因。他们假定，问题在于人们缺乏理解能力和动力。于是,他们便尝试通过教育去改变这些人，为他们提供激励机制。在发达国家，这种现象很可能会引发一场关于“福利文化”的讨论。其中一种解决办法就是，对一个人一生中能接受福利救济的总年数加以限制。这种方法的目的很简单，就是要激励失业者去找工作。这种做法导致政府对一系列援助项目加以惩戒，还时不时地使政府官员取消一些福利待遇，比如改变免费政策，向人们收取纯净水使用费。而且，这种做法还引发了一些具有强大激励机制的计划，比如条件性现金补助计划，该计划服务的人群得到的补助金额，取决于他们所表现出来的各种“良好”行为。

但是，为什么不将这些“飞行员”的工作能力放在一边，去“驾驶舱”内一探究竟呢？为什么不将人们表现出来的无能暂且搁置，去审视一下这些项目和计划的具体结构呢？如果我们接受了飞行员会犯错、驾驶舱的布局需要进行精心改造，才能够避免错误的发生的事实。那么，我们为什么不能为了贫困人群而接受同样的事实呢？为什么不将这些援助项目设计得更能容忍人们的失误呢？

稀缺实验室
SCARCITY

针对扶贫项目，我们也能提出同样的问题。以培训项目为例，在培训过程中，学员总是不出勤，中途退课的人也不在少数。但是，在学员满脑子都是烦心事儿和心力交瘁时，错过一堂课又会怎么样？如果他来上课，却在课堂上想着别的事情，又会怎么样？答案就是下一节课的难度会变大。在错过一两堂课后，人们会自然而然地选择中途退课——也许中途退课才是最佳选择，因为再继续听下去也听不懂老师在讲什么。将前一堂课的内容作为基础来讲这一堂课的方法，如此严格的课程设置，并不能包容那些带宽负担过重的学员。偶尔错过一堂课，学员的成绩就会走下坡路，而单凭其一己之力是无法再次跟上课堂进程的。这种项目设计假设的就是，如果人们拥有足够的积极性，就不会犯错误。我们也可以这样理解：那些不愿意准时上课的人，一定是不把上课当回事儿，根本“不值得”培训。

但从稀缺心态的角度出发，我们可以预见到这些失误的频发和不可避免，而失误与否，与人们是否有积极性根本无关。请想象自己在一天的辛苦工作后回到家中，心中忧虑重重，不知道如何才能赚足够的钱来交这个月的房租、支付所有的账单和为女儿办个像样的生日派对，而且你想休息却怎么也睡不好。几周之前，你报名参加了计算机技能培训课程。你的想法是，只要掌握了新技能，说不定哪天就能找到更好的工作。但就在当天晚上，参加培训能给你带来的好处却显得那么抽象而遥远。你精疲力竭，快要被眼前的这些问题击垮了。而且你知道，就算你现在去上课，也听不进去什么东西。现在，我们可以将目光跳转到几周之后。那时，你又落下了一堂课。再去上课时，你能听懂的比以前更少了。终于，你决定中途退课，等财务问题解决之后再来上课，毕竟现在的你根本没有心思学习。所以，这个课程不仅无法包容你的失误，反而将你表现出的这些可以预见的错误进一步放大了，而且还强硬地把你推到了教室之外。

其实，我们完全可以不必如此。与其总是强调人们不犯错误或改善行为的重要性，还不如转而去对“驾驶舱”进行重新设计和布局。举例来说，我们可以更改课程设置，将之转换成模块化的课程单元，然后在不同的时间段里交错开课，共同向前推进。错过一堂课，落下了一段内容怎么办？不要紧，只要转去参加比这个课程模块“迟”一两周的另一个并行课程就行了。如果整个模块的内容都错过了，那就等下一轮开讲时再重新学起也不迟。虽然这种方法会让结业的时间推迟，但学员们至少能真正学到知识。目前的培训项目，在设计之初并没有考虑到学员可能出现的失误，就好像学员们不应该，也不允许犯错误一样。但是那些贫困人群，尤其是在失业的状态下，还有许多其他需要处理的事情。而这类事情的存在，致使他们无法安心坐在课堂上听讲。在稀缺的窘境之中，错过培训项目的一堂课，与中学生旷课的概念完全不同。线性设计理念指导下的课程，不允许学生中途缺课，这种课程设置比较适合全日制学生，但对于脑子里有一大堆烦心事儿的穷人来说，则完全行不通。

值得强调的是，对失误的包容并不能取代个人责任。相反，对失误的包容，可以确保穷人在勇于承担责任时，拥有提升的空间。对失误的包容，使人们获得的机会与他们付出的努力和所处的环境保持对等。这并不是说人们不需要努力工作，而是说让那些敢于迎接挑战并为此付出了辛勤汗水的人们能获得更多的回报，正如只要改进驾驶舱内的操纵杆设计，就会让专心致志的飞行员表现得更加完美一样。带宽负担不可避免地会让人们犯下小过失、小错误，而对失误的包容，则能确保这些小过失、小错误不会让人们的努力付之东流。[4]

让“警报”来得更早些

还记得前面讲到的对福利救济年份加以限制的政策吗？之所以这么做，是因为有些人认为，频频接受福利救济的穷人会缺乏自力更生的动力。这种观点认为，穷人之所以时而申请福利救济，时而退出福利系统，是因为这一系统太容易让他们产生不去工作的念头。为了解决这个问题，针对主要的福利项目（现在更名为“贫困家庭临时救助项目”），美国为其公民一生中能领取福利救济的年份设定了上限：如今，每人一生中总共只能享受5年的福利救济。[5]

规定福利救济的年限，并非莽撞之举。从理论上讲，有了限制，就产生了稀缺，而稀缺又可能让人们对资源的“利用”进行更好的管理。这种说法看上去貌似是以稀缺心理学为基础的，却存在缺陷。我们知道，截止日期在即将到来、成为人们的心头大事时，才会发挥作用。而限制期限较长，就像很久之后的截止日期一样，只有在临近时才会让人产生紧迫感。对于那些眼下有一大堆事情需要处理、抱着管窥心态看待事物的人来说，几年之后的期限无疑会落到“管子”视野之外，而只有截止日期临近时才会有所察觉。在这一限制变成紧迫威胁之前，就会为人所忽视。等人们想到了，也会为时已晚。那些制订出这一计划的人们的初衷肯定不是这样的，他们肯定不希望人们在数年间完全忽视救济年限问题，然后在最后一刻才意识到问题的存在，开始慌了手脚，发现自己没有办法继续接受救济。从某种角度来看，这是所有方案中最不理想的一种，既是一种惩罚，也没有起到任何激励作用。

在了解管窥心态之后，我们就可以让限制手段变得更加有效。**若想让限制手段影响人们的行为，就必须令其进入人们的“管子”视野之内。其中一种方法是，定期发送剩余月份的提醒。通过唤起人们的关注，我们可以试图将这个遥远的问题主动推入“管子”视野之中。另一种方法是，改变限制的结构。**我们知道，频繁的节点式截止日期，会比单一的远期截止日期对人产生更大的影响。因此，更好的解决办法就是，制造出范围更小、更加频繁的限制。（比如在给定的几年期限内，只有固定数量的月份，而非一生中的总年份。）为了让人们能立刻感受到超越限制的后果，同时又令这种后果易于为人们所觉察，不会一步置人于死地，也许可以考虑对救济金额予以降低，而非彻底停发。

关于如何设计激励机制（以及如何避免不恰当的设计），我们可以借鉴一个通用原则。落在“管子”视野之外的激励机制，不太可能发挥作用。请想象你在想办法让孩子们接种疫苗，而这些孩子们的家长正为这个月的青黄不接而发愁。一两个月之后的支付，和现在就支付，哪种情况对于家长来说更富有吸引力？在印度拉贾斯坦邦农村地区进行的一项研究显示，只要以一千克扁豆作为奖励，就能很有效地吸引人们前来接种疫苗。[6]对于产生了管窥心态的人来说，在遥远的未来才会发生的奖惩措施，并不会产生多大效用。储蓄计划所提供的慷慨补贴，若只能在几年之后才能领取，那么就等于将储蓄这件事划归到了“重要而非紧急”的事件之列，这样事情就会落到“管子”视野之外，被人无限期地忽略。**为了让激励机制发生作用，人们必须在“管子”视野中看到它的存在。而大多数激励机制都有落在“管子”视野之外的危险，这就等于是无形而无效的。可见，我们需要对激励机制进行精心的设计。**

节省带宽的方法才是好方法

有条件式现金补贴（conditional cash transfers）是为穷人提供救济的一种越来越流行的办法。某人收到的救济金额，取决于他表现出来的良好品行。[7] 研究显示，这种计划可以发挥作用，人们会对现金激励作出回应。但这只是事情的一面。另一方面，许多本可以加入计划的人们，却没能积极地作出回应。

这里存在的问题与之前提到的一样，激励机制落在了人们的“管子”视野之外。现金奖励只有到了未来才能领取，而所需表现出来的良好品行却并非是在“管子”视野中就能看到的。这就引发了另一个问题：就算我们有能力将这些激励机制拉入“管子”视野之内，我们是否应该这样做呢？每一个额外的动机，都会成为带宽的负担。带孩子去体检能获得奖金，但家长们必须要为孩子们预约体检，记住约定下来的时间，腾出时间去医院，还要强迫孩子们去体检（没有哪个小孩喜欢看医生）。做到上述每一步都需要带宽，而且这还只是一种行为。有条件式现金补贴致力于鼓励数十种甚至数百种类似的良好品行，所以仅仅是搞清楚这些激励机制以及所需做出的必要权衡——哪件事值得做，哪件事不值得做，都需要带宽的支持。

我们从来没有扪心自问过：这是否是我们希望穷人使用他们的带宽的方式？我们从来没有在确定哪些行为最值得提倡时，将这么做的成本考虑在内。我们在设计贫困救助计划时，意识到了穷人缺钱的事实，于是就以这一事实为基础展开计划。但却没有想到，穷人除了缺钱以外，还缺带宽。

在我们为穷人提供受教育机会的行动中，尤其深刻地感受到了这一点。在面对许多问题时，我们的第一个反应总是想要针对人们缺乏的技能，为他们提供受教育的机会：针对教育子女的种种问题，我们提供子女养育技能培训；针对财务管理中的种种错误，比如以过高的利率借贷的行为，我们提供财务教育课程；针对缺乏社交技巧的员工，我们提供“软技能”培训。我们将教育看作最温和、最不具侵犯性的解决办法，看作一种最纯粹的善行。但在穷人带宽有限的情况下，教育并非这么简单。无疑，教育是一件好事，但我们对待教育的方式，就好像穷人受教育时并不会为此而付出代价一样。而事实上，带宽需要付出高额的成本：要么就是受教育者本人不会专心致志地接受教育，我们的努力全部白费；要么就是他们会专心地接受教育，但却要为此承受带宽负担。当人们真正专注在培训项目或激励机制上时，其没有关注到的事物是什么？多上这一堂课，是否真的值得他们为此付出本可以用来阅读或陪伴孩子的时间？可见，带宽负担的增加存在着隐性成本。

就算我们坚信提供受教育机会是正确的做法，但也还是有许多种方法可以在达到这一目的的同时让穷人节约使用带宽。经济学家安托瓦内特·施格尔（Antoinette Schoar）与其著作的合著者共同进行的一项研究，对此就有所体现。他们与多米尼加共和国的一家名为 ADOPEM 的小额信贷机构展开合作。[8] 这家机构的客户是开办小商店、美容院、小吃摊等小本生意的商贩，他们通常都不雇用员工。ADOPEM 发现，客户们的账簿总是错误百出，他们对财务知识的掌握并不合格。于是，施格尔与其合著者给出了一个看似简单的解决办法：为这些人提供财务知识方面的培训。施格尔从 ADOPEM 处得到了一套标准的财务知识培训教程，是世界各地针对小微企业主所进行的一般培训内容。她看到这套教程后的第一反应是：我的天呐！太乏味了！（她是麻省理工学院的金融学教授。）完成全部课程的学习需要几周之久，而课程的主要内容还主要偏重于传统的会计技能，主要是教授学员们如何对现金收入和费用支出进行记账，如何进行存货管理、什么是应收账和应付账以及计算利润和投资方法等。

在没有带宽限制的世界中，上述所有知识都是值得学习的。但在现实世界中，施格尔认为，她可以给出更好的解决办法。她请来当地最优秀的一群创业人士，对他们的理财方法进行了研究。这些创业人士并没有学过复杂的会计方法，而他们与那些未能成功创业人士之间的区别就是，他们做到了一件事情：**遵从经验法则。**

> 举例来说，几位小老板会将现金收入放入店中的一部收银机里，还会给自己发放固定数额的薪金。这样，他们就能避免把家里的钱和生意上的钱混在一起，从而搞清楚家里究竟花了多少钱，生意上究竟赚了多少钱。（有些女老板会将一沓钞票放在胸罩左边的罩杯里，另一沓钞票放在右边罩杯里。）虽然这种办法称不上复式记账法，但却十分简单而有效。这种方法既节约了带宽，又保留了记账的绝大部分好处。

施格尔对这些经验法则进行了整理，并以此为基础设计了一套与之前截然不同的“财务教育”课程。她的这套课程时长很短，内容很容易理解。因此，课程内容所需要的带宽也比较少，这一点通过学员出勤率大幅上升这一数据就能感受到。在这一经验法则课程结束时，学员们都非常激动，想要得到更多类似的学习机会。许多人甚至说，他们愿意为了上课而自掏腰包。通常情况下，若想让人们回到财务教育课堂上来，总是要费上一番周折。

学习财务知识所需的带宽减少了，就意味着课堂知识更容易被吸收了，也就意味着授课变得更富有成效了。课后的跟进调查发现，学生们更愿意运用这些经验法则，而非复杂的会计学规则。这种做法也带来了实际利益：经验法则课程班毕业生的业务销售收入有了提升，尤其是在淡季，因为淡季最能体现出良好的管理习惯所带来的好处。平均来看，上过经验法则课程的小微企业主，他们的淡季收入上涨了25%；而传统的财务知识培训，则对实际收入没有任何影响。我们可以清楚地从中了解到：**节约带宽能带来高额回报。**

无论是人们在引导之下做出的权衡与选择、教育手段的设计与布局和激励机制的设立，还是对“无能”的把握，我们都能利用对稀缺心理的理解来根本性地改变社会服务项目的设计方案。当然，任何一种方法都不能够奇迹般地彻底解决贫困问题。贫困问题有着深层次的原因，但把握住稀缺心理以及稀缺心理所导致的行为特征，对提升扶贫措施的实施能起到一定的积极影响。

带宽可以构建

试想你是一位单亲母亲，正同时打两份工。你手头有许多事情需要应对：除了我们讲过的财务问题之外，你还要处理孩子们白天的看护问题，而日托服务的价格又十分昂贵。虽然社会提供了一个享受高额补贴的日托服务项目，但只能接收你的一个孩子，而且关门时间太早，没办法解决你打第二份工的问题。于是，你东拼西凑地想出了一套解决办法：你请母亲帮忙照顾孩子。你要为一个孩子安排放学后从学校到母亲家的路线，为另一个孩子安排从日托所到母亲家的路线。在服务业工作，能照顾孩子的时间取决于主管如何安排你的工作。你的主管人很好，总是尽力帮助你，但工作时间上的变动是不可避免的。

现在，请想象我们为你介绍了一家享受高额补贴的日托服务机构。你具体能从中得到什么？答案就是你不用再往返接送孩子，可以从中节省时间；也可能会省钱，无论是显而显见的（这家机构的价格比之前一家低），还是暗含的（我们将你母亲的时间成本也考虑在内）。但我们还给你提供了另外一样东西，而它比时间和金钱都更为重要——你可以将这样东西应用于许多事情上。以前，你因孩子和工作上的种种安排而烦恼、焦虑、忙不开，并因此消耗了许多带宽。现在，我们会将这部分带宽统统还给你，我们帮你卸下了很大一部分认知负担。我们之前提到过，认知负担一旦减轻，你的执行控制力和自我控制力就会有所改善，养育子女的方法和态度也都会得到提升。你的认知能力会提高，同样获得提高的还有专注力、工作质量和你选择去关注的每一种能力。从这个角度看，在育儿方面提供协助的意义远远超越了帮助本身，因为这种帮助能构建起带宽这种最深层次的人力资本。

一般情况下，专家在评估这类日托服务机构时，只会看到一小部分效果：母亲们是否能工作更长时间？她们迟到的次数是否减少了？但这种眼光未免也太过短浅了。母亲们从中能获得的是，无法量化的大脑自由以及带宽。如果某个项目是成功的，那么其所带来的利益就会体现在许多方面。在所有其他因素相同的情况下，我们能在考察成功项目时，了解到项目对人们心智产生的影响：工作记忆力是否有所增长？冲动控制力和自我控制力是否有所提高？某些对现存服务项目的悲观看法，可能是因为没有认识并考虑到上述影响的存在。如果我们用太过短浅的眼光去看待这些日托服务项目，就会遗漏许多其他方面的好处。如果将所有这些好处均考虑在内，那么成功的服务项目带给人们的就不仅仅是尚可接受的回报。而如果我们不能看到人们最深层次的需求，没有了解这些利益会给人们带来什么样的好处，那么我们就注定会低估其影响力。

除了在照看孩子方面，世界各地都有许多实例可以向我们证实：带宽是可以被构建起来的。首先，我们来看看财务领域。在穷人每日忙于应付的事务中，很大一部分都是为了解决临时出现的生计问题。如果我们能帮助他们解决这些问题，就能为之腾出一部分带宽。而这些问题通常都是“急性”的，需要马上弄到钱才能解决。这种需要一般并非大笔投资，都是小数额的，比如为孩子买校服之类的消费。换种说法就是，穷人最需要的往往是放贷人最容易提供的，即为解决紧急需要而快速借出并偿还的小额现金。但实际上提供给穷人的金融支持，一般都与此恰好相反：谨慎而缓慢地提供中高额贷款。这类贷款在做投资时可能会派上用处，但如果人们忙着解决临时出现的生计问题，就不会有足够的带宽去考虑做投资。这样看来，虽然信誉很高的小额信贷机构为穷人敞开了大门，但他们还是更愿意去找私营的放贷人。

在印度时，我们与 KGFS 这家为农村贫困人群提供全方位金融服务的机构合作，对一种极短期的小额贷款产品进行了测试。测试结果显示，人们对平均不到 10 美元的贷款有着大量需求，而这种结果令我们颇为吃惊。[9] 因为这款金融产品并没有办法帮助客户积累财富，更没有办法将人们变成创业家。表面看来，这一数额也无法让人们的生活发生什么变化。但实际上，它很有可能会取得以上种种成效。

稀缺陷阱的出现就源于不断的救火和管窥心态，源于人们做的事情，在“管子”视野之外都潜藏着需要付出的巨大成本。如果能对此进行改变，我们就能改变贫穷的逻辑根源。

我们也可以去寻找问题的源头。在发展中国家，由于缺乏正式、稳定的雇佣关系，人们的收入总是起伏不定；就算在发达国家，许多低收入职工都要面对收入和薪金的不稳定问题。我们之前了解到，收入的不稳定性是人们被迫杂耍于多项事务之中的主要原因。那么，为什么不试着予以缓解呢？对于全世界的贫困人群来说，若有关部门能够加强对工作可靠性和收入稳定性的关注，就会极大地改变人们的心理状态。

我们还可以走得更远。我们总是倾向于去关注那些较为重大的突发事件，比如医疗费或旱涝保险。无疑，这些事情非常重要。但当人们忙于处理多项事务时，即使很小的突发事件也会产生极其重大的影响。对于一位贫困农民来说，如果牛生病了，那么因为这头牛不能干活而引起的收入减少，就足以将他拖入稀缺陷阱之中。这样看来，我们应该想办法确保贫困人群有能力去抵御这些表面上“微不足道”的突发事件。在美国，如果无法保证统一的工作时长（比如这周你工作 50 个小时，下周就只需工作 30 个小时），那么就会导致人们忙于杂耍，陷入持久的稀缺状态之中。对于穷人来说，工作时长不稳定的问题可能比失业更可怕。因此，一种解决办法就是，创建出类似于失业保险的保障机制。

我们了解到，杂耍时所遇到的以及带着管窥心态所看到的大多数突发事件，其实都是可以预见的。一方面，突然间需要购买肥料的钱，可以算是一件突发事件。另一方面，这种事完全可以被预见。每年都要买肥料，但当你忙着在多项事务间杂耍时，就可能会忘记买肥料这件事情。我们从中可以看到，如果能找到方法为这些突发事件提供缓冲，那么其潜在的价值将会变得非常可贵。其中一种办法是，向穷人提供能构建起储蓄余闲的金融产品。我们可以利用之前讨论过的稀缺管理手段来实现这一点。举例来说，我们可以利用人们的管窥心态，为之提供用来救火的高利息贷款。从“管子”视野中来看，这些贷款非常有吸引力，这样，我们就能帮助人们将同时收取的高额费用储存起来。

更理想的一种方法是，创造出能够预防救火行为的产品。我们了解到，稀缺陷阱和杂耍状态通常都是因为在资源相对充裕时管理不善所造成的。那么，为什么不在资源充裕时提供帮助呢？比如开发出一款金融产品，将农民在收获时赚得的收入进行储蓄，然后再平摊到每个月，从而有效地将一次性收入转换成月收入。这只是诸多方案中的一个例子。从长远来看，我们也为退休财务规划耗费了大量资源。同理，帮助穷人摆脱生活中持续不断的杂耍和救火，也能改变其人生。

上述内容反映了看待贫困问题的一种更为深层次而且与众不同的角度。这个角度不仅关注显而易见的资源和收入稀缺问题，而且也关注不那么容易觉察但同样重要的资源——带宽。针对带宽的研究显示，就连在“正确的时候”给予现金支持这样简单易行的办法，都会为穷人带来相当可观的利益。如果方法正确、时机得当，那么100美元就能为之换来心灵上的平静。而心灵上的平静能让人将许多其他事情做好，避免犯下代价高昂的错误。马拉维的一个现金补助项目显示，现金支持能为低收入成员减少40%的心理负担。[10] 如何在正确的时机提供现金补助以及对其深远的影响进行衡量，针对这些问题的研究，能为以带宽为考虑因素的政策制定提供更多构想。

这就需要我们全新定义扶贫政策。我们应认识到人们许多不同行为之间的内在联系。我们知道，房租、食物和学费都是家庭预算的一部分。现在，我们不应该再继续将教育、医疗、财务和子女养育问题分开来看，而是应该认识到，所有这些因素都是带宽容量的一部分。正如财务负担会让我们的预算不堪重负一样，带宽负担同样也会导致我们无法顾及上述所有因素。相反，对某些瓶颈问题的修复会产生深远的影响——儿童的日托服务提供的不仅仅是日托服务，适时的金融产品也远非未雨绸缪而已。这类协助中的每一种，都能释放带宽，提高智商，强化自我控制力，提高思维清晰度，甚至还能改善睡眠质量。听起来有些牵强？我们可是有实际数据作为佐证的。

扶贫是个长期项目

一直以来，与贫困问题作斗争都是艰苦的历程。各种扶贫项目，要么以失败告终，要么仅获得了部分成效。社会安全保障似乎总会让人产生惰性。在美国，人们一旦落入社会安全保障的救济范围，就注定会一次又一次地回归接受救济的窘境。[11] 实践证实，培训项目的效果也很一般。研究人员对这些培训项目所发挥的作用进行了测评，认为培训项目的投入是值得的，却仍然无法改变贫困问题的发展趋势。改善贫困人民的居住环境，也只能发挥一点点作用。美国进行了一项实验，将数千户家庭从低收入社区迁到了收入水平较高的社区，发现改善居住环境的确能产生一定的作用，主要是能减轻人们的压力并提高其生活质量，但潜在的贫困发展规律却无法得到改变。[12]

其他国家与贫困问题的斗争，结果也是大同小异。为启动小微企业而提供贷款的小额信贷服务，据称有着很强的变革性。虽然小额信贷的影响是积极的，但研究显示，仅凭小额信贷本身很难改变贫困的内在逻辑。[13] 食品补助项目，在儿童学习领域获得了一些成效。教育手段总能搞得风生水起，却仅能带来有限的回报。多年以来，非营利性组织试图通过提供各种周到的扶助措施，以帮助贫困人民解决各种需求和问题。非营利性组织的做法值得赞赏，但同时它们也仅获得了有限的成效。

我们并不是想要对目前的扶贫项目进行批评。毕竟，贫困是一个非常棘手的难题。就算是有限的成效，也值得我们进行社会投入。我们的目的是希望能给出一些建议，将扶贫工作做得更好。每当我们看到那些成效并非十分显著的扶贫项目时，可能就会认为，这些项目所提供的扶助并非人们的真正需求，并不重要。但也许问题并不出在这些项目所提供的扶助内容上，而在于提供扶助的方法。就像第二次世界大战期间的轰炸机驾驶舱一样，也许我们只要通过更加优质的设计，就能提高这些项目的成功率。而更为优质的设计，需要将稀缺心理中所体现的专注力和带宽问题等根本性见解囊括进来。

SCARCITY

WHY HAVING TOO LITTLE MEANS SO MUCH

第9章

如何解决组织中的时间稀缺

时间表排得最满的计划，不是好计划。如果没有构建起余闲，我们就会专注于当下必须完成的工作，预测不到未来可能发生的所有事情。当然，余闲不能太多也不能太少：太多是浪费，太少又不能应对突发事件。只有存在余闲，人们才不会全神贯注在迫近的截止日期上，也会去关注那些重要但并不紧急的任务。

圣约翰医疗中心（St. John's Regional Health Center）是位于密苏里州的一家提供急诊服务的医院。[1]这家医院在手术室的安排和使用上遇到了一些问题。每年，医院里的32间手术室要进行的手术多达3万台，而安排手术室就成了一个难题，因为手术室永远都被排得满满当当的。2002年，手术室的使用率达到了100%。当出现需要紧急医治的患者时，医院不得不将很早以前安排好的手术时间往后推。急诊手术在所有手术中的概率大约为20%。一份研究报告称："由于存在这种现实情况，医生有时要在凌晨两点钟做手术，他们经常会为进行一台两个小时的手术而等待数个小时之久，而员工们也经常会在毫无准备的情况下加班加点地工作。"同时，这份报告也对随后发生的那些令人瞩目的变化进行了总结。

手术量超越了手术室的接纳能力，可谓稀缺的经典案例。显然，圣约翰医疗中心掉进了稀缺陷阱而无法自拔。正因为这种落后于时间表的状态，医院不得不将本已安排好的手术往后推，员工们也因睡眠不足和工作规定而烦恼不已，这些都致使其工作效率的进一步下滑。在这种情况下，重新安排手术的代价会十分高昂。而且，至少从短期来看，重新安排手术的行为会进一步加剧稀缺问题，因为医院又要“浪费”一部分已经不够用的资源在重新安排手术这件事情上。就像是负担过重的人发现完成工作任务的时间太长而想要重新安排时间所带有的顾虑一样，其中一部分原因就在于此人的负担太过繁重，无法想象在这种条件下退后一步重新安排时间的代价——这样做就等于额外增加了一项工作，而且还会消耗时间。

但圣约翰医疗中心必须要想到应对之法。医院管理层从美国医疗卫生改善协会（Institute for Healthcare Improvement）请来了一位顾问。这位顾问没有带着医院每日压力所导致的管窥心态去看待问题，而是换了一种眼光对整件事情进行分析。他给出的解决办法颇为令人惊讶：留下一间手术室待用。圣约翰医疗中心负责普通外科和创伤外科的肯尼斯·拉森（Kenneth Larson）医生后来在回忆当初自己的想法时这样说道：“我们已经很忙了，他们还要拿走我们的东西。简直是疯了。”

但是，这一建议背后存在着深刻的内存逻辑，对稀缺管理有着指导性意义。从表面来看，圣约翰医疗中心缺乏的是手术室——不管如何重新安排手术，都没有办法解决这个问题。但如果你看到了问题的深层次原因就会发现，医院所缺乏的是另一种东西。医院的手术可以分为两种：计划之中的和计划之外的。目前，计划之中的手术已经占满了所有手术室；计划之外的手术一旦出现（而且肯定会出现），医院就需要对现有的手术时间表进行修改。为了解决急诊手术问题而将计划之中的手术改期，需要付出一定的成本：一部分成本是经济账，比如加班费；一部分成本是医疗账，因为工作人员可能会出现医疗失误；还有一部分成本是效率账——让员工在没有准备的情况下加班到很晚，效率一定不会高，而且他们在加班状态下肯定不会表现出最佳状态，每台手术的时间都会比前一台更长。

如果没有因急诊手术而导致的重新安排，每个人都能在指定的时间内做好工作，以更高的效率完成计划内的任务，那么手术室的数量就足以容纳所有手术。因此，手术室的稀缺，并非真的是医院缺乏做手术的空间，而是因为其没有能力用现有的手术室来处理急诊手术。这种情况与负债累累的穷人十分相仿，因为穷人如果能安安稳稳地在没有突发事件的情况下使用自己的金钱，那么就完全能够过得更好一些。但事实是，他们的大部分钱都用来还债了。问题不仅在于手头的钱少，而且也在于很大一部分金钱要用来偿还之前未还的账目。在圣约翰医疗中心的案例中，问题不是医院的手术室数量太过“贫乏”，而是当急诊手术突然出现时，紧张的手术室不仅要用来接纳这些急诊手术，还要用来弥补那些为此而延后的手术。

领导这次行动的急救中心副总裁克里斯蒂·登普西（Christy Dempsey）称：“每个人都认为，因为无法对计划外临时出现的急诊手术进行预期，所以将一间手术室独立出来专门处理这些‘临时增加’的手术，就是对空间的浪费。”其实，“计划外”或“预期外”手术的说法，存在一定的误导性。这种说法意味着，这些急诊手术的发生是无法被预测的。虽然每一次急诊手术的发生都无法被提前知晓，但这类手术存在的事实是完全可以被预测的，就像那些将穷人或繁忙之人一举击垮的突发事件一样。“预期外”手术出现的规律很稳定。那么，为什么不将一间手术室专门开辟为计划外手术之用呢？这样一来，其他所有手术室就都能顺顺利利地排满日程，不受突发手术的影响，而所有计划外手术则全部被归入了一间特别设立的手术室。

毫无疑问，这种方法发挥了实际成效。

> 医院意识到改变带来的好处后，也发现了随之而来的一些新变化。医生们开始将手术尽量安排在每周更早一些的时候，以便手术后的查房不赶在周末。因为如果手术后查房总是在周末，就会导致非急需施行的手术时间分配不均。没有了急诊手术的蛊惑，这种不

均衡现象就会变得明显起来。没过多久，圣约翰医疗中心就开始将非急需实施的手术平摊到整周的时间里，随之发生的是更多的改善。[2]

稀缺实验室
SCARCITY

一间手术室专门用来接纳急诊手术之后，医院的手术接诊率立刻上升了5.1%。每天下午3点之后进行的手术数量下降了45%，医院的收入也出现了增长。实验仅进行了一个月，医院就将这种操作方法纳入了正规流程。随后的两年间，医院的手术接诊量分别上涨了7%和11%。

余闲的重要作用

圣约翰医疗中心的例子，反映了稀缺陷阱的基本特点。医院手术室的缺乏，实际上就是余闲的缺乏。许多系统的正常运转，都以余闲的存在为前提。[3]过去的卷带式磁带录音机，需要额外多放一节磁带，以确保整段磁带不会被扯断；咖啡研磨机如果装得太满，也不会正常工作；道路在占用率为70%时达到最佳运转状态，堵车就是因为缺乏余闲。理论上，如果道路占用率为85%，所有车辆又均能保持同样的速度匀速前进，那么车辆之间还是能轻松地留下一点空间的。但如果一位司机踩了一下油门后紧跟着又是一脚刹车，那么这位司机后面的每辆车的司机就都要踩刹车。这样，这些车的速度就会全部降下来，而提速远比减速难。又或者，某辆车稍稍偏离了正确的前进速度，然后刹了下车，这么一桩小小的突发事件就会导致交通速度的大幅下降。如果再多出这么几起突发事件，整个路面就会陷入瘫痪状态。道路占用率为85%时，虽然道路的面积足够多，但却没有充裕的余闲去吸收小型突发事件。

就算是那些深谋远虑的人，也常常会低估余闲的重要性。

试想你曾雇用过一位非常出色的助理，他总是时刻准备着去做你安排下去的事情。就算是你临时告知的事情，他也能精神饱满、情绪高昂地完成。但后来，一位管理顾问发现，你的助理拥有许多可随意支配的自由时间。所以，公司的各部门进行了重组，现在，你要与其他两个人共用同一位助理。办公室的时间使用数据显示，这种做法更为高效，而助理的时间也排得和你一样紧。如今，你的临时事务无法再得到即刻处理。这就意味着，你的日程安排是满满当当的，而只消一个不起眼的突发事件，就能让你落后。落后的你，开始用杂耍的心态去应付各项事务，于是变得更加落后。可见，助理是余闲的重要来源：在你的所有时间都被占满的情况下，助理可以帮助你处理“突发事件”。就像圣约翰医疗中心空出的一间手术室一样，余闲没有得到充分的“利用”，也自然无法保证其在关键时刻能发挥价值。

面对太多等待去做的事情，人的第一反应就是将时间表排得尽可能得紧凑，以便将所有事情都安排进去。如果你安排得不够紧凑，就会感觉好像没有尽力去做事情一样。当效率专家发现员工们没有得到充分利用时，总会敦促他们“更有效率”地利用时间，但这样做就意味着他们会丢掉余闲。[4]时间表排得很满时，如果因交通堵塞而耽误在路上，就会将所有安排全盘打乱，而交通堵塞对一般人来说不过是有点心烦罢了，不会真的误事。你因为交通堵塞，而在一号会议上迟到。因为一号会议和二号会议之间没有预留时间，所以二号会议你也无法准时出席。继而，三号任务也受到了影响。最后，你束手无策，只得将当天日程表中的一项任务推迟到第二天去做，可第二天的日程表也安排得相当“高效”，于是乎，一项任务的推迟最终让你付出了高昂的代价。听起来似曾相识？没错。因为你也是这样低估余闲的价值的。最不起眼的小差错都会酿成你无力承担的重大责任，将明天的预算提前借用到今天，是要付出昂贵的代价的。

我们之所以没有能力构建起余闲，是因为专注于当下必须完成的工作，预测不到未来可能发生的所有事情。当下的工作迫近而清晰，而未来的可能性并不给人以紧迫感，也难以想象。当无形的未来与具体的当下产生冲突时，余闲就成了奢侈品，这就是你觉得自己没有资格去挥霍的原因。那么，你应该怎么做？你是不是要在时间太少、任务太重的情况下，还刻意在日程安排上留下空白，比如周一到周三的下午 3 ~ 4 点钟，以此来预防意料之外事件的发生？答案是肯定的。同理，原本 30 分钟就能赶到的地方，你应该预留出 40 分钟；在每个月的家庭开支之外，你也应该存点钱，以备不时之需。面对稀缺的威胁时，余闲是必需品，而我们却总是不能将其列入计划之内。很大一部分原因在于，稀缺令我们很难预留出余闲。

余闲，不能太多也不能太少

余闲的处理失当，不仅与个人有关，与组织也有着密不可分的关系。20 世纪七八十年代早期，一种观点认为许多公司太过于“臃肿”。[5] 某些行业拥有的现金太过充裕，致使主管人员挥霍无度。在房地产和商业并购交易上，他们支付的价钱远超实际价值，从不讨价还价，对预算的底线也毫不在意。乱花钱的结果就是，有些石油公司的市值比他们拥有的石油价值还要低。（市场假定，这些公司只会浪费自身的资产。）20 世纪 80 年代的融资收购风潮，其初衷正是为了解决这一问题。风潮背后的逻辑很简单：收购这些公司，然后使其陷入债务压力。将这些公司从资源充裕的状态转化到稀缺状态。债务所带来的惩戒（即我们所谓的稀缺引发的关注力）会改善公司的绩效。主管们会因此开始投入关注，在花钱时更加谨慎，并为公司带来更高的收益。

事实上，大量实证研究显示，融资收购虽然饱受争议，但的确能提高公司的业绩。[6] 一个原因在于，公司的“赘肉”加剧了职业经理人所面临的激励问题的严重性。他们之所以乱花钱，是因为他们花的是别人的钱。这种“赘肉”实际上就是让管理层挥霍享受的天降横财，但从股东的角度来看，这种享受对公司的发展毫无益处。通过融资手段减少“赘肉”，职业经理人就能在花钱时更加明智。

由于稀缺心理的存在，融资还有另外一个作用。公司实现精益化、节约化背后的原因，与截止日期能提高生产力、低收入旅客更了解出租车费的道理相同。**职业经理人需要时刻保持高度警惕，努力降低成本，提升认知能力。他们必须要与供应商进行艰苦的谈判，仔细检查每一个细节，以确定每笔支出是否必要。**这种专注力在稀缺状态下是自然而然的，而在资源充裕的情况下则相对困难。就算在民营企业，职业经理人自掏腰包时，如果现金充裕，他们还是会花钱大手大脚的。

正如我们所了解的一样，余闲既是一种浪费，也能带来收益。采取精简措施时，我们很难将真正的浪费从有用的余闲中剔除出去。事实上，在融资并购风潮过后，许多公司都被逼到了破产边缘。[7] 面对这种现实，公司主管们产生了管窥心态。如果说人们在 20 世纪 80 年代习得了企业精简的经验教训，那么 21 世纪则给人们在管理目光短浅带来的危险方面上了一课。不过，两者之间也存在着某种联系：如果太过精简——削除了太多余闲，那么经理人就只能用按揭未来的手段来弥补当下的青黄不接。

4.45倍！火星探测器的教训

1998 年 12 月，美国国家航空航天局（NASA）将火星探测器发射升空。[8] 火星任务负载着人类数百年来对这个星球的向往。火星与我们的距离如此之近，体积与地球非常相似（就连一天的时间长短都差不多），虽然存在生命的可能性不大，但却很想让人一探究竟。探测器本身不太可能取得什么重大发现，但它起到了先锋作用，能为将来载人登陆火星的任务提供宝贵数据。火星探测器的发射，是这项价值 1.25 亿美元项目的顶点，是专家们数万个小时辛勤努力的成果。发射升空后，火星探测器按计划进入了临近火星的固定轨道，在那里执行数据搜集工作。

将卫星置于某个行星的固定轨道，是一项颇为棘手的工作。卫星越接近行星，重力作用就会越大，越有可能会被吸进去。如果卫星速度过慢，重力作用就会令其坠毁于行星表面；而如果卫星速度过快，重力作用就会变弱，则会导致卫星在行星周围逆方向滑行。只有在正确的速度和角度上，重力作用才能够刚好将卫星安置于固定轨道上。可以想象，确定恰当的速度，需要极为复杂而精密的计算工作。随着探测器接近火星，点燃反向推进器的任务就变得紧急起来（以便将速度降下来），而减速的时机和尺度又要能恰好让探测器落入火星轨道之中。信号从地球传到火星需要 10 分钟，因此所有程序都要事先被安装好。地面控制人员能做的，只有等待和（延时）倾听。所幸，寂静的宇宙空间并不会出现什么意外。天体物理学的计算结果非常精准，是地球上的工程师们所望尘莫及的。

1999 年 9 月 23 日，火星探测器发射升空 9 个半月后，终于到达了火星，开始执行进入程序。执行程序时，探测器位于火星背面，这种位置关系会致使地面和卫星失联几分钟。但随后，真正的麻烦出现了：时间一秒秒地过去，按计划探测器早就应该重新绕到火星前面,但地面人员却收不到卫星的任何信号。人们的希望也随着时间的流逝而泯灭。最终，地面工作人员只得假定火星探测器已经坠毁。

如此重大的事故发生后，必然要进行详尽的调查。究竟发生了什么？为什么 NASA 将之定性为坠毁事故？如果事前做了哪些工作，就有可能避免事故的发生？应该将责任归咎于谁？故障，尤其是复杂系统的故障，通常存在许多方面的原因。而在这场事故中，罪魁祸首既有很高的报导价值，又非常显而易见。真正的元凶在于，反向推进器的“火力”太过强劲。但最值得深思的是，反向推进器点火的级别——NASA 计算出来的点火期望值与实际值的比率，是一个为人所熟知的奇特数字：4.45。这个数字是公制与英制换算时的系数。所以，令人难堪的错误很快就浮出了水面。

火星探测器这种卫星通常是由几家分包商逐块完成的。负责制造推进器的公司，以英制的磅为单位理解接收到的数据；而负责制造中央处理器的另一家公司，则以公制的牛顿为单位发送数据。所以，每次处理器发出“X”时，推进器制造商都将之理解为“4.45 倍的 X”。（比如处理器发出的数据为 10，意思就是 10 牛顿，但推进器却将之理解为 10 磅，相当于 44.5 牛顿。）结果，探测器减速过度，没能逃过火星引力的吸附。对于如此规模的项目来说，这种荒唐的错误不仅可笑，更会带来严重的后果。

失误是无可避免的，NASA 的工程师当然了解这一点。这就是为什么在火星探测器发射前他们要进行数不清的检验和测试工作的原因。那么，究竟发生了什么？原来，在探测器发射之前的几个月，喷射推进实验室的整个团队都落后于工作进度一大截。实验室的人手太少，无法将关注力全部投入项目细节中，等他们发现问题时，已经太晚了。每个人的工作进度都落在时间表之后，而处于救火状态的公司，总是会为新项目分配小团队——大部人马都在忙着扑救最近的一场大火。而航空航天领域的工程师们所面对的截止日期是确定的，不像其他行业那样可以往后推。天体轨道决定了发射日期、火星和其他天体的位置，只能给卫星发射留下很短的窗口期。在天文日历问题上讨价还价根本是不可能的。

迫近的截止日期使得工程师们只能加班加点地赶工，同时也使他们产生了管窥心态。人们专注的问题是，确保发射日期前完成所有工作。与此目标没有直接关系的事项，全部被搁置下来。而事实证明，这些事项后来也没有人再去过问。4.45 的错误，就这样发生了。在发射之前，工程师们自身搜集到的数据就表现出了一些不对劲——他们注意到了前后不一致的现象，但要想找到原因，就意味着庞杂的待办事项中会再平添一项。他们还没有去做的事情太多了，不是每件事情都能做到。对明显的前后不一致进行源头追溯，就是给自己多增加一份新任务。另一件受牵连的事项，就是推进器和处理器的联合模拟。如果在发射之前进行了联合模拟，就能使问题直接地暴露出来。为了赶时间，团队牺牲了常规的检查与测试，忽略了提示问题可能存在的信号。现在，我们能清楚地看到，悲剧就是由管窥心态所引发的，而这种关联具有紧密的逻辑关系。

这并非事后之见。一份于坠毁发生之前被提交的 NASA 喷射推进实验室报告，就反映出了问题的关键。报告显示，项目一开始的落后（可能是由于人手不够），会导致团队在遇到问题时选择走捷径。团队成员每天都要加班加点，错误肯定会存在。最初的落后会导致更多的低效现象。而更严重的是，关键的监测也会被忽略，因为这些活动在当时看来根本没有那么紧迫。显然，这份报告预见了导致力学单位混淆和坠毁事故的工作模式。

这不仅仅是落后于工作进度表所引发的征兆。火星探测器事故调查人员在完成技术分析之后，转而继续去寻找事故的组织因素。他们发现，其中一个原因就是，NASA 之前一直标榜的是“更快、更好、更廉价”的口号。这一口号将重点放在了成本节约和进度缩减上。正是这种工作作风，致使团队工作的时间出现短缺，并产生了管窥心态。之后，工作人员便开始有意识地忽略一些事项。在火星探测器的案例中，工程师们忽略的是关键的检测，因为这些检测虽然重要，但并不紧急。当时，工程师们手头最紧迫的任务就是将探测器准时发射升空，考虑到这项任务的紧迫程度，检测工作就只能靠边站了。

用余闲对抗救火陷阱

圣约翰医疗中心和NASA都掉进了救火陷阱中。组织学专家罗格·博恩（Roger Bohn）和拉姆钱德拉·贾库玛（Ramchandran Jaikumar）认为，[9]救火型组织有几条共同特征：第一，这种组织"问题太多，时间不够"；第二，这种组织会解决紧迫问题，但对于非紧急事务，无论其重要性有多高，都会被搁置；第三，这种行为会导致层叠效应，致使要去完成的工作量变得越来越大。简而言之，它们的时间都用在扑救最迫近的火灾上了，而四处又会不时地冒出新的火焰，因为没有人采取预防火灾的措施。在圣约翰医疗中心，外科医生们都忙着处理急诊患者，无法腾出时间去审视病人群体的结构；在NASA，工程师们都忙着在截止日期之前完成每一个部件的准备工作，却没有去研究这些部件是否能融为一体。可见，救火陷阱是稀缺陷阱的一个特例。

> 一项为期5年的研究以4家美国顶尖制造公司为研究对象，期间记录了许多次救火事件。就像一位经理人讲到的一样："看一看我们在传统项目上的资源分配就会发现，我们总是起步迟缓，无法将工作人员快速安排到项目团队中……之后，我们又会在项目上投入大量人力……在项目启动之时，资源分配达到了顶峰。"[10]研究人员在多年研究的基础上给出了如下总结："现今关于研发管理的讨论中，最为司空见惯的话题就是，工作量超负荷的工程团队会在项目启动前的最后阶段没日没夜地赶工。"

救火不仅仅会导致失误，而且还会导致完全可以被预见的失误类型：重要但并不紧急的任务会被人们所忽略。顾名思义，救火行为就是忙着去扑救最紧急的问题（火灾），其他问题，无论重要性有多高，都会被最紧急的事务所掩盖（赶赴火灾现场时不系安全带）。结构性问题很重要，但却可以等待，于是就永远被搁置了。微软公司发布Windows 2000软件时，已知的漏洞有

28 000 个。[11] 项目团队知道他们推出的产品存在许多问题，但他们已经落后于产品发布的最后期限了。结果，他们立即开始投身于第一个补丁的研制，以修正产品发布时已知的所有漏洞。此时，关于新漏洞的报告已经开始源源不断地出现，而团队还在修补之前的问题。

救火陷阱意味着大量的杂耍。你全神贯注在迫近的截止日期上，当终于完成手头的工作时，才突然意识到，下一个项目马上也要到期了。我们很多人都曾经有过这种切身经历，凭直觉就能知道，救火陷阱之所以是“陷阱”，其原因与稀缺陷阱相同——只要开始救火，就很难毫发无伤地走出火灾现场。当团队在一项早该完成的工作上疯狂赶工时，下一项任务的起步就必然会被延迟，而落后就意味着团队成员同样要去扑救下一项任务的火势，并从此一直落后下去。[12]

在了解了稀缺的内在逻辑之后，我们就能明白：余闲能降低我们进入救火陷阱的概率。而我们也知道，管窥心态会令人很容易忽略其他考虑因素。**对组织而言，有一种解决办法就是，对余闲进行明确的管理，确保余闲的存在。**从银行管理风险的教训中，我们能更深刻地领悟到这一点。一直以来，银行都深知抱着管窥心态看待账目底线的经理，没有办法充分地将风险因素考虑在内。2008 年金融危机证实，这种认识太过保守。最近，许多银行都引入了“首席风险官”（Chief Risk Officers，CRO）这一职位。首席风险官与管理团队的其他成员相互独立，直接向 CEO 汇报工作。他们会用风险评估的眼光，去审批金融产品、贷款和其他交易。这一职能与其他银行家不同，许多银行经理人都专注于（用管窥心态看待）最具吸引力的交易，总是想赚到最多的利润，实现最大的销售目标；而首席风险官的唯一目标就是，监管风险。

组织“赘肉”一点一点地被削掉，随之一同被带走的，还有余闲。在这种情况下，组织很希望能拥有一位干将，不是整天想着如何将一分钱掰成两半花，而是能超脱于每日的管窥心态，确保组织拥有足够的余闲。他所关注的问题，不是今天需要完成什么工作，而是明天可能会出现什么样的突发事件，而

这些突发事件又会如何影响紧张的工作计划。一定要有这样一个人，他的存在，能够保证专注于当下工作目标的人们，不会向未来的项目借用资源，并因此耗尽余闲，将组织拉入未来的带宽陷阱。

亨利·福特的时间管理智慧

> 真正有效率的劳动者，不会整天马不停蹄地工作，而是闲庭信步般轻松愉悦地处理事务。[13]
>
> ——亨利·戴维·梭罗

NASA 的故事中，还有另一点值得我们学习。喷气推进实验室的工作人员刚开始落后于计划的进度时，管理人员做了绝大多数管理者都会做的事——他们延长了工作时间。他们看到了时间的稀缺——火星探测器马上就要发射了，只好用更多的时间解决问题。这是人们应对时间稀缺的一种惯常方法。项目落后于进度了？那就在项目里多安排几个人，以解决问题。如果组织内部能灵活调遣的员工数量有限，时间很紧迫，而聘请、培训新人又是件很花时间的事，那么就不妨在新员工入职之前，让现有的项目组成员加班加点。表面看来，这似乎是显而易见的解决办法，是在拥有定量资源的前提下取得更多成果的最简单的途径，但是，如此的应对手段，并非最明智的做法。因为这种做法只认识到了"完成项目所需时间"这一种形式的稀缺，而忽略了另一种形式的稀缺——带宽，完全忽视了被削弱了的带宽对工作成绩造成的负面影响。

我们以手机的使用为例。美国现在有 10 个州禁止开车时使用手持电话。[14] 该规定颇有道理，其他州早晚也会效仿。毕竟，在只有一只手掌握方向盘的情况下，我们的驾驶效率和反应速度肯定会有所下降。但同时，这里也隐含着一个重要假设，即手持手机打电话的司机比正常驾驶的司机更容易出交通事故。[15] 但事实上，用蓝牙耳机打电话的司机也同样难逃厄运。[16] 问题其实并不出在手上，而出在大脑中。一项模拟研究证实，使用非手持电话通话的司机，他们闯的红灯数量，是不打电话司机的两倍多。[17] 我们总是自然而然地认为，驾驶是一项体力劳动，但安全驾驶需要的不仅仅是两只手而已，更需要带宽的支持。

我们在安排时间时，也总是会忽略带宽。我们自然而然想到的是，完成待办事项所需要的时间，而非完成这些事项所需要或占用的带宽。请想一想实验室的工程师们在卫星探测器发射日期迫近的压力下，是如何对存在的问题作出回应的——他们针对这些问题，投入了更多的工时。但这样做并不能提供更多的带宽，而且很有可能的一种情况是，虽然工作时间变长了，但疲劳不堪的工程师们在工作上投入的总带宽却变少了。

> 大约一个世纪之前，亨利·福特（Henry Ford）就认识到了工作时长与带宽之间的关系。他为工人定下了每周40个小时的工时规定，不仅是出于利润方面的考虑，而且也饱含了人文主义情怀。[18] 而他进行的为期12年之久的实验，其结果明确显示，将工作日的工作时间从10个小时缩短到8个小时，将每周的工作天数从6天减少到5天，既能增加工人的总产出，又能减少企业的生产成本。福特积极宣扬缩短工作周能为社会带来的益处，坚定地认为增加工人的消费时间对所有人都是一件好事。而他的看法中最核心的一点就是，缩短工作时长能带来更多产出。

若想找到福特实验的原始数据，难度会比较大。但自从福特实验之后的一个世纪以来，学者们发起了几项类似的研究。其中一项是以建筑项目为研究对象，其结果显示：每周工作时间在60个小时以上，持续超过两个月时，员工由此累积形成的生产力下降，会导致完工日期的拖延；而同样规模的工程团队，如果每周工作40个小时，则能按时完工。[19] 在与建筑行业搭不上边的软件业，一位软件开发师注意到，当他的员工刚开始一周工作60个小时时，前几周时间总是能比以前完成更多的工作。但从第 5 周开始，员工们能完成的工作量，会比他们每周工作 40 个小时的时候少得多。[20]

另一项研究以医院的胸心外科诊室为对象，调查的是随着每位医护人员接待患者数量的增多而产生的现象。[21] 同样，短期来看，单人接待更多患者会实现生产力的提高，医生也能以更快的速度治疗患者。但这样做是要付出代价的：在忙着处理病人的时候，医生会疏忽大意。为了能更快地诊治更多患者，医生的诊疗质量会下降。由此，患者的死亡率就会上升。而事实上，就连短期所见的好处也不能持久——工作量的持续增加，最终会导致管理每一位患者所用的时间也都有所延长。

超时工作对生产力的负面影响，同样能表现在其他方面。下面是一位研究人员对创新的论述。

> 每次面试结束时，我都会向面试者提问："如果你突然间变得无所不能，那么首先会在自己所在的组织中采取什么样的做法来鼓励创新？"截至目前，最常见的答案就是时间。但给出答案的人们还会对时间有所明确，他们不需要同样类型的更多时间，而需要更多的非结构化时间，或者没有具体的产出或流程与之相对应的时间。常务董事所渴望得到的东西，最能生动地体现这一点："玩乐的时间……凝视窗外的时间……让事情尘埃落定的时间……观察、理解和作出反应的时间。"[22]

从某种角度来看，这并不新奇。因为我们的身体会疲劳，需要休息。同样，心智资源也会耗竭，需要恢复。而稀缺的长期存在，则会导致带宽负担越积越重。为了对这一机制加深了解，我们不妨以睡眠为例。时间稀缺的人，每天都工作很多个小时——他们总是想要在一天有限的时间里尽可能多地做一点事。他们会忽略问题，遇到了就打个"补丁"了事。睡眠就是受到影响的一大因素：当时间不够用时，人们就会选择少睡点觉，多工作几个小时。但事实上，睡眠对生产力的影响非常惊人：科学研究多次证实，睡眠不足的员工，其积极性会变得更低，犯的错误会变得更多，而且还经常会出现头昏脑涨的现象。[23]一项研究对夏令时的起止进行了调查，结果就真实地反映了这一点。因为时间的变化，人们晚上会出现失眠问题。在失眠的夜晚，人们每个小时花在网上闲逛的时间就会多出 20%。[24]而这只是一个晚上，长期睡眠不足所累积的效应会变得更加严重。随着工作时间越来越长，睡眠时间越来越少，生产力最终会一落千丈。

然而，大多数公司依然会去对工作时长进行管理，而非对带宽进行管理。一支研究团队曾针对一位 38 岁、已婚、有 4 个孩子的大型会计师事务所合伙人做出了如下描述：

> 一年前我们认识他时，他每天工作 12 ~ 14 个小时，总是感到精疲力竭，觉得自己很难在晚间时光全心投入与家人的交流，并因此感到愧疚和难过。他的睡眠质量很差，没有时间锻炼身体，很少吃健康食品，总是随便买点什么在路上边走边吃，或是坐在办公桌旁边工作边进餐。他的经历并没有什么特别之处——许多人都用延长工作时间的方式来应对工作上不断增加的压力和需求。但是，这种做法会不可避免地使我们在身体、精神和情感上遭受负面影响，而这又会导致员工的工作积极性下降、分心度提高、离职率增长和医疗费大幅上升。[25]

这支研究团队尝试了一个叫作“能量管理”的实验项目，项目包括工作间歇外出散步，将关注点集中在睡眠等重要因素上等。[26]在研究过程中，他们发现，12 家银行的 106 位员工在多项绩效参数上都有所提升。乍听起来，我们也许会觉得能量管理与绩效提高之间的联系有些牵强附会。但这与我们管理自己身体的方式又有什么不一样呢？为了避免重复性劳损，经常使用计算机的员工要进行强制性的休息；为了缓解计算机视觉综合征，专业人士建议人们每工作 20 分钟就转头看向别处 20 秒钟，让眼睛得到休息。[27] 从这一点来看，认知系统其实与我们的身体系统并无太大差别。

我们从中领悟到的更深层次的信息就是，**虽然稀缺会给我们带来很大压力，但我们依然需要专注于能量管理和带宽培养**。增加工作时长、让员工更加卖命地干活和放弃度假机会等，都是管窥心态的表现。就像以高利率借钱的行为一样，这些行为都忽略了长期后果。精神病学家做出的报告称，越来越多表现出急性应激症状的患者都“将自己逼到了极限，甚至超越了极限，没有一点儿余地，生活中没有一点儿空间能用来休息、放松和反省”。[28] 无论是一周工作 40 个小时，还是工作 50 个小时、60 个小时，都无法产生任何神奇的效果。但让自己暂时换换脑子休息一下，却非常重要。**因为真正重要的是，将有效的带宽最大化，而非将工作的小时数最大化。**

当然，从救火行为到带宽维护的失败，所有这些错误都是个人问题。每个人都有可能会犯下这种错误，但组织却有可能将这些问题放大。当团队中的一位成员开始落后，或进入救火模式时，就会加剧团队中其他成员感受到的稀缺。当一个人的带宽产生了负担，特别是沉重的负担时，他所做出的一系列拙劣决策，就会导致更为严重的稀缺，继而为他人的带宽增加负担。组织很有可能会产生一种多米诺骨牌管理效应，每一位个体成员都会将整个团队拉向陷阱，使带宽锐减。不过，组织同样可以富有洞察力，以创建出一种环境，使管理稀缺的挑战更容易获得成功。

“红花”日本料理的启示

青木广彰（Hiroaki Aoki）与许多美国创业者一样，有着一段狂野的青春岁月。20 世纪 50 年代，他生活在日本，还是一名放荡不羁的少年。在学校，他向同学们贩卖黄色录像带，还创建了一支名为“劲歌之声”（Rowdy Sounds）的摇滚乐队。同时，他也表现出了严谨的一面。他是一位轻量级摔跤选手，通过艰苦不懈的努力，赢得了参加1960年夏季奥运会的资格，获得了去美国读大学的体育奖学金，并最终赢得了轻量级摔跤奖牌，在摔跤名人榜上有了自己的一席之地。随着日渐成熟，他将丰富的创造力、充沛的精力和勤奋努力的精神转移到了商业领域。在摔跤比赛的间歇，他获得了餐饮管理的准学士学位，还利用闲暇时间在纽约哈林区开着冰激凌卡车四处兜揽生意。[29]

青木广彰最为成功的创业史，也经历了从无到有的过程。利用从冰激凌买卖中赚到的10 000美元，他开办了一家名为“红花”的日本牛排馆。餐厅的位置在纽约城的西56街。最初几年，生意起起落落，但餐厅慢慢因美味的食物和特别的气氛而吸引了越来越多的客人，最终成了名人的聚集所。（穆罕默德·阿里［Muhammad Ali］和甲壳虫乐队的成员都在那里用过餐。）青木广彰利用第一家餐厅的成功，将红花品牌扩展成了连锁店，一开始在纽约城开办，后来推广到了全美乃至全世界。如今，红花日本料理已经遍及全世界17个国家。2008年，青木广彰与世长辞，而据估计，他的商业帝国价值上亿美元。他的个人色彩十分鲜明，与其赫赫大名并存的，还有其生父确认诉讼、家族内诉讼、一大堆古董车、许多稀奇古怪的癖好，还有富有民族色彩、略带神秘感的连锁店名字的由来（第二次世界大战期间美国轰炸东京时，青木的父亲在废墟中看到了一朵红花）。

每个去过红花日本料理的人，都能感受到这家餐厅的独特之处。厨师们会在你面前为你烹饪菜肴，而事实上，“烹饪”一词远不能形容厨师们的精湛技艺。红花日本料理的厨师们简直堪称艺术大师：刀具在空中飞舞，用小铲将食物直接抛向你的盘中，还能创造出洋葱圈火山！只有在红花餐厅，一餐的结束才会以掌声收场。如果在YouTube上搜索“红花”或“日本烤肉厨师”，就能看到与之相关的数百段视频，点击量数以万计，其中展示了烹饪技艺的精妙。所有这些，都间接地为红花日本料理的成功做出了贡献。青木广彰做到的，远非创造出了一点点娱乐效应而已。他深刻地理解了餐饮行业所面临的稀缺问题，并且想出了解决之道。

人们总是认为，餐厅的制胜法宝就是菜品、装潢和服务。毕竟，我们作为客人所体验到的，无非也就是这些。但我们都知道，有些在这些方面表现得非常不错的餐厅还是无法逃脱倒闭的命运。让客人走进门来，并不能确保餐厅的成功。驱动餐厅盈利的，是枯燥乏味的物流和运营决策。餐厅所面临的问题在于，大多数成本都是固定的。当然，餐厅要将钱花在食物上，但原料的成本并没有日常开销那么多。日常开销一般包括员工的工资、店面的租金、电费、保险等。无论你是给一大群客人服务，还是只有零星几位客人，日常开销的总数都不会有太大出入。因此，做生意就是要想办法捞“油水”。当收入的数额能够抵消固定成本之后，剩余部分中很大一块就可以被直接划入收益。如此看来，我们就能算出一笔很有意思的账。繁忙的周六晚间，如果有 3 个座位，那么这 3 个座位的收益能力就远远不只超过两个座位的 50% 而已。如果两个座位就能抵消固定成本，还能给你留下一点点收益，那么第 3 个座位就是“油水”——从第 3 个座位处赚到的收入，基本上全是利润。

青木意识到，餐饮行业真正稀缺的是座位资源。作为管理者，你能在餐厅中摆放多少座位？如果能布置更多的餐桌，就能有更多的座位。如果每张餐桌能容纳更多人，就能有更多的座位。如果能以更快的速度实现餐桌食客的周转，每天晚上每张餐桌招待 4 轮客人而非 3 轮，那么也就意味着更多的座位。

红花日本料理上演的厨艺表演，实际上是解决稀缺问题的一种非常聪明的办法。厨师的表演，需要食客们坐在公用餐桌边观赏。供 8 人进餐的公用餐桌，就能更加有效地容纳客人。如果 4 人同去用餐，就不用等待临近的两对人用餐结束。有了公用餐桌，只要让客人彼此挨着坐下就好。4 人餐桌，不过是一张桌子周围摆放 4 把椅子。而且，红花日本料理的翻桌率也变得更高了。厨师在你面前上演的厨艺精妙绝伦，而且动作麻利。你走进餐厅找个座位坐下，厨师就会站在中间时刻待命。菜单十分简洁，点菜的时间也有限制。然后，厨师会欢快地一步步将菜肴为你烹饪好，将食物抛向你的盘中。你必须很快吃完，因为这样才能看到下一道即将抛向你盘中的菜是怎样做好的。就连甜点冰激凌也是怀着让客人快速吃完的心机而设计的，因为在红花日本料理这样的开放式烹饪环境中，冰激凌很快就会融化。烹饪表演结束时，厨师鞠躬，客人鼓掌，用餐结束。之后你还想做什么，继续坐在座位上咬筷子？厨师就站在那里，一切结束，服务员早已将桌子清理干净，其他人也都准备离开，在这种情况下，实在没有人愿意磨蹭。而这就意味着红花日本料理每晚从每张桌子上能赚到更多钱。有人估计，红花日本料理与其他餐厅相比，每 1 美元收入中的盈利都要多出 10 美分。[30]

“舍维斯”的餐桌管理经验

除了精心设计的餐点以外，红花日本料理的案例还为许多组织提供了重要的借鉴经验。就算商业组织拥有足够的洞察力，能够识别出哪些才是真正稀缺的资源，也常常无法真正理解稀缺管理的复杂性以及做好稀缺管理所能带来的利益。

谢里尔·吉姆斯（Sheryl Kimes）是康奈尔大学的运营研究专家，她曾为一家名为“舍维斯”的连锁墨西哥餐厅提供咨询，帮助其改善盈利能力。[31]首先，她与餐厅员工交谈，以便更好地了解餐厅当前面临的挑战。其中一个问题显现了出来，那就是排队问题。从某种角度讲，餐厅门口排起长龙是一件好事，因为这说明餐厅的生意很红火。但排队也不一定是一件好事，因为餐厅需要的是人们在餐厅里用餐，而非在餐厅外等待。客人们很可能会因此而忍无可忍，从此不再光顾这家餐厅。而你也自然不希望人们引用尤吉·贝拉（Yogi Berra）的话这样谈论自己的餐厅：“没有人再去那里吃饭了，那里人太多。”[32]究竟是应该提高菜品的价格，扩张餐厅的面积，还是利用其他办法？吉姆斯进行了彻底的统计学分析，从中了解到了比员工议论更为精确的要点：每张桌子的收入是多少？哪些桌子最常被客人占用？餐厅的翻桌率是多少？等等。

答案使吉姆斯也很震惊。虽然一眼望去总能看到这家餐厅门口排起了长龙，但实际数据却显示出餐桌的使用率很低——每周只有 5 个小时时间，餐厅里面会有一半以上的餐桌被客人占用。但店门口排队的时间可远远不止每周 5 个小时！到底发生了什么？数据中的两个线索提供了问题的答案。

首先，餐桌使用时间上存在着巨大差异，而最大的差异发生在一餐结束和下一餐开始之前的这段时间。就算在繁忙时段，一张餐桌连续接待的两场晚餐之间，都会有长时间的空白。其次，虽然像舍维斯这样的餐厅已经被人们公认为是朋友和同事聚会的场所，但实际数据却给出了另一番解释：70% 的“聚会”都是一位客人或两位客人，但餐厅并没有为它所招待的聚会布置下适宜的餐桌。为了验证这一结论的正确性，吉姆斯将聚会数据输入了一个特定算法，以为舍维斯餐厅寻找最高效的餐桌布局，看看不同大小的餐桌各需要多少张。她最后得出了一个清晰的结论：餐厅中应该布置更多适合两人用餐的餐桌。餐厅管理层采纳了这一建议，结果实现了收入上的突飞猛进——销售额增长超过 5%，仅一家分店一年的收入就多出了 12 万美元。当然，购买新餐桌和改造餐厅布局结构等，并非不需要成本，但最终从会计提供的数据上来看，采纳新建议的第一年，利润就超过了成本，从第二年开始，就转化成了纯粹的利润。可见，在稀缺管理上进行投资，可以赢得很高的回报率。

在吉姆斯介入舍维斯连锁餐厅的业务之前，这家餐厅都没能很好地对稀缺进行管理，因为领导层低估了稀缺所带来的挑战。这些挑战并非微不足道的琐事，因为仅一家餐厅的问题就需要动用大量计算机分析工作，需要进行严肃的研究。餐饮业并非唯一被稀缺问题所累的行业，很多商业机构常常会因为稀缺管理方式的优劣，而沉浮于商海。

SCARCITY

WHY HAVING TOO LITTLE MEANS SO MUCH

第10章

如何应对日常生活中的稀缺

通过外力将人们所处的环境进行小小的改变，把重要的事情拉入“管子”视野，就能缓解稀缺带来的不良后果。当带宽有限时，让“疏忽”等同于“默许”就是一个不错的办法。稀缺会产生带宽负担，因此节约利用带宽是对稀缺进行管理的重要内容。应对稀缺，要在富足和带宽充裕时开始行动。更重要的是，要留有应对突发事件的余闲。

医生和有线电视安装工人有一个共同之处：约在某个时间要做的事情，很少会真的兑现。按照约定时间做事情，确实很有难度。如果之前出现了一些疏忽，比如有点磨蹭，或某件事情所花的时间比预期的要长，而同时又没有余闲去抵消这些意外，那么影响就会被放大。这样一来，一开始看似在你掌控之中的紧密安排，就会引起连锁反应，导致接下来的事情也一件件地被推迟。你赶赴的每一场约定，也都会匆匆忙忙。于是，你产生了管窥心态，一心只想着赶快完成手头的事情，然后接着去做下一件事情。可以想见，你会从未来的安排中借用时间。就这样，你给自己挖了一个越来越深的时间债陷阱。而排满各项任务的日程表，很有可能会让你在赶赴每项任务时迟到。而且，在大多数情况下，你过不了多久就会开始迟到（而客户为什么会容忍你这一点，就是另外一回事了）。

我们的一位同事，是一家基金会的理事长。他对排满各种事项的日程表再熟悉不过了：基本上每一天，他都要马不停蹄地赶赴各种会议。他很容易就会像医生或有线电视安装工人那样陷入落后状态——每一次会议都会比前一次更晚。（但因为人们都是来找他投资的，所以不得不忍耐。）事实上，他的会议从来不会拖延——会议原定的结束时间之前 5 分钟，他的助理就会露面宣布："会议还剩 5 分钟。"会议结束的时间一到，助理会再次出现。这种比较直接的干预方式，能防止事态的进一步恶化，也能预防稀缺陷阱的出现。这种方式为许多主管人员所用，而这些主管人员都配有经验丰富且敬业的助理们为他们提供帮助。

助理去敲门，并非什么特别有创意的干预方法，但我们却能从中体会到某些深刻的意义。对某人所处的环境进行小小的改变，就能缓解稀缺所带来的不良后果。稀缺心理是原生的，若想从"内在"进行改变，难度很大。但我们若想获得更大的成效，其实并不需要对这种心理进行改变。事实上，这位基金会理事长的管窥心态一点也不比别人少。但他的技巧在于对环境进行了改变，从而对管窥心理产生了反作用。而且，这种改变的程度也比较缓和——助理没有创造出额外的余闲：会议的安排依然一场接着一场，理事长在赶赴一场场会议时，依然会抱着管窥的眼光看待事物。助理做到的，不过是采取了干预手段，阻止稀缺心理对现状造成实质性的破坏。我们可以将其视为类似于公路旁边的减速带。减速带只是公路上的一点点小变化，但却能保护司机免受走神或疲劳驾驶的危害。减速带的设置，比想方设法地让司机专心开车或是多睡点觉要容易得多。

同样，我们也能对自身所处的环境进行"稀缺防御"。我们可以引入类似于减速带或助理这样的工具，利用我们对事情本身的洞察力，来构建出更为理想的成果。关键在于你所采用手段的内在逻辑，在于你是否真正理解了稀缺能帮助我们用不同的方式进行思考，以及帮助我们管理长久以来得不到解决的问题。

把重要事情拉入"管子"视野中

对稀缺进行管理，有一种简单而常常为人们所低估的方法，那就是对"管子"视野之内的事物施加影响。这就是助理能做好的事情：当主管的"管子"视野还停留在当前的会议上时，他可以将下一场会议带入主管的视野之中。我们与经济学家迪恩·卡兰（Dean Karlan）、玛格丽特·麦康奈尔（Margaret McConnell）和乔纳森·辛曼（Jonathan Zinman）合作，尝试将储蓄的理念带入生活在玻利维亚、秘鲁和菲律宾的穷人的"管子"视野之中。[1]

我们认为，穷人之所以储存不下钱，一部分原因就在于他们的"管子"视野——储蓄是一件重要但并不紧急的事务，而这类事务基本上总是会被穷人遗留在"管子"视野之外。无论何时，总会有比储蓄更为紧要的事情等着被处理。于是，我们将储蓄设定为人们关注的重点问题，将其带回"管子"视野之内。每个月月底，我们都会发一条短信或一封邮件作为提醒，询问人们的储蓄目的以及金额。仅凭如此微不足道的提醒，我们就将人们的储蓄额度提高了 6%——如果想到我们提醒的频繁程度仅为每月一次，而且并不会打扰人们的日常生活，你就会感觉这 6% 已经是非常显著的成效了。（毕竟，短信和站在门口的助理相比，远没有那么显眼和活灵活现。）我们没有通过教育或强化人们意志力的方式来改变现状，而是仅仅通过提醒人们在管窥心态之下容易忽略的重要事项，就实现了储蓄额度的提升。

管窥心态让我们可以从一个全新角度去思考金融产品。有些财务决策会自然而然地出现在"管子"视野之中。某人会专门负责确保你偿还贷款、付清房租。该人或组织，就像助理一样，会将还钱的信息带入你的"管子"视野之中，无论你当时的管窥心态有多么严重。而储蓄，却没有设置一位专职助理去敦促你。在没有我们提供的这类介入性告知行为的情况下，关于储蓄的想法大多数时候都会落在"管子"视野之外。

当然，我们也可以利用一些对管窥心态的理解。我们可以设定高额的滞纳金，而且不提醒人们要在什么时候还钱。而许多这类手段的效果，无论是提醒还是滞纳金，都会对穷人产生更大的影响，也会让穷人承受更大的后果，因为他们正是那些拥有管窥心态的人。

我们能提醒的,不仅限于金钱。日理万机的人随时都有可能会忘记去健身，而健身就是重要但并不紧急的事务。事实上，聘请一位私人教练，就能缓解这一问题。私人教练会给你打电话,从而将健身这件事情拉回“管子”视野之中。这样，去健身就成了无法被你忽略的事情，因为教练会主动闯入你的“管子”视野，询问你这周计划什么时候去锻炼。私人教练会永远在那里，以确保你一直都记得去健身房锻炼这件事情。

冲动而非提醒，也很容易将人带入“管子”视野之中。超市正是这方面的专家。它们发现了一种赚钱的好办法：将巧克力摆放在收银台边上。巧克力会立即勾起人们的“馋虫”，闯进人们的“管子”视野中。它们会令人突然想到：我想吃巧克力。其实许多冲动都是这样，无论某样东西多么重要或多么令人渴望，只要没在眼前，让人看不到，人们也就想不起来，因为这些冲动并不那么迫切。但当这些东西出现在眼前时，人们就会对之自我强化，并将其他冲动推出“管子”视野之外（在巧克力的例子中，被推出去的就是你维持体重的冲动）。

在有了这些观察和理解后，我们自然会想：为什么不针对储蓄问题采取同样的策略呢？于是，我们在另一个项目中将这个想法落实到了行动之中，创建了一款叫作“冲动储蓄”（impulse savings）的产品。[2] 就像巧克力一样，标有冲动储蓄的卡片被挂在了显眼的位置，比如收银台旁边。卡片上有一些图片，描绘了人们的储蓄目标，比如为孩子存钱上大学、置房购车等。卡片的设计初衷就是想与巧克力一样，去创造出一种冲动。只不过人们不是去“购买”这些卡片，而是去储蓄：人们为卡片而支付的现金，会转到他们的储蓄账户之中。

卡片能够有效地对抗管窥心态，因为它不仅能挖掘出人们潜藏于心中的目标，而且也可以在目标幻灭之前，提供一种为目标而行动的简易方法：购买卡片。我们与 IFMR 信托公司（为穷人提供金融服务的大型机构）合作进行了这个小型实验项目，从中惊喜地发现，许多人都十分愿意采纳这种储蓄方式。对于事务繁忙的人来说，家人的照片即使只是偶尔在办公桌上出现也能起到作用（照片不是一直摆在桌上成为背景，而是以不规律的频率不时出现，但足以抓住人的注意力），这样就可以使本来会被忽略的家庭得到重视。

提醒非常有效，但因其太过于明显和直接，所以重要性反而更容易为人们所低估。2008 年，马萨诸塞州机动车登记处想出了一个节约成本的办法。[3] 以往，登记处会寄出提醒车辆登记即将到期的信函，成本颇为高昂。于是，他们决定取消信函提醒。从某种角度来看，这个决定完全讲得通。但用我们的分析眼光来看，你就能理解这种做法的愚蠢之处。登记到期的时间可以是一年中的任何一天，这完全取决于上次你的登记时间。如果没有提醒，人们很难会记住这个日期。对于贫困和繁忙之人来说，信函提醒很可能是确保他们的车辆登记不过期，让他们免于罚款的唯一方式。事实上，与这条简单的政策同时出台的，还有州政府施加的递减税。（在无心的情况下？）

虽然提醒这种手段简单至极，但又常常会被人们所忽略。政策制定者会在储蓄态度的培养上投入数百万美元，但却不懂得将提醒人们储蓄的方法融入其中。我们总是会花很多钱去办健身房的会员卡，但却不知道应该如何让自己将健身这件事情记在脑子里。

让“疏忽”等同“默许”

我们早已把储蓄这件事情忘到了九霄云外。事实上，我们两人已经有一段时间没有想到过储蓄这件事情了。到底是什么导致了这样的粗心大意？（我们其中一个人家里还有孩子！）其实，这也算不上什么不可救药的粗心大意。我们的储蓄账户，从退休存款到孩子们的大学教育存款，数额一直在稳步上升。那么，我们是如何在不主动储蓄的情况下存钱的呢？许多人都在采用这种方法：很早以前，我们两人就加入了一个储蓄计划，它每个月会自动从我们的工资中转存10%。虽然我们每日的行为似乎是对储蓄的完全忽略，但存款余额却在增长。我们在花钱的时候，根本没有想过储蓄这个问题。自动转存功能使得我们可以在完全忽略储蓄的情况下进行储蓄。

这个例子反映了一个简单的理念。**当忽略问题存在时，改变行为的结果往往比直接与其对抗更有效。**下面是一个关于退休存款的例子。

稀缺实验室
SCARCITY

美国人开始接受新工作时，需要填写一份参加401（k）计划的表格。一般情况下，如果没有正确填写表格，人们就无法参加计划，也就意味着后半生要承受灾难性的后果。而人们在刚刚接受一份新工作时，常常会经历诸多新变化，心理上也要经受紧张焦虑的考验，在这种情况下，人们会产生管窥心态，就有可能会忘记填写表格。在一项设计新颖的研究中，研究人员改变了忽略表格这件事情的次序。[4]新员工会收到一张改版了的表格，上面写着："你同意以3%的额度参加401（k）计划。如果你选择不参加该计划或决定以不同的额度参加计划，请归还表格。"现在，当人们忽略表格时，就等于是同意进行储蓄。而且更好的一点在于，对于所有想要参加退休储蓄计划的人来说，需要去做的事情全部都已经被安排好了，不会因为疏忽而遗漏什么。毫无疑问，研究成果非常令人惊喜。就算到了3年之后，401（k）计

> 划的参与率依然能反映出这项研究实施与否带来的巨大差异。在新员工需要主动选择退出计划的公司，超过 80% 的员工参加了 401（k）计划；而在新员工需要主动选择参与计划的公司，只有 45% 的员工参加了该计划。可见，当我们对决策遭受忽略的默认后果稍加改变时，就能获得显著的成效。

当然，由“别人”来设定你的默认选择，肯定会遇到不少棘手的政策问题。但是在许多情况下，你可以自行设定自己的默认选择。自动还款就是一个很好的例子。公务繁忙的人，在工作的“管子”视野中，如果选择自动还款，就不会再承担忘记还账单的风险。他完全可以忘记支付账单这回事，而当他忘掉时，账单依然能按时被支付。这样看来，对于繁忙之人来说（至少对于那些能利用现代技术的人来说），最为顽固的管窥问题是那些无法自动被处理的任务，比如车辆登记、驾照更新、税款支付等。更不易解决的问题是，那些既不能自动处理，也没有截止日期或提醒的事务，比如写遗嘱或体检。

这种思路有着广泛的适用空间，尤其适用于那些重复性高、可预测的事件。请想象某人在家工作，正因一项任务的截止日期迫近而产生了管窥心态。我们知道，此人一定会忽略一日三餐的质量，会吃掉手边能找到的任何食物。事实上，此人的心思和精力全用在了工作上，很可能会选择最不健康的食品，因为这些不健康食品最能满足冲动之下的欲望。橱柜里装满了各种美味，因此这位大忙人长了几斤体重。而相比之下，如果橱柜里只有健康食品，就能让这位大忙人的腰围免受工作的负面影响。

美国银行近期推出了一项名为“留下零钱”（Keep the Change）[5] 的活动，进一步证实了我们可以建设性地利用人们的忽略行为。银行对这一活动给出了以下解释：

在参与了“留下零钱”活动后，你就能够自动增加储蓄额。我们会将你所有银行借记卡上的购买金额四舍五入到整数，然后将活期存款户头上的差额转存到储蓄账户上。每喝一杯咖啡，每加一次油，每去一次超市，都能增加你的储蓄额度。还有什么比这种做法更简单？

“留下零钱”活动（此活动的其他方面也受到了批评，包括低利率和高收费）有一件事情做得很好：通过引导来帮助人们储蓄，而不是通过压抑人们的购买冲动。[6]人们的确会忽略储蓄这件事情，于是，这项活动就让人们通过最自然的“消费”方式来进行储蓄。

保持警觉

对于事务繁忙的职场人士来说，定期去健身房锻炼身体要比办张会员卡难得多。其中一个原因显而易见：办会员卡会给人们带来的痛苦，远远不及锻炼腹肌或在椭圆机上踏步半小时的痛苦。但同时还有另一个原因：办会员卡，只是一次性选择；而定期去健身房，则需要一直对身材和健康保持警醒，才能一次又一次地去做正确的事情。由此，我们可以认为，选择以两种形式存在，其中一种需要时刻保持警醒，而另一种则是一次性的。警醒型选择需要我们持续不断地进行重复选择，比如去健身房、为不时之需而储蓄、吃健康食品，或与家人共度不受干扰的家庭时光等。有些选择甚至还需要特别的警醒。错过一次去健身房锻炼身体的机会，不过就是少付出一些努力而已。但若是没有按照医嘱服药，问题就会严重许多。仅仅一次疏忽大意——用存款买了一件皮夹克，也会使几个月的勤俭节约付之东流。一次性选择只需要采取一次行为（或仅是偶尔为之），就能得到预期的成果：如果申请自动还款，你就不用再担心还账单的问题；如果买下一台洗衣机或烘干机，你就可以在未来几年里不再去洗衣房；如果参加通信服务提供商的折扣活动，你就能在活动取消前一直省钱。

特别是在你产生了管窥心态的情况下，一次性地去做正确的事情，要比重复去做正确的事情容易得多。而很多良好行为都需要警醒，比如做一位优秀的家长、省钱和吃健康食品等。与此相比，许多错误行为只需犯一次，便能导致诸多问题的发生，比如借贷、许下不明智的承诺和未经思考胡乱买东西等。只消一次挥霍或欠下一笔贷款，你就会给自己的未来挖下陷阱。所以，只有持续的警醒才能使你有望从中逃脱。

这些现象给了我们一个提示：**只要有可能，就要将警醒型行为转变成一次性行动**。若不想每次经过厨房都要保持警醒，以免去拿零食，不如在去超市购物时保持警醒，干脆不买零食。许多日常事务都适用于这一原则：保持房间的整洁，需要警醒意识，要么就一次性地请位清洁工定期打扫（假设你有能力承担这一费用）；每个月支付账单时需要警醒意识，而设置自动还款只需一次；开车上高速路时提前准备好零钱，需要警醒意识，而办理 ETC 速通卡仅需一次。从长远来看，由于管窥心态会导致忽略，若能为这些容易被人们所忽略的事务找到一次性解决方案，它们就会发挥非常大的作用。坚持抽出时间陪伴孩子，如果单纯凭借你自身的警醒意识，效果一定不理想。但如果你带着孩子报名参加每周一次的活动，那么这种一次性行为就能确保你每周至少能有一小段时间是全心全意陪伴孩子的。

相反，把存在问题的一次性行为转化为需要时刻保持警醒的行为也十分必要。有些政策制定者提出在消费者购车时设置“冷却期”，[7] 而类似的方案也同样适用于各类借用行为（金钱、时间和热量等）。其实，这一举措就等于为你设定了一套系统——要求你在采取实际行动之前，对自己的决策进行多次确认。（请想象，每当你收到一份富有吸引力的邀请时，电子邮箱都会自动回复道：“谢谢。我也许可以参加，一周后给你答复。”）

偶尔，你也可能会想要将一次性行为转换为需要警醒意识的行为。多年之前，你经过反复研究最终选定了汽车保险，而现在是否有了更优惠的选择？上一次你打听汽车保险的行情，是什么时候？选择总是在变化，某些一次性选择也可能存在误导：我们在购买影片租赁年卡时，总会假设自己每个月要看好几部电影，看完后也会立即归还碟片。而事实上，如果我们回想一下自己看过的影片数量以及为办年卡而花的钱，就会为观赏每一部电影的高昂成本而惊诧。除了自动更新之外，也许偶尔确认一下之前所做出的一次性选择的合理性，也是十分明智的。

那么，我们应如何看待贷款这个问题？我们是否应该取缔快速贷款这种可能带有恶劣后果的一次性选择？在第 5 章中讲到的《家庭问答》实验中，我们了解到，不给穷人借用的机会，就能提高他们的整体表现水平。现实生活要比实验室环境复杂得多。某些贷款的确不好，但还是有一些贷款产品的确能够为人们提供帮助。我们该如何确定哪个好、哪个不好？就算运用我们自己提出的理论进行分析，有些贷款也能为人们提供他们所需要的余闲。当车子出现故障，你需要现金去修车时，如果能得到一笔贷款，就算费用很高，也可以防止一系列更严重问题的发生，比如上班迟到或者因迟到而失业等。

矛盾的是，**稀缺虽然会使你选择权宜之计，但同样也会提高你因这些权宜之计而受到伤害的可能性。**

在了解了稀缺心理后，我们就能从中领悟到：我们需要为管窥心态做准备，需要防止忽略情况的发生。我们要提前做好充分的调查，这样就不会在产生管窥心态时做出错误的选择。而且，我们要安排好各项事务，这样就不需要时刻保持警醒才去做那些值得鼓励的事情，还能不定期地对这些行为进行重新评估。

找准关联行动时机

在充满管窥心态和忽略现象的世界中，许多事情都取决于时机。在对未来进行决策时，我们会犯下许多最为严重的错误，因为未来不在我们的“管子”视野之中，是遥远而模糊的概念。有些事情我们当天完全不可能同意去做（今天太忙了），却会想当然地同意在一个月之后做（没问题！日程安排还空着呢）。我们当天的需要是紧迫的，而一个月之后的需要则是抽象的、不现实的。我们了解到，这正是我们接手过多任务的原因，也正是囊中羞涩的人购买他们无力承担的商品的原因。6 个月前，那台洗衣机实在非常吸引人，因为买下之后可以在半年后再付款；而现在，这台洗衣机却成了家里的主要负担。

我们一旦了解了稀缺心理，就能对其加以利用。对未来可能出现的稀缺没有充分的理解，会给我们带来麻烦，但我们也能利用它。

稀缺实验室
SCARCITY

一项叫作“为明天储蓄更多金钱”的计划，就了解到了人们愿意为资源相对充裕的未来许下承诺的愿望。[8] 通过这项计划，那些认为自己目前没有能力进行储蓄的人们，会同意在未来某一天涨工资时，提高他们的储蓄扣除额度。也就是说，他们当下并不需要做出任何新的牺牲，而只有在今后那个模糊而遥远的未来，才会被从工资卡里扣钱。这项计划的效果令人惊叹。在一家公司中，超过 75% 的员工选择了该项计划，只有少部分员工后来退出了计划，选择自己去储蓄。到了第 3 次涨工资时，员工的储蓄率早已翻了 3 番之多。

该计划的明智之处就在于，恰当地利用了人们所期待事物（涨工资）与其所希望事物（增加储蓄额度）之间的关系。这一计划自动地将二者联结为了一体。对于借用问题，我们也能以此为解决方案。请看下面这项思维实验。

稀缺实验室
SCARCITY

加州政府为了抑制掠夺性借贷业务的发展，强制工薪日贷款商降低收费标准，比如对 200 美元的贷款，将收费从 50 美元降至 25 美元。（前提是贷款行业继续保持盈利和生存状态。）乙州政府创建了一个与此不同的项目。收费标准依然是 50 美元，但贷款商却只能收到 25 美元。余下的 25 美元以借款人的名义存入账户。只要账户总额累积到 200 美元（在这个例子中，就是 8 次贷款），此人就无须再借钱。当他需要贷款时，可以直接使用账户里的储蓄。事实上，从 50 美元的贷款费用中省下 25 美元，借款人很快就能成为“自己的贷款商”。

一言以蔽之，你打算在之后日子好过一点时再去做的那些明智决策很有可能不会兑现，因为随着未来一天天临近，你会发现，现在也不比以前好过多少。因此，我们需要先发制人，做好过度工作。就在你专注于健身这件事情的那个时刻，抓紧机会，买张健身卡，请一位私人教练，求朋友时刻监督，尽你所能地做到最充分的准备。这样，当你的“管子”视野中装进其他事务时，健身这件事情也依然不会消失。如果你在去超市购物时能足够专注于健康，那么就要确保家中的橱柜里装满了你应该吃的健康食品，因为当你的心思不在饮食这件事情上时，就要让自己除了健康食品外别无他选。而当某样东西（一本书或一段广告）碰巧让你在那个时刻想到了年迈之后的生活，不妨抓紧时间采取行动：为工资账户设定自动转存、给律师打电话安排一次会议以及为写遗嘱做准备。否则，你总会想着过两天再去做，而到那时，你又会进入另一个“管子”视野中。

节约利用带宽

因为稀缺会产生带宽负担，所以在对稀缺进行管理时，一个主要的关注点就是如何节约利用带宽。繁忙之人总是会争分夺秒，而贫穷之人也总是会一分钱掰成两半花，每一位处于稀缺状态之中的人，都会因带宽如何进行分配和使用而受到极大影响。

利用带宽，就是要去分配我们有限的信息处理能力。从这个角度讲，那些需要进行更多信息处理的决策，会占用更多的带宽。每一位时间有限的管理者，都需要一位助理，这位助理应该擅长对决策进行综合处理，对选择进行简化，并能清晰地将其呈现出来。如果一位下属只会给出大量未经处理的数据，那么这些数据也不会有多大价值。清晰而简洁的综合，是节约利用认知资源的理想方法。

而我们在给出信息时，常常不能充分认识到这一点的重要性。经济学家玛丽安·伯特兰（Marianne Bertrand）和亚戴尔·莫斯（Adair Morse）进行的一项关于工薪日贷款的研究，就反映了这一现象。[9]

稀缺实验室
SCARCITY

研究人员将准备借入工薪日贷款的客户分为两组：一组看到的表格，里面列出的是他们将要支付的年有效利率（443%）与可比较贷款品种（信用卡利率为 16%）之间的对比；另一组看到的是类似的数据，但并非利率，而是他们将要为贷款支付的费用

> （美元）——如果客户可以在两周内还清贷款，就要支付 45 美元，一个月还清则要支付 90 美元，以此类推。而如果他们用信用卡借贷同样数额的钱，为此支付的费用（美元）为两周 2.5 美元，一个月 5 美元，以此类推。换句话说，类似的数据以不同方式展现在了两组实验对象面前：一组看到的是利率这种抽象的衡量标准，而利率的确切含义可能令人很难揣摩；另一组看到的是要从自己兜里掏出来的实实在在的钱，而人们对美元这种货币单位早已再熟悉不过了。

伯特兰和莫斯发现，看到美元成本的那一组客户，选择工薪日贷款的人少了许多。为工薪日贷款而来的人们，已经习惯了以美元为单位进行思考，他们眼里看到的是美元，需要的也是美元。相比之下，利率这种奇异的金融工具，在日常生活中却很少被人用到，因为这需要大量的智力资源，才能将其转换为更直接、更真实的数据。当人们产生了带宽负担时，具体的数额就会比抽象的概念带有更丰富的意义。

营养标识也存在类似的问题，它们向人们灌输了大量陌生的信息。消费者现在不仅能看到卡路里数据，而且还能看到来自不同种类脂肪的卡路里数据——好脂肪与坏脂肪的对比，还有重要营养物质的信息（是否能从产品中摄取欧米茄 3 脂肪酸），一份产品能提供的几种维生素和矿物质的每日所需摄入量百分比，等等。所有这些都需要人们进行认真的信息处理，在没有简单处理方式的情况下，这些数据实在让人如堕雾中。吃掉一个面包圈究竟会对身体产生什么样的不良影响？真的不好说。

有时，就连做出权衡这种简单的事都会给人以负担。请想象你自己手头上现在有许多尚未完成的工作。此时，一位好朋友准备去另一座城市定居，为此组织了一场欢送会。虽然你工作繁忙，但真的应该去参加。于是，你决定将朋友的聚会挤进繁忙的日程安排里，但不打算在聚会上花太长时间。你想到了那里再根据当时的气氛和感受决定什么时候离开。因此，你出席了聚会，但一个小时之后就开始琢磨：“我是不是能走了？”聚会充满了乐趣，如果你现在离开，很可能会被朋友误解，但工作在召唤你。一个小时足够了吗？如果离开会不会显得很没礼貌？你开始发愁。你又等了一会儿，但你的心思早已不在聚会上了。你所做出的权衡——为了与朋友聚会而放弃的工作，使得你很难全身心地投入到娱乐活动之中。**你以为保持灵活度是在帮自己，但却让自己产生了拖延和分心。**

繁忙之人非常渴望能挤出时间来陪伴家人和朋友。而在一项接一项待办事务中挤出时间的难度很大，最终还会导致可以预见的忽略现象以及因忽略而引发的后果。而且，就算你勉强将时间挤出来，也无法体会其中的乐趣，因为你的心思在别处，会寻思着如果将时间用来做别的，可以完成哪些事情。犹太人的安息日，是应对稀缺权衡的一种独具智慧的干预手段。安息日是一个古老的传统。人们在安息日不工作，不发邮件，不写字，不做饭，甚至不能开车。这一天，是宁静而安详的，是供人们来恢复活力的。我们许多人可能很多年都没有机会享受这种体验。安息日的妙处至少有两个方面：其一，没有选择，没有困境。这一天什么也不能做，只能休息，不存在权衡问题。其二，安息日固定在每周的同一时间，周五一结束，无论你有多忙，都要进入休息状态。没有提问，无须计划。犹太学者亚伯拉罕·赫舍尔（Abraham Joshua Heschel）曾写了一本关于安息日的著作，他在书中提到：“安息日是上帝赐予的时间礼物。”[10]

阿氏食谱（Atkins diet）总会使人联想到安息日。大多数节食计划都会鼓励人们去做权衡，它们会给出固定的卡路里摄入量、固定的碳水化合物克数以及其他一些限制。节食者要去选择他们喜爱的食品组合，同时满足总体的限制要求。这样，节食者就有了“灵活性”，可以将自己的偏好考虑在内。但就像前面讲到的那位与朋友聚会的大忙人一样，这种灵活性只能使背负着带宽负担的节食者花费大量的时间去权衡。权衡式思维不仅会使人分心，而且对节食计划也尤为不利，因为将思想专注在食物上，会让人更加难以抗拒食物的诱惑。一项研究将参与者随机分配到规则复杂性互不相同的节食计划中，并给出了如下总结："体重管理计划需要大量认知能力，而可感知的规则复杂性则是放弃节食行为的概率最强的影响因素。"[11]

阿氏食谱的诸多版本都有助于解决这一问题。阿氏食谱不需要人们一直去做出权衡，而是强制性地给出了碳水化合物的限额。这就使得选择变得十分简单：某些食物的碳水化合物含量很低，你没得权衡，只能吃它们；而诸如大份甜品等其他选择，就是你根本不可能考虑的，因为它们碳水化合物的含量太高了。阿氏食谱给人很小的权衡空间，你可以尝尝小甜点，吃两口面包，但与标准的节食计划相比，选择就少了许多。有些人并不认可阿氏食谱节食法。但从心理学角度来讲，阿氏食谱有着明显的优势，因为你不用想着去分配卡路里摄入量，去精心安排每一餐的饮食。所以说，阿氏食谱更接近安息日——简单的禁止，很少的权衡。

在带宽充裕时行动

带宽的另一个重要特征是，它不会一直保持同一状态。请回忆我们在第 2 章中讲到的甘蔗农。他们在临近收获时较为贫困，而在收获后较为富裕。但更重要的是，临近收获时，他们的带宽更少，而反之带宽则更多。同样，由于低收入工作者很难做到消费均摊，所以那些按月领工资的人和领取粮食补贴的人，很可能在月底时带宽最少，而在月初时带宽最多。若能在政策推行和项目设计时将时机因素考虑在内，将是十分明智的做法。如果你想要为人们提供受教育的机会，而所教授的内容，无论是保健知识还是会计学知识，都需要一定的带宽，那么什么时候提供这些教育内容将最为有效？如果你的目标对象是农民，你是准备在收获之前开课，还是在收获之后？穷人是在圣诞节之前东拼西凑地为买礼物发愁，还是节后？只要懂得了带宽变化的时间规律，就能在日历上将最恰当的日期标注出来：在某段时间，人们能真正地去听课并吸收知识；而在另一些时间，人们只会心不在焉。**带宽变化时机的重要性，在于能让人们将计划与更为理想的带宽变化时机联系起来。**下面这则研究就生动地反映了这一点。

稀缺实验室
SCARCITY

肥料能为农民带来很高的经济回报，比如在肯尼亚的经济回报率就高达 75%。[12] 但尽管如此，肯尼亚的很多农民依然不为田地施肥。问题不在于他们缺乏知识，大多数农民都称，他们有购买肥料的计划，但实际上只有不到 1/3 的农民真正将购买行为落在了实处。他们总是以钱不够为理由。而他们真正想说的是，他们在需要肥料的时候，才发现自己的钱不够了。他们在收获之后立刻就能获得收入，而肥料是好几个月之后才要买的，而此时，农民们手头已经没有什么现钱了，带宽也承受了沉重的负担。

为了填补金钱与肥料之间的缺口，研究人员发明了一种简单而新颖的干预手段：他们让农民们在现金充裕的收获之时提前购买肥料，然后在种植阶段再将肥料送达。[13] 仅仅凭借这一点改变，肯尼亚的农民们购买和使用肥料的比例就从 29% 一下子升到了 45%，效果非常显著。可见，将重要决策的制定时机从农民缺钱、缺带宽的时间段转移到有钱、有带宽的时间段，就能避免问题的出现。[14]

对带宽的自然变化规律有所了解，也能帮助那些事务繁忙的人。大忙人们总是以时间表为参考来安排活动，考虑到某项任务需要多少时间，比如正好在周三上午 11 点能有合适的时间。

除了时间以外，工作任务同样需要带宽，只不过有些需要的多，有些需要的少。参加一场电话会议，确保会议按计划推进，这项工作所需的带宽，要比与老板或客户的面谈所需要的带宽少得多。而我们却总是将关注点放在时间上，没有对带宽予以充分的认识。不可否认，我们的带宽在一天中也会有所波动。所以，我们是否能够明智地进行任务规划，确保高带宽任务能安排在高带宽时间段上呢?

对带宽加以利用，不仅需要对各项任务的执行时间进行安排，而且也要设置最佳的顺序。

在撰写本书时，我们每天早上都会专门留出一段时间用于写作，并坚持了很久。我们不惜一切代价去保护这段时间，有时甚至会为此忍受痛苦，比如即将召开一场 6 人会议，而自己是唯一一位负责安排时间的人。我们不仅仅是在保护这段时间，同时也是在保护高带宽的时间。但这种做法的效果并不理想，比如我们为写作专门预留了时间，但也并不是很有效。后来我们才意识到，之前的做法是不对的。我们拼尽全力去保住写作的时间，而在坐下来投入写作之前，我们会快速查一下邮件，处理一下紧要事务。到了 9 点钟，我们会强迫自己放下手里的一切事务，就算采取极端手段也在所不惜，比如关掉无线路由器。但事实上，我们并没有完全放下。一封关于项目进程滞后的邮件，强调了我们落后的严重程度；另一封邮件，又提醒了我们筹钱的紧迫性。我们虽然坐在办公桌旁准备写作，但内心并不平静。我们的大脑中已经展开了一个接一个喧嚣吵闹的想法。我们就像是两个节食者，每天早上先遍览色香味俱全的甜点，然后再坐下来思考其他事情。

为带宽不足的人提供便利

许多低收入高中毕业生都没有上大学。[15] 所以，许多慷慨的助学项目都假设其原因在于缺钱，并希望从这个角度为低收入高中毕业生提供帮助。然而，这些项目的功效远远没有得到充分的发挥，结果根本没有几个申请人。这种现象让人有些想不通，于是一群研究人员决定想办法找出其中的原因。

稀缺实验室
SCARCITY

他们将前来因报税而求助的高中毕业生（及其家人）分为 3 组，将所有申请大学助学金的表格发放给他们。对于第一组，研究人员只是去观察他们的申请倾向。对于第二组，研究人员尝试着去填补其信息缺口。也许高中毕业生不了解他们有资格申请的助学金数额，于是税务工作人员将这些信息提供给了他们。对于第三组，研究人员做了点颇有意思的事情。税务工作人员不仅告诉高中毕业生们能申请到的数额，而且还替他们将表格填好。最后的结果显示，仅仅告诉人们他们有资格获得的具体利益，并不能收到明显的成效。但帮助其填好表格，却起到了巨大作用。学生们申请助学金的比例提高了，而且真正上大学的比例也增加了 29%。[16]

对于任何人来说，填写表格都是一件麻烦事，是个障碍，会给人们拖延和遗忘的机会。而对于低收入人群来说，他们的带宽已经承受了负担，而且很可能因自身的经济条件而觉得脸上无光，所以，填表就成了一个更加麻烦的障碍。来自没有大学经历家庭的高中毕业生，在得到填表帮助的情况下，大学入学率是之前的 3 倍。

关于如何对稀缺进行管理，我们从中还能得到更深的体会。看起来不足挂齿的小步骤，在错误规划、拖延和遗忘的影响下，就有可能演变成巨大的障碍。而我们在规划人生或为他人制定政策时，常常会忽略这些障碍的存在。给某人发放一张表格，让他带回家填写，此人就有可能会遗忘，而如果让他当场填好，参与率就会直线上升。无疑，填表这件事情是“不足挂齿”的小步骤，但人们就是很容易在这一小步上摔跤，就像计算利率和为车子做年检一样。**当我们的带宽承受负担时，最简单的障碍也会造成巨大的损失。**

享受公共福利的人每年都要填写一大堆表格，去“重新认证”，以证实他们依然有资格享受福利待遇。可以想见，就是在进行重新认证的时间段，人们会从福利项目中脱离出去。而且，填写表格的要求总是将最需要福利救济的人排除出去。带宽负担最为沉重的人，也是最容易延迟重新认证的人，而这些人却正是最需要福利救济的人。

为了进一步了解带宽负担的内在逻辑，我们可以这样思考：请想象我们会为填写财务补助表格而收取一大笔费用。我们很快就会意识到，这笔钱收得实在有点傻——以穷人为目标的项目本就不应该向他们收取一大笔费用。而现实中，我们却常常会设计出一些项目，这些项目以带宽承受沉重负担的人为服务对象，但却需要他们拥有大量带宽才能申请。用另外一个比喻来说，这就像是走到一位需要帮助的杂耍演员身边，然后向空中抛起一个球，让他的杂耍负担进一步加重一样。

我们之所以讲到这些，并不是想要取缔所有的障碍。有时，障碍的存在自有它的道理：申请财务资助的表格之所以复杂，是因为提供财务资助的组织的确需要许多信息；之所以要去做重新认证，是因为人们的境遇总是在不断变化，而资助项目需要将目标瞄准在那些真正需要帮助的人身上。但同时，我们也能找到替代方案，比如许多表格可以利用税务数据来自动填写。稀缺管理过程中出现的错误，在于我们在低估带宽负担的同时，过多地将目光盯在了移除障碍的高额成本上。而实际数据告诉我们，障碍所引发的带宽负担很可能会异常沉重。扶助项目的成功与否，很可能就取决于那些看似不起眼的小障碍。而这些小障碍会使人们无法获得他们理应获得的资助，或者让高中毕业生们没有机会去大学深造。

从富足起步

在完善稀缺管理方法的同时，我们也应该记住稀缺通常是从资源充裕期开始的：截止日期临近之时的忙乱，常常源于几周之前没有对充裕的时间进行有效的利用；收获之前的几个月，农民们手头的钱总是不够用，这是因为上次收获之后，他们没有对现金进行很好的规划。

不知读者是否还记得第1章中讲到的研究，实验对象在更为紧迫的截止日期之下，能更好地完成文章校对工作。虽然很多人都能认识到截止日期对工作的积极作用，但其效果还是没有得到人们的充分重视。在该实验的另一个版本中，研究人员允许一部分实验对象自行选择截止日期。[17] 这种办法发挥了效果，实验对象自行设定了截止日期，帮助他们比没有截止日期的一组实验对象赚到了更多的钱。但是，他们自行选择的截止日期还不够严格和紧迫。自行选择的一组，比强加截止日期、没有选择的一组赚到的钱少了25%。我们在学生们的身上也观察到了同样的现象。一次，我们让学生们自行选择期末论文的截止日期。有些学生很明智地选择了比学期结束时要提早一些的时间。相反，很多学生却没有这样做，而这就使得他们在论文的截止日期即将到来时，还在忙不迭地写论文。

在充满稀缺的世界中，漫长的截止日期就是酿造麻烦的问题所在。早期的资源充沛会变相鼓励人们浪费，而等到截止日期临近时，管窥心态和忽略行为又会出现。所以，将漫长的一次性截止日期改为渐进式的阶段性截止日期，有助于问题的改善。对于金钱来讲，道理也一样。一次性拿到一笔钱的农民，很容易会落入同样的循环——一开始钞票一大把，最后却身无分文。而处理办法也一样，我们可以将一次性付款改为渐进式多次付款。如果农民们不是一次性收款，而是更为频繁地收到报酬，问题就可以得到有效的改善。食物补贴也一样。接受食物补贴救济的人，同样无法将收入均摊到整个月份。因为他们需要许多带宽，才能做到计划、记忆、控制和权衡。那么，为什么不将救济改为按周发放呢？或者在需要的情况下，将两种发放方式结合起来：一开始发给他们一笔能够保证大额月度花费的钱，然后每周再发一小笔钱。打破“充裕—稀缺”循环的一种办法，就是将资源均摊，从而创造出长期的节制状态，而非突如其来的资源充裕，然后紧跟着阶段性的稀缺。

以余闲应对突发事件

正如我们所了解的一样，“充裕—稀缺”循环之所以对我们非常不利，是因为稀缺会让我们落入陷阱之中。这不仅仅是因为我们无法在资源充裕的状态下将资源均摊，而且也是因为我们做不到为未来预留余闲。我们在第 6 章中讲到了关于印度街头小贩们的例子，并从中了解到余闲缺乏给他们带来的困扰。一旦发生突发事件，他们就会立刻落回债务陷阱之中，而如果能对之前的充沛资源进行合理的分配，就能避免这一后果。这就是不预留足够余闲和不为可能发生的突发事件准备足够缓冲所引发的危险。突发事件不仅仅会对我们造成伤害，而且还会将我们推入稀缺心理的泥潭中。我们会因此开始产生管窥心态，开始向未来借用，过不了多久，我们就会落后一大步，然后开始紧追慢赶。

尽管如此，我们依然不能构建起一种缓冲储备机制。虽然就此问题直接进行的研究并不多，但我们可以从其他研究中找到很好的线索。举例来说，实际数据显示，人们总是会低估许多低概率事件发生的可能性。[18] 这就是为什么我们不会为洪水和地震购买足量保险的原因。当事情的进展一切顺利时，我们都能做到居安思危，却会低估其发生的可能性，做不到充分的准备。而在许多可能发生的突发事件中，任何一件事情都有可能让我们从此一蹶不振。从学术上讲，我们面对的是诸多彼此不相关的低概率事件。可能打乱你的计划的，不仅有洪水、地震，还有你可能会生病，你的家人可能会生病，或者你家里进了贼、车子被偷、战争爆发、失业、某人突然闪婚、计划外生育等一切状况。上述所有事件都有可能发生，不过可能性很小。但问题就在于，上述任何一件事情都是突发事件，而为了应对突发事件，我们应该构建起某种缓冲机制。

缓冲机制的构建需要在资源充裕时进行。如果你早已预期到了自己的时间稀缺，那么就应在日程安排上留出富余的空间，不一定要找到什么明确的理由，只不过是为了在不浪费成本的情况下，去周转你手头的诸多项目和责任。如果是关于金钱的，那么就应储存一份存款以备不时之需，就算你手头没那么阔绰，也要尽量储蓄。做到这些事情并不轻松，也不会让人感觉自然而然，因为就算你知道突发事件和稀缺状态迟早会到来，但在资源充裕之时，也不会有这种感觉。

稀缺给人造成的负担非常沉重。而只有了解了稀缺的内在逻辑，我们才能尽量缓解其负面影响。我们可以在一定程度上对周遭环境进行“稀缺防御”。就像在房间里安装烟感器或者为新生儿设立教育基金一样，这些一次性的努力很可能会让我们收获持久的回报。

SCARCITY

WHY HAVING TOO LITTLE MEANS SO MUCH

结语

规划和管理好“带宽”，稀缺问题就会迎刃而解

人们总是忽略带宽的重要性。当决定做某件事情时，人们会想到他们能利用的时间以及这件事需要花费的时间，但很少会想到带宽。迫近截止日期的稀缺体验，起因于人们在充裕时所采取的时间管理方式，我们在“富足”时往往想不到为将来留有余闲。所以，只要规划和管理好“带宽”，稀缺问题就会迎刃而解。

> 随着知识之岛的开拓，无知的海岸线也将蔓延。
>
> ——约翰·惠勒（John A. Wheeler）[1]

本书的目的在于邀请读者们一同来了解一门正在成型的学科。我们希望，读者在对稀缺科学有了初步认识后，能改变对许多事情的看法——从偶尔感觉工作过度，到孤独、贫穷等持续无法解决的问题，其实背后都潜藏着深刻的原因。

带宽负担人人都有

从一个新角度去审视熟悉的事物，能让我们于不经意间获得意想不到的新发现。我们两人经常在手机上玩一个叫作《争抢》（*Scramble*）的游戏。玩这个游戏可以让我们在工作间隙稍事休息，打发时间，有时还能借机拖延。游戏很简单，我们玩得得心应手。但我们发现，在撰写本书的同时，我们在游戏中获得的分数也出现了大幅下滑。在截止日期的压力下，我们连游戏都玩不好。

这个例子生动地反映了带宽负担的无孔不入。虽然我们正进行着相关研究，也搜集了诸多数据，但在自己身上发现的成绩下降幅度，依然令我们感到惊讶。我们能隐约感觉到自己有些“认知疲劳”，但 30% ~ 40% 的成绩下降完全超出了我们的预料。（这个游戏本身其实非常简单有趣。）我们想，自己的大脑可能没有全力运转，但却没有认识到带宽负担的沉重程度。

读者们可能会试着回忆自身的类似经历。那么，你生活中的什么活动可能会产生大量的带宽负担？带宽负担会在什么方面造成值得你重视的影响？背负沉重的负担时，你是不是连驾车水平都有所下降？你知道，人在困倦时不应该驾车，但你是否曾经想过，一整天的辛劳工作后也不应该驾车？负担过重时，你讲的笑话是不是都不那么好笑了？你是不是也变得不那么友善了？你做出的决定是不是更不明智了？你是否曾经这样说过：“我现在不想做这个重要决定，因为我的带宽超负荷了。”

人们总是会忽略带宽的重要性。当你事务繁忙，需要决定接下来要做哪件事情时，就会想到你能利用的时间，这件事需要花多少时间，但很少会想到自己的带宽。你可能会说：“我只有半个小时，来把这件小事做了吧。”而你很少会说：“我的带宽有限，来把这件轻松就能完成的事情做了吧。”当然，有时你意识不到，但也做到了这一点，比如你在一项任务上怎么努力都停滞不前时，会换一件事情来做。但这不过意味着，你是为已经稀缺的带宽又增加了一份负担。

我们会对时间进行规划和管理，却不会对带宽进行规划和管理。我们很少会关注自身起伏不定的认知能力。与饮食、睡眠和锻炼身体等生理能力相比，就更体现了我们对认知能力的忽略。与许多生活在现代社会中的人们一样，我们以大脑谋生，却对大脑每日的节律知之甚少。如果我们手头的任务是将一堆箱子从一处运往另一处，那么我们就会比较清楚如何将工作效率最大化、什么时候用多大力气以及什么时候休息。但如果手头的任务是传达思想而非实实在在的箱子，那么我们就不知道如何才能将有限的认知能力最大化了。

从个人层面来看，我们对自身不断变化的带宽情况不甚了解；而从社会角度来看，我们也对不断变化的社会带宽十分陌生。科学家们总是会量化那些科学理论让他们去量化的事物。由此，社会科学家们就能量化稀缺的实际规模，比如多少人处于失业状态、某一季度生产了多少产品和收入是多少，等等。

我们对经济的认知层面一无所知。**就像我们自身的个人带宽会不断波动一样，社会带宽也存在着同样的波动规律。**我们是否会发现，2008 年经济萧条同样造成了影响深远的认知萧条？也许在那段时间里，人们的带宽也出现了大幅下降。倘若失业率不断上升，决策质量出现下滑，又会如何？我们没有能回答这些问题的数据。虽然重拾 2008 年的历史为时已晚，但我们依然有机会去搜集未来经济繁荣与萧条时的相关数据。近些年来，人们开始关注社会幸福水平，力图建立起一个与国民生产总值并行的国民幸福总值。那么，为什么不同时对国民带宽总值进行量化呢？

从这个起点开始，我们不仅能了解美国的整体面貌，而且也能知晓各个不同子群体的情况。当失业率从 5% 上涨到 10% 时，就意味着 20 人中又有一位处于劳动年龄的人在经济上出现了困难。若从带宽的角度去看就会发现，失业率增长所造成的影响覆盖面变得更广了。在这种时期，更多的人会因此而整日为钱的事情发愁。也许就连那些收入稍有缩减的人，都会因为少了余闲，并由此体会到了稀缺的困扰。而且，也许那些与新近失业之人有关系的朋友、亲属、邻居，也会对这种影响有所表现。认知影响很可能会比经济影响产生更大的覆盖面。

我们的话题不仅仅有关于经济萧条。生产力作为经济增长的驱动力在很大程度上取决于带宽：工人必须有效地工作；管理者必须做出明智的投资决策；学生们必须通过学习构建起人力资本。所有这些都需要带宽，今天带宽的下降很可能会造成未来生产力的缩减。

我们的话题也不仅仅有关于经济。**带宽是一种核心资源，我们在为人父母、学习、强迫自己去健身、思考自身的人际关系时，都会用到。带宽会影响我们的思维方式，影响我们做出的选择。**当经济陷入萧条时，我们能购买的商品会变得更少；而当我们陷入认知萧条时，生活中的方方面面都有可能会受到影响，从子女教育到健身、储蓄、婚姻等。

当然，带宽测评不应该仅限于国家范畴。公司同样也可以进行带宽检测：员工们的情况如何？每个员工都可以自行测试。也许在做出重要决定之前，最好还是确认一下自己所有的带宽可以全部被投入其中。我们已经了解了几个相关测试，研究人员们可以就此进行更多的测试与实验。某些研究以稀缺为关注点：怎样才能最好地对余闲进行测评？怎样才能最有效地确定人们是否产生了权衡式思维？我们也可以在此基础上更深一步，从更为普遍的角度去测评不断浮动的认知能力。

我们还可以利用这些测评数据，对社会项目和公共政策做出更为公允的评价。在一项针对失业者的项目中，我们将重点放在了重新找工作上。无疑，这一点十分重要。但为什么不同时估测一下重新雇用对带宽的影响呢？如果失业者拥有了更多带宽，就能体会到更多好处。数据显示，失业家长的孩子在学校的成绩要比其他孩子差许多。如果说带宽是罪魁祸首，我们可以采取某些措施来予以缓和，那么这些项目所能带来的利益就会远超其初衷。

带宽和稀缺心理，解决稀缺问题的关键

将关注点集中在带宽上，不仅仅能带来更为优质的测评结果。不知读者们是否还记得我们在第 2 章中提到的快餐店经理，这位经理因为总要花时间去管理他手下不称职的员工而抱怨不休。他可以怎么做呢？他是应该花时间和精力去动员手下？采取以解雇相威胁的手段？还是应该实施更多的激励机制，进

行更多的培训？或者，多与下属谈谈话？这位经理的境遇没有什么特别之处。许多低收入员工的雇主都面临着生产力低下、缺勤等问题，他们也尝试过上述各种干预手段。

如果将关注点放在稀缺心理上就会发现，这位经理应该去解决另一个不同的问题。他不用激励，不用培训，更不必威逼利诱，而是应去关注如何增加带宽。低收入员工的经济情况总是不稳定的。我们也了解到了这种状况所造成的影响。在这种条件下，激励机制的作用也会大打折扣。当你产生了管窥心态时，许多奖励就会落在“管子”视野之外。那么，为什么不去帮助员工们应对经济情况不稳定问题，帮他们释放一部分带宽，想一想什么样的金融产品适合他们，应该为他们提供什么样的后期干预机制和工作条件呢？

我们从第 5 章中了解到，为了解决金钱稀缺问题，许多员工都选择了工薪日贷款。而值得注意的是，工薪日贷款不过是以已经完成的工作为抵押而借出来的钱。在某个月的中旬去借工薪日贷款的人，实际上都已经完成了一半工资所支付的工作量。之所以需要贷款，很大一部分原因就在于薪水总是在工作完成之后才发放。雇主为什么会让员工去借这种贷款，让他们因此面对落入稀缺陷阱、背负贷款负担的威胁，并由此降低生产力，而同时雇主又完全有能力以较低的成本向员工提前支付工资呢？如果雇主可以通过提供合理的金融产品和创建带宽来提高生产力，那将是一件多么有价值的事情啊！[2]

雇主的例子告诉我们，若从带宽角度进行思考，我们就可以用不同方式来回答并解决不同问题。从遵从医嘱这个简单的例子来看，穷人更容易忘记服药。我们可以说，“现实情况就是这样”，然后放任不管，从此不再相信穷人拥有按要求做事情的能力。或者，我们也可以创建一款像 GlowCaps 智能药瓶这样的产品。[3] 这种药瓶，如果一天没有被打开正确的次数，就会产生某种反应：药瓶一开始会发光，如果还是没有被打开，就会开始发出哔哔声，最后还会给用户的手机发短信。药瓶“得寸进尺”地去烦扰它的主人，并以这种方法防止伴随管窥心态而产生的忽略行为。数据显示，自从有了 GlowCaps 智能药瓶后，穷人遵守医嘱的程度得到了大幅度的提高。通过对稀缺心理的了解，类似的产品和干预手段同样能解决类似的问题。GlowCaps 智能药瓶的例子反映出的是：我们可以用廉价而有效的科技潜移默化地应对带宽所导致的问题，而类似的方法也能在其他领域中创造出同样富有成效的成果。

当我们想到增加世界各地的农作物产量问题时，也许不应该将关注点放在开发新型农作物或农民的培训上。也许，我们应该思考如何才能让农民去做那些小事，比如除草这件所有农民都了如指掌，却常常落在其“管子”视野之外的事情。农民们手中的“GlowCaps”是什么样的？又该如何提醒他们去除草和杀虫呢？

解决稀缺问题要从富足着手

在思考关于稀缺的问题时，我们遇到了几个新难题。举例来说，本书的写作就没有按时完成。原因为何？除了所有显而易见的因素以外，我们在回顾过去几年的工作时，找到了两点主要原因：第一，一部分工作是在我们面对紧张的截止日期时完成的；第二，当我们面对紧张的截止日期写作时，就会体验到稀缺。正如理论所示，许多日子，我们都从稀缺中获得了利益，可以更加专注、有效地工作。

但大多数时间，我们都没有将紧张的截止日期时刻记在心中。很长一段时间里，我们在工作时总是觉得自己的时间很多。可以想见，在这段日子里，时间就一点点地流逝了。这虽然算不上是浪费时间，但我们每天的生产力，如果以写作字数来计算的话，远远不及我们应该达到的水平。你可以说，这是因为我们没有遭遇稀缺问题。但这句话就能概括全部吗？如果换个角度来看，是不是与充裕心理有关呢？

我们一直都将“充裕”视为稀缺不存在时的状态，将其视为“标准”，也就是一切顺利时的情况。但回顾以往，我们发现，有些时候我们能感觉到真实的充裕，而有些时候感觉到的是与稀缺或其他时间紧张的感受都不相同的独特体验。有时，我们会产生充裕心理。而充裕心理之所以耐人寻味，就在于其中似乎埋藏着终将使我们落入稀缺陷阱的种子。

我们许多人都曾在截止日期之前感觉时间不够用，因为我们浪费了曾经充裕的阶段。我们的学生总是在交作业截止日期前的两天（许多情况是一个晚上）才动笔写论文，而这种情况总是在好几周的无所事事之后才发生。在学期之初，学生们也并不是抱着这种想法来上课的。他们在最后时刻的东拼西凑，与临时抱佛脚的经理人以及不知道时间花在哪里的度假者所存在的时间管理问题如出一辙。

之所以会出现临近截止日期的稀缺体验，与人们在充裕时所采取的时间管理方式有关。稀缺与充裕之间的紧密联系，在许多情况下都会出现。农民之所以会在收获之前囊中羞涩，是因为他们在收获之后、现金充裕时花了太多钱。充裕时期的行为会酿成最终的稀缺：我们在现金一大把时总是不知道要去存钱；而我们在截止日期距离很远时，也总是会游手好闲。

请回顾2008年的金融危机。许多人都认为，导致这场危机的原因之一是认知盲点。从20世纪90年代到21世纪早期，房价一直在上涨。在房地产繁荣时期，人们很难想象房价可能会下跌，而且会认为根本不值得为此担忧。这种想法影响了人们的许多选择。如果房价注定不断上升（至少不下降），那么高杠杆交易就是有道理的，高住房贷款担保比率就是更安全的。但是，实际上房价必定会下跌，有时下跌幅度非常惨烈。因此，所有以房价不会下跌为假设而做出的投资决定，导致了一场雪崩般的金融崩溃，险些就拖垮了全球金融体系。在这个例子中，金融危机所导致的巨大稀缺，其根源正是之前几年充裕阶段时的松懈行为。

当然，我们也可以将上述种种都看作普遍的行为方式：人们总会浪费时间；人们总会过于自信。但金融危机之前的好时光和充裕资源，将人们的这些倾向进一步放大，促成了过分自信的心理，强化了他们的自满心理。

沿着稀缺的线索向上追溯，我们就能看到充裕：萧条，是由我们在繁荣阶段的行为所导致的；最后一刻的拼凑，是由我们之前几周的不作为所造成的。虽然说稀缺在许多重要问题中都扮演了主角，但充裕却是其根基。

充裕，是否也存在着内在的通用逻辑，可以用来解释所有这些不同的问题，就像稀缺一样？

我们需要找到这个问题的答案。而现在，本书的写作已告尾声，我们终于又有了许多时间可以不必为此而烦恼。

注释 Scarcity

引言　资源稀缺不可怕，就怕有稀缺心态

1. Marie Dressler—Biography. IMDb.
2. T. Smollett and J. Morley, eds., The Works of Voltaire: The Maid of Orleans (La Pucelle d'Orléans), vol. 41 (New York: E. R. DuMont, 1901), 90.
3. 这一对稀缺的定义实质上是主观的。如果一个人拥有很多财富同时拥有很多欲望的话，这个人也会体验到稀缺感，和另一个没那么多财富、也没那么多欲望的人相比，二人的稀缺感会一样。这一对稀缺的主观定义对于理解心理很重要。当然，结果依赖于心理和物理的现实情况。采用主观的方式只是为了理解心理。分析问题时，比如第 7 章的贫困问题，我们就会采用主观和客观两种方式。
4. 在罗伯特·普特南开创性的著作中，通过广泛的数据分析，他论证了美国人参与公共组织的趋势。可参考 Robert D. Putnam, Bowling Alone: The *Collapse and Revival of American Community* (New York: Simon & Schuster,

2000)。此次之后，随着关于社交互动的数据大量涌现，这一领域已经蔚为大观了，可参考 Jim Giles, "Computational Social Science: Making the Links," *Nature* 488 (August 23, 2012): 448–50。当然，从经济发展问题到城市价值的问题，社交资本（社交稀缺的反面）的重要性已经被广泛讨论了。

5. Todd Tucker, *The Great Starvation Experiment: Ancel Keys and the Men Who Starved for Science*. Minneapolis: University of Minnesota Press, 2008.
6. A. Keys, J. Brožek, A. Henschel, O. Mickelson, and H. L. Taylor, *The Biology of Human Starvation*, 2 vols. Oxford: University of Minnesota Press, 1950.
7. S. A. Russell, *Hunger: An Unnatural History*. New York: Basic Books, 2006.
8. R. Radel and C. Clement-Guillotin, "Evidence of Motivational Influences in Early Visual Perception: Hunger Modulates Conscious Access," *Psychological Science* 23, no. 3 (2012): 232–34. doi:10.1177/0956797611427920.
9. B. Libet, C. A. Gleason, E.W.Wright, and D.K.Pearl, "Time of Conscious Intention to Act in Relation to Onset of Cerebral Activity (Readiness-Potential): The Unconscious Initiation of a Freely Voluntary Act," *Brain* 106, no.3 (1983): 623–42.
10. H. Aarts, A. Dijksterhuis, and P. de Vries, "On the Psychology of Drinking: Being Thirsty and Perceptually Ready," *British Journal of Psychology* 92, no.4(2001): 631–42. doi:10.1348/000712601162383.
11. P. Saugstad and P. Schioldborg, "Value Size and Perception," *Scandinavian Journal of Psychology* 7, no.1 (1966): 102–14. doi:10.1111/j.1467-9450.1966.tb01344.x.
12. 在视觉的知觉上，注意力更集中并不意味着看得更精确。某些研究表明，动机和注意力都可以渗透并指导初始的视觉处理过程。心理学的、神经心理学的和对行为的研究的证据都表明，通过增强一个刺激的显著性可以改变刺激的强度，从而强化知觉表征，改善或减弱视觉表现的各个方面。比如说，有观察表明，知觉到的事物与现实事物可以完全相反。Marisa Carrasco, Sam Ling, and Sarah Read, "Attention Alters Appearance," *Nature Neuroscience* 7 (2004), 308–13; Yaffa Yeshurun and Marisa Carrasco, "Attention Improves of Impairs Visual Performance by Enhancing Spatial Resolution," *Nature* 396 (Nov. 5, 1998), 72–75; Rémi Radel and Corentin Clement-Guillotin, "Evidence of Motivational Influences in Early Visual Perception Hunger Modulates Conscious Access," *Psychological Science* 23, no.3 (2012), 232–34.

13. 在这一研究中，穷人家的小孩对硬币的估值更大。当然，穷人和富人的小孩在其他很多方面有不同。还有研究实验内生价值的问题，而不仅仅只是研究价值在不同人群中的差异。可参考 Brian A. Anderson, Patryk A. Laurent, and Steven Yantis, "Value-driven Attentional Capture," *Proceedings of the National Academy of Sciences* 108, no.25 (2011):10367–71。

14. P. U. Tse, J. Intriligator, J. Rivest, and P. Cavanagh, "Attention and the Subjective Expansion of Time," *Attention, Perception, and Psychophysics* 66, no.7, (2004):1171–89.

15. W. L. Gardner, Valerie Pickett, and Megan Knowles, "On the Outside Looking In: Loneliness and Social Monitoring," *Personality and Social Psychology Bulletin* 31, no.11 (2005): 1549–60. doi:10.1177/0146167205277208.

16. 这不是说孤独者拥有更强大的社交技能。恰好相反！我们必须严格定义我们所说的"社交技能"。这一研究度量了解读社交暗示的能力。另一方面，大量研究表明，孤独者在社交环境下的行为自治能力更弱。我们将在第 6 章论证，在社交环境中行为自治能力的减弱，是稀缺的一个可预测的结果。更多详细解读可参考 John T. Cacioppo and William Patrick, *Loneliness: Human Nature and the Need for Social Connection* (New York: W. W. Norton, 2008)。

17. W. L. Gardner, C. L. Pickett, and M. B. Brewer, "Social Exclusion and Selective Memory: How the Need to Belong Influences Memory for Social Events," *Personality and Social Psychology Bulletin* 26, no.4 (2000): 486–96. doi:10.1177/0146167200266007.

18. W. L. Gardner, Valerie Pickett, and Megan Knowles, "On the Outside Looking In: Loneliness and Social Monitoring," *Personality and Social Psychology Bulletin,* 31, no. 11 (2005): 1549–60.

19. K. Vitasek, M. Ledyard, and K. Manrodt, *Vested Outsourcing: Five Rules That Will Transform Outsourcing* (New York: Palgrave Macmillan, 2010).

20. A. F. Bennett, "Structural and Functional Determinates of Metabolic Rate," *American Zoologist* 28, no. 2 (1988): 699–708.

21. "稀缺"这个词也被用来描述心理学里的另一个效应。通常所说的"稀缺原则"抓住了这样一个观念：越少越想要。市场营销人员就在广泛应用这一观念，比如"限量供应"，在线商城上显示"只剩 3 件"。Robert B. Cialdini, *Influence: Science and Practice,* vol. 4 (Boston, Mass.: Allyn and Bacon, 2001).

22. 在经济学里，这就是效用递增原理。对一种资源拥有更多，效用会增加，人会感到更幸福。在大量经济分析中，这些偏好或者说效用函数都是给定的。

23. Peter J. Rogers, "A Healthy Body, a Healthy Mind: Long-Term Impact of Diet on Mood and Cognitive Function," *Proceedings—Nutrition Society of London* 60, no.1 (CABI Publishing, 1999, 2001). Doris Stangl and Sandrine Thruet, "Impact of Diet on Adult Hippocampal Neurogenesis," *Genes and Nutrition* 4, no.4 (2009): 271–82. David J. Harding, Michèle Lamont, and Mario Luis Small, eds., *The Annals of the American Academy of Political and Social Science* 629 (May 2010).

24. E. R. Kandel, *In Search of Memory: The Emergence of a New Science of Mind* (New York: W. W. Norton, 2007).

第 1 章　专注的“得”与管窥的“失”

1. MOOD—Calvin and Hobbes—Full Story. Retrieved from http://web.mit.edu/manoli/mood/www/calvin-full. html.

2. *Dirtcandy.* Retrieved from http://www.dirtcandynyc.com/?p=731.

3. *Dirtcandy.* Retrieved from http://www.dirtcandynyc.com/?p=2508. 有人可能觉得科恩把脆皮豆腐这道菜放在比赛菜单上，只是为了把她在《铁人料理》上的名气变现，人们去她的餐馆品尝节目上的这道名菜，但其实这期节目是在录制一年以后才播出的。所以这可不是营销伎俩。

4. 创造力与时间压力之间的关系远比这个故事复杂。在很多案例中，时间压力会阻碍创造力。还有一个直觉想法对我们有用。当所要完成的任务需要发散性思维、产生新想法的时候，时间压力就会变成阻力；当所要完成的任务需要收敛思维、把大量想法凝聚成一个想法时，就像科恩的例子那样，时间压力就会成为助力。可参考 Teresa M. Amabile, Constance N. Hadley, and Steven J. Kramer, “Creativity Under the Gun,” *Harvard Business Review* (August 1, 2002)。

5. Connie J. Gersick, “Time and Transition in Work Teams: Toward a New Model of Group Development,” *Academy of Management Journal* 31, no.1 (1988): 9–41. 在这一原创性研究中，格西克参加了 8 个群体的每一次集体会议。我们只是简化介绍了她参加的一次会议，其实她为了这项研究参加过好几次。另外可参考 Ruth Wageman, Colin M. Fisher, and J. Richard Hackman, in “Leading Teams When the Time Is Right” (*Organizational Dynamics* 38, no.3 [2009] 192–203)，这一文献探讨领导可以怎样去利用这些研究中的洞见。他们发现，在会议中途，整个群体都特别适合做出改变，这一点可以被领导所用。

6. D. Ariely and K. Wertenbroch, “Procrastination, Deadlines, and Performance: Self-Control by Precommitment,” *Psychological Science* 13, no. 3(2002):

219–24. 更早有研究发现，比起距离截止日期还剩 3 周，大学生更有可能在距离截止日期只剩 1 周时交出最优的带薪工作表。可参考 A. Tversky, and E. Shafir, “Choice under Conflict: The Dynamics of Deferred Decision,” *Psychological Science* 3, no.6 (1992): 358–61。经济学家们一直在对截止日期的力量进行理论探索，利用不同框架进行研究，比如双曲线折现：我们总倾向于不成比例地衡量现在在未来的价值。可参考 Shane Frederick, George Loewenstein, and Ted O’Donoghue, “Time Discounting: A Critical Review,” *Journal of Economic Literature* (2002)。按这种观点来看，设立中间期限的截止日期可以把未来的回报转化成更近期的回报，从而让人做事变得更有效率。

7. J. L. Kurtz, “Looking to the Future to Appreciate the Present: The Benefits of Perceived Temporal Scarcity,” *Psychological Science* 19, no.12 (2008):1238–41. doi:10.1111/j.1467-9280.2008.02231.x.
8. J. J. Inman and L. McAlister, “Do Coupon Expiration Dates Affect Consumer Behavior?” *Journal of Marketing Research* (1994): 423–28; A. Krishna and Z. J. Zhang, “Short or Long-Duration Coupons: The Effect of the Expiration Date on the Profitability of Coupon Promotions,” *Management Science* 45 no.8 (1999): 1041–56.
9. Paul Oyer, “Fiscal Year Ends and Nonlinear Incentive Contracts: The Effect on Business Seasonality,” *The Quarterly Journal of Economics*, 113, no.1 (1998): 149–85. 这份研究的诠释方法没有像我们的研究这样引入更多的心理学因素，而是聚焦于不同时期的替代效应。
10. S. Kaur, M. Kremer, and S. Mullainathan, “Self-Control and the Development of Work Arrangements,” *American Economic Review Papers and Proceedings* (2010).
11. M. Hastings, *Finest Years: Churchill as Warlord, 1940–45* (London: Harper

Press, 2009).

12. Shah, Mullainathan, and Shafir, "Some Consequences of Having Too Little," *Science* 338, no.6107 (November 2012): 682–85.
13. 并不是蓝莓富翁们不耐烦或者不想花太多时间在这一游戏上。如果真是这样，蓝莓富翁们完全可以玩更少的轮数，早早地结束游戏。
14. Sarah-Jayne Blakemore, Daniel Wolpert, and Chris Frith, "Why Can't You Tickle Yourself?" *Neuroreport* 11, no. 11 (2000): R11–R16. 流行的观点认为，自我创造的举动可以被预测，它的效果也会被减弱。但关于空想的截止日期或时间压力，我们并不知道有什么更仔细的实证研究。不过，自我重新协商的问题倒是经常被研究。空想出来的截止日期并不会让人感到压力，因为在人们的内心里，总可以与自己重新协商。
15. *State Fire Marshal's Office Firefighter Fatality Investigation*, no.05-307-04, Texas Department of Insurance, Austin, Texas. 我们感谢杰西卡·格罗斯（Jessica Gross）为这一案例提供的有用研究，也感谢伯顿·克拉克（Burton Clark）博士的通信。
16. P. R. LeBlanc and R. F. Fahy, *Full Report: Firefighter Fatalities in the United States—2004* (Quincy, MA: National Fire Protection Association, 2005).
17. *Firefighter fatality retrospective study*, April 2002. (Prepared for the Federal Emergency Management Agency, United States Fire Service, National Fire Data Center, by TriData Corporation, Arlington, Virginia).
18. C. Lumry (January 21, 2010). *Amarillo Firefighter Fatality—COFT | Council On Firefighter Training*. Retrieved from http://www.coft-oklahoma.org/news-updates/m.blog/21/Amarillo-firefighter-fatality .
19. C. Dickinson, *Chief's Corner* (February 27, 2007), retrieved from http://www.saratogacofire.com/seatbelt.htm.
20. L. J. Williams, *Human Factors* 27, no.2 (1985): 221–27. 科学家们研究的管窥，

原来是指很具体地通过管子来看东西，他们研究了很长时间，有时候就是指真实的眼睛视觉层面。科学家让被试人的视网膜中间的中心凹专注在目标事物上，而目标事物放在中心凹周围的区域，这个时候视觉灵敏度就降低了。他们研究人们在中心凹周围区域探测事物的能力。他们的研究成果很显著，比如，他们让所有被试看同一个字母 A，有些被试要回答所看到的是不是 A，这个任务很简单，而有些被试要回答所看到的字母是不是元音字母，这个任务就难一点。他们研究发现，尽管所有人的视觉经验一样，但那些要回答难一点问题的人，在看的时候视觉就没有那么灵敏，这些人要更加专注于完成这一任务，从而形成了管窥，没法看到中心凹周围的区域。这些都是在物理意义上研究的管窥，管窥还可以指认知意义上的视觉经验，就是专注于某个事物，而看不到其他事物。

21. Susan Sontag, *Regarding the Pain of Others* (New York: Farrar, Straus and Giroux, 2002), 46.

22. N. J. Slamecka, “The Question of Associative Growth in the Learning of Categorized Material,” *Journal of Verbal Learning and Verbal Behavior* 11, no.3 (1972): 324–32. 另一项研究要求被试人员列出美国的各个州名，研究发现，如果“帮助”被试，先告诉他们几个州名，反而减少了他们所能想到的州名数量，可参考 Raymond Nickerson, “Retrieval Inhibition from Part-Set Cuing: A Persisting Enigma in Memory Research,” *Memory and Cognition* 12, no.6 (November 1984): 531–52。

23. C. M. MacLeod, “The Concept of Inhibition in Cognition,” in *Inhibition in Cognition*, ed. David S. Gorfein and Colin M. Macleod (Washington, D.C.: American Psychological Association, 2007), 3-23.

24. J. Y. Shah, R. Friedman, and A. W. Kruglanski, “Forgetting All Else: On the Antecedents and Consequences of Goal Shielding,” *Journal of Personality and Social Psychology* 83, no.6 (2002): 1261.

25. 我们在书中描述的这个实验有点简化，实际的实验有两点不同：第一，被试看到的物体更多；第二，物体的颜色都不一样，而且要求实验对象回忆物体的颜色。

26. 这些实验结果来自我们写书时还没公开发表的研究报告。

27. Woody Allen—Biography, IMDb, http://www.imdb.com/name/nm0000095/bio.

28. B. Arends, "How to Save $10 000 by Next Thanksgiving," *Wall Street Journal,* November 20,2011.

29. Michael J. McCord, Barbara Magnoni, and Emily Zimmerman, "A Microinsurance Puzzle: How Do Demand Factors Link to Client Value?" *MILK Brief*, no.7.

30. X. Giné, R. Townsend, and J. Vickery, "Patterns of Rainfall Insurance Participation in Rural India," *The World Bank Economic Review* 22, no.3 (2008): 539–566.

31. A. Aizer, "Low Take-Up in Medicaid: Does Outreach Matter and for Whom?" *The American Economic Review* 93, no.2 (2003): 238–41.

32. D. L. Strayer, F. A. Drews, and D. J. Crouch, "A Comparison of the Cell Phone Driver and the Drunk Driver," *Human Factors: The Journal of the Human Factors and Ergonomics Society* 48, no.2 (2006): 381–91; D. Redelmeier and R. Tibshirani, "Association Between Cellular-Telephone Calls and Motor Vehicle Collisions," *New England Journal of Medicine* 336, no.7 (1997), 453–58. 注意，有一份大规模的调查报告的结论很惊人，开车时打电话对撞车的概率影响很低。可参见 Saurabh Bhargava and Vikram Pathania, "Driving Under the (Cellular) Influence" (2008), available at SSRN 1129978。这一研究避开了醉驾问题，虽然引起了很多人的兴趣，但是与其他大量数据相抵触，还需要后续的调查。

33. 我们不知道有关边开车边吃东西的实验。我们所拥有的最好的数据来自

“100-car study”，这个项目利用监控设备跟踪了 12~13 个月。他们发现，开车时吃东西导致撞车的概率增加 57%，开车时打电话发生事故的概率增加 29%，但开车时拨电话号码，风险增加 279%，这也论证了这项研究的关键结论，视觉注意力分散带来的结果是致命的。Sheila G. Klauer et al., “The Impact of Driver Inattention on Near-Crash/Crash Risk: An Analysis Using the 100-Car Naturalistic Driving Study Data,” no.HS-810 594 (2006).

34. Paul Taylor and C. Funk, “Americans and Their Cars: Is the Romance on the Skids?” (2006).

35. B. Boon, W. Stroebe, H. Schut, and R. Ijntema, “Ironic Processes in the Eating Behaviour of Restrained Eaters,” *British Journal of Health Psychology* 7, no.1 (2002): 1–10.

36. “Recession-Proof Your Business,” *About.com Small Business:* Canada, retrieved October 22, 2012.

37. 对悔恨的研究源远流长，通常悔恨被视作自我控制问题的结果。T. C. Schelling, “Self-Command in Practice, in Policy and in a Theory of Rational Choice,” *American Economic Review* 74 (1984): 1–11.

第 2 章　带宽负担会降低人的智商

1. 带宽，或者说计算能力，其实一直在各种各样的名目下进行研究，包括智能测量、推理能力、短期记忆能力、工作记忆能力、流体智商、认知控制、执行控制、注意力控制和冲突调控等等。还有些专业的研究者抓住了相关的不同点，但这些远远超出了本书的范围。R. W. Engle, “Working Memory Capacity as Executive Attention,” *Current Directions in Psychological Science* 11 (2002): 19–23.

2. A. L. Bronzaft, “The Effect of a Noise Abatement Program on Reading Ability,” *Journal of Environmental Psychology* 1, no.3 (1981): 215–22;

A. L. Bronzaft, and D. P. McCarthy, "The Effect of Elevated Train Noise on Reading Ability," *Environment and Behavior* 7, no.4 (1975): 517–28. doi:10.1177/001391657500700406.

3. 认知心理学关注的一个重点是干扰对认知表现的影响，特别是它与注意力和认知负荷的相互关系。虽说微量干扰被证明会造成巨大影响，但这种说法其实不是直觉所能想到的。干扰的影响相关的实验范围很广，从反应时间实验到模拟装置的利用，再到田野调查，考察了各种各样的任务，包括视觉、听觉、疼痛感知、开车、手术、工作表现和学习成果。

4. 莱维和同事们的一些研究记录了，在记忆负荷很重时，显著的干扰会增加对注意力的影响。这项研究把视觉注意力和工作记忆这两项不相干的任务联合起来。可以预测，当工作记忆的负荷增加时，我们防止视觉被干扰的能力会减弱。请想象你自己参与了这个非同寻常的实验。你注视着电脑屏幕，看到了一连串数字，比如 0、3、1、2、4，你需要记住这些数字。然后，你又在电脑屏幕上看到了一些名人的名字，你需要回答这些名人是流行歌手还是政治家。这些名字旁边还配有他们的脸部照片，实验人员要你忽视这些照片。之后，屏幕上又出现一个数字，比如 2，你的任务是回答你记忆里这个数字后面一个数，在这个例子中就是 4。为了让这个实验更有趣，做了两处变动。第一个是负荷操纵：当记忆负荷很重时，要记忆的数字串在每一次实验时是不一样的，当记忆负荷很轻时，每次出现的数字串是固定的：0、1、2、3、4。很明显，你可以很轻松地记下固定的数字串，而需要很积极地记下变动的数字串。另外，忽略脸部照片的条件变了：在干扰很小时，面部照片和名字是统一的，比如陈奕迅的照片对应的是陈奕迅的名字，周杰伦的照片与名字也是对应的。但是当干扰很大时，陈奕迅的照片对应的是周杰伦的名字，反过来了。这样干扰就大了！实验表明，当工作记忆负荷增加时，注意力面对的干扰更大。当记忆负荷很重时，这种名字和照片的不一致带来的影响会更大。N. Lavie, "Distracted and Confused?:

Selective Attention under Load," *Trends in Cognitive Sciences* 9, no.2 (2005): 75–82.

5. R. M. Piech, M. T. Pastorino, and D. H. Zald, "All I Saw Was the Cake: Hunger Effects on Attentional Capture by Visual Food Cues," *Appetite* 54, no.3 (2010): 579. 在注意力研究领域，某些心理和物理事件会俘获注意力是一个经久不衰的话题，这有助于理解知觉和认知里目标导向和刺激导向的交互过程。
6. 本书出版时这篇研究报告还没公布：C. J. Bryan, S. Mullainathan, and E.Shafir, "Tempting Food, Cognitive Load and Impaired Decision-Making," invited talk at the United States Department of Agriculture, Economic Research Service, Washington, D.C., April 2010。
7. 389 人参与了这项研究。节食者找词所用时间的区别很显著，在看到食物的词与看到中性词之后的差别很大 ($p = 0.003$)。节食者与非节食者在这两项试验中的区别也很显著 ($p = 0.047$)。实验激励参与者努力去找出尽可能多的词。
8. 认知科学家和脑科学家们一直专注于研究认知机制和脑的结构，由此揭开指导行为的执行或认知控制之谜。比如，可以参考 G. J. DiGirolamo, "Executive Attention: Conflict, Target Detection, and Cognitive Control," in *The Attentive Brain*, ed. Raja Parasuraman (Cambridge, Mass.: MIT Press,1998), 401–23。
9. J. Raven et al., *Manual for Raven's Progressive Matrices and Vocabulary Scales*, research supplement no.3, 2nd/3rd edition (Oxford: Oxford Psychologists Press/ San Antonio, Tex.: The Psychological Corporation, 1990/2000).
10. J. Raven, "The Raven's Progressive Matrices: Change and Stability over Culture and Time," *Cognitive Psychology* 41, no.1 (2000): 1–48.
11. 参考文献同上。值得注意的是，研究者们论证说教育只能解释智商测试分数的一小部分，可参考 J. R. Flynn, "Massive IQ Gains in 14 Nations: What

IQ Tests Really Measure," *Psychological Bulletin* 101 (1987): 171–91；关于环境和文化对智商的影响，可参考 Richard Nisbett, *Intelligence and How to Get It: Why Schools and Cultures Count* (New York: W. W. Norton, 2010)。

12. Anandi Mani, Sendhil Mullainathan, Eldar Shafir, and Jiaying Zhao, "Poverty Impedes Cognitive Function" (working paper, 2012).

13. A. Lusardi, D. J. Schneider, and P. Tufano, *Financially Fragile Households: Evidence and Implications* (National Bureau of Economic Research, Working Paper No. 17072, May 2011).

14. 科恩 d 值（Cohen's d）表示的效应范围在 0.88 到 0.94 之间。科恩 d 值可以算作是由不同样本标准差的均值之间的差异。

15. L. Linde and M. Bergstrome，"The Effect of One Night without Sleep on Problem-Solving and Immediate Recall," *Psychological Research* 54, no. 2 (1992): 127–36. 一般而言，大量研究已经表明缺觉对认知过程的有害影响，不论是对注意力和记忆力，还是对计划和做决策，都有危害。可参考 Gerard A. Kerkhof and Hans Van Dongen, *Human Sleep and Cognition: Basic Research* 185(Amsterdam: Elsevier Science, 2010)。

16. "What Is a Genius IQ Score?" *About.com*，retrieved October 23, 2012.

17. W. Mischel, E. B. Ebbesen, and A. Raskoff Zeiss, "Cognitive and Attentional Mechanisms in Delay of Gratification," *Journal of Personality and Social Psychology* 21, no.2 (1972): 204. 在后续几年的研究中，之前参加实验的孩子们长大了，米歇尔和同事们发现认知和社交能力具有可预测性，这丰富了科学家们对决定行为的因素的思考。W. Mischel, Y. Shoda, and P. K. Peake, "The Nature of Adolescent Competencies Predicted by Preschool Delay of Gratification," *Journal of Personality and Social Psychology* 54, no.4 (April 1988): 687–96.

18. Thomas C. Schelling, *Choice and Consequence* (Boston: Harvard University

Press, 1985).

19. 罗伊·鲍姆斯特（Roy Baumeister）及合作者们已经进行了很多研究，研究包括自我损耗、执行和自控的持续与减少。R. F. Baumeister and J. Tierney, *Willpower: Rediscovering the Greatest Human Strength* (New York: Penguin Press, 2011).
20. Mischel, Ebbesen, and Raskoff Zeiss, "Cognitive and Attentional Mechanisms."
21. J. Lehrer, "DON'T!" *New Yorker*, May 18, 2009.
22. B. Shiv and A. Fedorikhin, "Heart and Mind in Conflict: The Interplay of Affect and Cognition in Consumer Decision Making," *Journal of Consumer Research* 26, no.3(1999):278–92.doi:10.1086/209563.
23. W. von Hippel and K. Gonsalkorale, "'That Is Bloody Revolting!'：Inhibitory Control of Thoughts Better Left Unsaid," *Psychological Science* 16, no.7(2005): 497–500. doi:10.1111/j.0956-7976.2005.01563.x.
24. Mani, Mullainathan, Shafir, and Zhao, "Poverty Impedes Cognitive Function."
25. 标准的斯特鲁普测验要求实验对象回答标识的字体颜色。如果用蓝色字体写下 XKYD 标识时，实验对象就要回答“蓝色”。斯特鲁普测验的挑战在于某些标识本身是表示颜色的标识，比如用蓝色字体写的 RED（这是“红色”的英文单词）。可参考 Colin M. MacLeod, "Half a Century of Research on the Stroop Effect: An Integrative Review," *Psychological Bulletin* 109, no.2 (March 1991): 163–203。关于斯特鲁普测验常被说起的一件逸闻就是，它被用来检测苏联间谍，比如用红色字体来写俄语里的“蓝色”，对于普通美国人来说，看到这个俄语词没有影响，但是对于苏联间谍而言，就会造成认知阻力。
26. Mani, Mullainathan, Shafir, and Zhao, "Poverty Impedes Cognitive Function."
27. K. Alaimo, C. M. Olson, and E. A. Frongillo Jr., "Food Insufficiency and American School-Aged Children's Cognitive, Academic, and Psychosocial Development," *Pediatrics* 108, no.1 (2001): 44–53.

28. 一个问题是收获后的实验对象还会接受第二次实验。收获后农民的表现改善只会被归因为实验经历。为了控制实验本身的影响，我们对 100 位随机挑选的农民隐瞒了实验真相，然后让他们接受第一次实验。由于他们是被随机挑选的，我们就拿他们作参照，对比收获前的农民，但得出的结论一样，这就说明实验经历并不影响农民们的表现。我们也研究了一个收获后的农民样本，由于他还有尚未还清的债务，因而依然处于贫穷状态。那些农民在收获前后的行为一样，这就说明收获机制并不影响我们的研究结论。
29. N. Kusz, "The Fat Lady Sings," in *The Bitch in the House: 26 Women Tell the Truth About Sex, Solitude, Work, Motherhood, and Marriage* (New York: William Morrow, 2002).
30. D. Borchmann, *Fasting, Restrained Eating, and Cognitive Performance—A Literature Review from 1998 to 2006.*
31. 一项研究发现，给节食者一块巧克力棒确实会恶化他们的认知表现。这被归因于，节食者拿到巧克力棒以后要更专注于食物（"我需要什么东西来让自己不吃巧克力棒？"），可参考 N. Jones and P. J. Rogers, "Preoccupation, Food, and Failure: An Investigation of Cognitive Performance Deficits in Dieters," *International Journal of Eating Disorders* 33, no.2 (March 2003): 185–92。
32. J. T. Cacioppo, J. M. Ernst, M. H. Burleson, M. K. McClintock, W. B. Malarkey, L. C. Hawkley, R. B. Kowalewski et al., "Lonely Traits and Concomitant Physiological Processes: The MacArthur Social Neuroscience Studies," *International Journal of Psychophysiology* 35, no.2 (2000): 143–54.
33. 同上。
34. John T. Cacioppo and William Patrick, *Loneliness: Human Nature and the Need for Social Connection* (New York: W.W.Norton, 2009).
35. R. F. Baumeister, J. M. Twenge, and C. K. Nuss, "Effects of Social Exclusion

on Cognitive Processes: Anticipated Aloneness Reduces Intelligent Thought," *Journal of Personality and Social Psychology* 83, no. 4 (2002): 817.

36. R. F. Baumeister, C. N. DeWall, N. J. Ciarocco, and J. M. Twenge, "Social Exclusion Impairs Self-Regulation," *Journal of Personality and Social Psychology* 88, no.4 (2005): 589.
37. W. Lauder, K. Mummery, M. Jones, and C. Caperchione, "A Comparison of Health Behaviours in Lonely and Non-Lonely Populations," *Psychology, Health and Medicine* 11, no.2 (2006): 233–45.doi:10.1080/13548500500266607.
38. Mani, Mullainathan, Shafir, and Zhao, "Poverty Impedes Cognitive Function."
39. L. E. Bourne and R. A. Yaroush, "Stress and Cognition: A Cognitive Psychological Perspective," unpublished manuscript, NASA grant NAG2-1561 (2003) ; Bruce McEwen, *The End of Stress as We Know It* (New York: Joseph Henry Press/Dana Press, 2002).
40. Robert M. Sapolsky, *Why Zebras Don't Get Ulcers* (New York: Henry Holt, 1994).
41. S. Vijayraghavan, M. Wang, S. G. Birnbaum, G. V. Williams, and A. F. T. Arnsten, "Inverted-U Dopamine D1 Receptor Actions on Prefrontal Neurons Engaged in Working Memory," *Nature Neuroscience* 10, no.3 (2007):376–84. doi:10.1038/nn1846.
42. Robert and J. Hockey, "Compensatory Control in the Regulation of Human Performance under Stress and High Workload: A Cognitive-Energetical Framework," *Biological Psychology* 45, no.1 (1997):73–93.

第 3 章　装箱、余闲和权衡式思维

1. Dwight D. Eisenhower, *The Chance for Peace* (U.S. Government Printing Office, April 16, 1953).

2. 我们只调查了 100 位上班族：$p < 0.05$。
3. Stephen Spiller, "Opportunity Cost Consideration," *Journal of Consumer Research* (forthcoming).
4. 2009 年在印度的泰米尔纳德邦调查了 274 个人。在这里用收入来比较城乡居民之间的差异，在收入上二者存在 6 倍的差异。在购买搅拌机的问题上，差异很显著 $p < 0.01$。而在购买电视机的问题上，就没有经济和统计上的显著差异（分别是 58.6% 和 60.8%）。
5. K. Van Ittersum, J. Pennings, and B. Wansink, "Trying Harder and Doing Worse: How Grocery Shoppers Track In-Store Spending," *Journal of Marketing* (2010).
6. G. Antonides, I. Manon de Groot, and W. Fred van Raaij, "Mental Budgeting and the Management of Household Finance," *Journal of Economic Psychology* 32, no.4 (2011): 546–55. doi:10.1016/j.joep.2011.04.001.
7. Simpler saving: "The 60% Solution," *MSNMoney,* October 24, 2012.
8. 另一种对可预测的余闲的研究方式可见 G. Zauberman and J. G. Lynch, "Resource Slack and Propensity to Discount Delayed Investments of Time Versus Money," *Journal of Experimental Psychology: General* 134, no.1 (2005): 23–37。
9. J. M. Graham, *The Hive and the Honey Bee* (Hamilton, Ill.: Dadant & Sons, 1992).
10. *Plywood Standards*, Voluntary Product Standard PS 1-09, National Institute of Standards and Technology, U.S. Department of Commerce.
11. H. J. Brockmann, "Diversity in the Nesting Behavior of Mud-Daubers (Trypoxylon politum Say; Sphecidae)," *Florida Entomologist* 63, no. 1 (1980):53–64.
12. 这一对余闲的解释让我们联想到赫伯特·西蒙的论证，他说人们并不要最大化效用：他们满意就行，得到足够的效用就行。可参考 Herbert A.

Simon, "Rational Choice and the Structure of the Environment," *Psychological Review* 63, no. 2 (1956): 129。在西蒙看来，人们缺乏最大化效用的认知资源。用他的话来说就是，稀缺带来了不那么令人满意的行为。这一观点确实抓住了余闲的某些要素，但稀缺的影响更加具有自主性，也没有他说的那么好控制。我们会在下文中论证，不可控性对于理解稀缺至关重要。

13. George Carlin, *Brain Droppings* (New York: Hyperion, 1997), 37.
14. Brian Wansink, S. Adam Brasel, and Stephen Amjad, "The Mystery of the Cabinet Castaway: Why We Buy Products We Never Use," *Journal of Family and Consumer Science* 92, no. 1 (2000): 104–8. 对于我们会有这么多的橱柜遗弃品，经济学家们给出的一个解释是"期权的价值"(option value)，虽然我们买那么多我们不一定用得着的东西，但买来以后我们就有了选择的机会以防万一，这就是期权的价值。心理学的解释要比这复杂。我们会说，在稀缺情况下，人们会更加仔细、更加专注地思考会不会用得上，仔细地评估选择的价值，而不仅仅只是为了以防万一那么简单。
15. *SSA | 2012 SSA Fact Sheet.*
16. 同上。
17. J. Mooallem, "The Self-Storage Self," *New York Times*, September 6, 2009.
18. D. A. Redelmeier and E. Shafir, "Medical Decision Making in Situations That Offer Multiple Alternatives," *JAMA—Journal of the American Medical Association* 273, no.4 (1995): 302–5.
19. M. Friedman and R. Friedman, *Free to Choose: A Personal Statement* (Orlando, Fla.: Mariner Books, 1990).
20. R. Buehler, D. Griffin, and M. Ross, "Exploring the 'Planning Fallacy': Why People Underestimate Their Task Completion Times," *Journal of Personality and Social Psychology* 67, no.3 (1994): 366.
21. M. Sigman, "Response Time Distributions in Rapid Chess: A Large-

Scale Decision-Making Experiment," *Frontiers in Neuroscience* 4 (2010). doi:10.3389/fnins.2010.00060.

22. A. Banerjee and S. Mullainathan, *The Shape of Temptation: Implications for the Economic Lives of the Poor* (Working Paper No. w15973, National Bureau of Economic Research, 2010).
23. 当风险很高时，人们的行为表现其实会不一样，这一事实很早被用来反驳心理学对社会现象的解释。在过去 20 年里，已有研究表明人们的心理偏见会影响决策，对退休或健康方面的决策影响是决定性的。
24. 可以通过对比线性规划和整数规划来理解计算复杂性这一概念。在线性规划中，事物可以被划分为无穷小，这是对粒度概念的逻辑延拓。而在整数规划中，事物必须被放入一个固定的单位里，这是对大体积概念的逻辑延拓。计算科学家们在精确的数学意义上论证了，整数规划比线性规划本质上要困难得多。可参考 Alexander Schrijver, *Theory of Linear and Integer Programming* (West Sussex, England: John Wiley & Sons, 1998)。
25. Henry David Thoreau, *Walden* (Yale University Press, 2006), 87. 梭罗本人在这一观察中得到的是另一个教训。他不是鼓励增加财富，而是鼓励减少欲望。用我们的话来说，有两种获得余闲的方式，要么买个更大的行李箱，要么减少你想装的东西。

第 4 章　行为经济学告诉我们的道理

1. 在这本书里，我们只是简单地使用名义汇率来描述国外货币的价值（在这个例子中就是以美元来衡量卢比的价值）。对于某些情形，名义汇率就够用了，比如这个例子里亚历克斯用美元的名义汇率来衡量卢比的价值。但在有些情形中，名义汇率就有误导性，因为名义汇率无法衡量不同国家的价格水平的差异。比如，卢比走高，是由于印度的很多商品价格都更低了。要评估不同国家的收入差异，大多数经济学家不仅会调整汇率，也会调整购买力平价——对各国物价水平差异的衡量方式。由于本书的主旨不在于详细比较各国的收入水平，我们为了方便读者阅读，就只是简单地使用名义汇率了，但是读者要在自己头脑里意识到这个区别。

2. 这就是特沃斯基和卡尼曼提出的著名的“夹克和计算器问题”。可参考 A. Tversky and D. Kahneman, “The Framing of Decisions and the Psychology of Choice,” *Science* 211, no. 4481 (1981): 453–58。也可参考 R. Thaler, “Mental Accounting Matters,” *Journal of Behavioral Decision Making* 12 (1999):183–206。
3. Ofer H. Azar, “Relative Thinking Theory,” *The Journal of Socio-Economics* 36, no.1 (2007): 1–14.
4. 一些研究利用激励理论得出了类似的效应。在某个研究案例中，要调查对象去回答代数问题，答对了可以获得 6 美分，而且给调查对象人群分了组，只要参加这个实验，就可以获得 1 美元、3 美元或 10 美元的“出场费”，按照出场费的不同进行分组。对于出场费 1 美元的组的调查对象来说，答对一道题得 6 美分就看起来比较多了，而对于出场费 1 美元的组的调查对象来说，这看起来就不算多少。实验结果表明，确实是出场费 1 美元的组的调查对象更加努力去答题，也回答了更多问题。某些有幽默感的研究人员去美国经济学会的夏季会议上做了这个实验，让那些职业经济学家当调查对象，得出的实验数据也相同。这就表明，经济学家并没有比其他人更善于做理性决策。
5. 相比较于低收入水平的调查对象（特伦顿慈善食堂），高收入水平的调查对象（普林斯顿火车站）在 100 美元和 1000 美元两种情况下，表现出来的差异更大，这个实验 N=123。可参考 C. C. Hall, *Decisions Under Poverty: A Behavioral Perspective on the Decision Making of the Poor* (PhD diss.,Princeton University, 2008)。
6. 很可能这个结果是由于“天花板效应”，因为对于穷人而言，要提高赶路意愿的余地不大。即使价格上升了，依然不是 100% 的人都愿意赶路。

7. H. E. Ross, “Weber Then and Now,” *Perception* 24, no. 6 (1995): 599.
8. G. Trotta, “Some Laundry-Detergent Caps Can Lead to Overdosing,” June 5, 2009.
9. S. Grondin and P. R. Killeen, “Tracking Time with Song and Count: Different Weber Functions for Musicians and Nonmusicians,” *Attention, Perception, and Psychophysics* 71, no.7 (2009):1649–54.
10. B. Wansink and K. Van Ittersum, “Bottoms Up! The Influence of Elongation on Pouring and Consumption Volume,” *Journal of Consumer Research* 30,no.3 (2003): 455–63.
11. I. M. Rosa-Díaz, “Price Knowledge: Effects of Consumers’ Attitudes Towards Prices, Demographics, and Socio-cultural Characteristics,” *Journal of Product and Brand Management* 13, no.6 (2004): 406–28.doi:10.1108/10610420410560307.
12. 高收入和低收入的顾客答对率的差异具有统计显著性，$p < 0.05$, N=104。
13. Jacob Goldin and Tatiana Homonoff, “Smoke Gets in Your Eyes: Cigarette Tax Salience and Regressivity” *American Economic Journal: Economic Policy* 5, no.1, (February 2013): 302–36.
14. 如果标价更高，穷人会付出更多注意力，但这一点不是我们想说的一部分内容。这里有意思的内涵在于，付出更多的注意力是怎样改变决策过程的，是怎样改变那些已被记录下的“偏见”的。
15. J. K. Binkley and J. Bejnarowicz, “Consumer Price Awareness in Food Shopping: The Case of Quantity Surcharges,” *Journal of Retailing* 79, no.1 (2003): 27–35. doi:10.1016/S0022-4359(03)00005-8.
16. Consumer Reports, “Sold Short? Are You Getting Less Than You Think? Let Us Count the Ways,” February 2000, 24–26.
17. 同上。

18. 丹·艾瑞里（Dan Ariely）说明白了对权衡思维的挑战，可参考 : http://bigthink.com/ideas/17458 .
19. Shane Frederick, Nathan Novemsky, Jing Wang, Ravi Dhar, and Stephen Nowlis, “Opportunity Cost of Neglect,” *Journal of Consumer Research* 36, no. 4 (2009): 553–61.
20. 有大量证据表明了知觉的背景依赖性。阿德尔森设计的“方块阴影”错觉图是我们最喜欢的例子之一。在此使用也获得了授权。读者也可以自己去做这个实验，登录 http://web.mit.edu/persci/people/adelson/checkershadowillusion.html。想要了解更多关于错觉背后的认知机制，可以参考 Edward H. Adelson, “Lightness Perception and Lightness Illusions,” *The New Cognitive Neurosciences* (1999): 339。
21. 这是基于理查德·塞勒的研究 , 见 “Mental Accounting and Consumer Choice,” *Marketing Science* 4, no.3 (1985): 199–214。我们和阿努伊·沙阿一起在 2012 年搜集的数据。富人在不同的框架下具有显著的差异，而穷人并没有 $p < 0.01$ ($N = 0148$)。
22. J. Hastings and J. M. Shapiro, *Mental Accounting and Consumer Choice: Evidence from Commodity Price Shocks* (Cambridge, Mass.: National Bureau of Economic Research, Working Paper No. 18248, 2012).
23. 我们和阿努伊·沙阿在 2012 年搜集的数据支持这一预测。我们给实验对象提供了退税和股票收益不同的场景。富人对于这两种框架显示出了不同的倾向，而穷人并没有；$p < 0.05$($N = 141$)。
24. 我们和沙阿在 2012 年搜集的数据。富人更倾向于选择历史成本，而穷人更倾向于处置成本；在两种情况下 $p < 0.05$($N = 98$)。
25. E. Shafir and R. H. Thaler, Invest Now, Drink Later, Spend Never: On the Mental Accounting of Delayed Consumption, *Journal of Economic Psychology* 27 (2006): 694–712.

26. Paul J. Ferraro and Laura O. Taylor, "Do Economists Recognize an Opportunity Cost When They See One? A Dismal Performance from the Dismal Science" (2005).

27. 这来自博客 *Marginal Revolution*。 http://marginalrevolution.com/marginalrevolution/2005/09/opportunity cos.html .

第 5 章　借用与短视

1. J. A. Riis, *How the Other Half Lives* (Boston, Mass.: Bedford/St. Martin's, 2010).

2. 关于桑德拉对这个项目的描述可以参考：http://www.responsiblelending.org/payday-lending/tools-resources/victims-2.html。

3. M. Fellowes and M. Mabanta, *Banking on Wealth: America's New Retail Banking Infrastructure and Its Wealth-Building Potential* (Washington, D.C.: Brookings Institution, 2008).

4. 关于麦当劳跨国比较的数据可以参考 *NationMaster*。

5. *Loxcel Starbucks Store Map FAQ*, retrieved from http://loxcel.com/sbux-faq.html .

6. *Fast Facts*, retrieved October 24, 2012, from http://www.responsiblelending.org/payday-lending/tools-resources/fast-facts.html. 在这个行业里"回头客"特别多，有 98% 的贷款都流向了反复贷款的人。

7. Michael Barr, *No Slack* (Washington,D.C.: Brookings Institution Press, 2002) 里面有精彩的论述。

8. K. Edin and L. Lein, *Making Ends Meet: How Single Mothers Survive Welfare and Low-Wage Work* (New York: Russell Sage Foundation Publications,1997). 关于美国穷人的经济生活，可参考 Sarah Halpern-Meekin, Kathryn Edin, Laura Tach, and Jennifer Sykes, *It's Not Like I'm Poor: How Working Families Make Ends Meet in a Post-Welfare World* (Berkeley: University of California

Press, forthcoming)。

9. Abhijit Banerjee, "Contracting Constraints, Credit Markets, and Economic Development," in *Advances in Economics and Econometrics: Theory and Application, Eighth World Congress of the Econometric Society*, vol.3, ed. Mathias Dewatripont, Lars Hansen and S. Turnovsky (Cambridge: Cambridge University, 2004), 1–46.
10. 另一个常用来解释过度借贷的理由是目光短浅，但这一叙述有意思的地方在于，这里所说的目光短浅——管窥，并不是普遍的人格特征。当面对稀缺的时候，每个人都会管窥。回忆一下，不同于目光短浅，造成管窥的力量同样也会带来专注红利，管窥还会带来积极的后果。
11. Anuj Shah, Sendhil Mullainathan, and Eldar Shafir, "Some Consequences of Having Too Little," *Science* 338 (2013): 682–85.
12. 关于"现时偏见"和时间贴现的其他模型，可参考一篇常用的概述，见 Shane Frederick and George Loewenstein, "Time Discounting and Time Preference: A Critical Review," *Journal of Economic Literature* (2002)。
13. R. E. Bohn and R. Jaikumar, *Firefighting by Knowledge Workers* (Information Storage Industry Center, Graduate School of International Relations and Pacific Studies, University of California, 2000), retrieved from http://isic.ucsd.edu/pdf/firefighting.pdf .
14. S. R. Covey, *The Seven Habits of Highly Effective People* (New York: Free Press, 2004).
15. *Bridges—Report Card for America's Infrastructure*, retrieved from http://www.infrastructurereportcard.org/fact-sheet/bridges .
16. Roger Buehler, Dale Griffin, and Michael Ross, "Inside the Planning Fallacy: The auses and Consequences of Optimistic Time Predictions," in *Heuristics and Biases: The Psychology of Intuitive Judgment*, ed. Thomas Gilovich, Dale

Griffin, and Daniel Kahneman (Cambridge: Cambridge University Press, 2002), 250–70; D. Lovallo, and D. Kahneman, "Delusions of Success," *Harvard Business Review* (2003): 1–8. 但这些研究都没有明确研究稀缺，不过很自然，在稀缺情境下，尤其是管窥情况下，更容易出现错误规划。

第 6 章　稀缺陷阱

1. Steven Wright. *In W. Way, Oxymorons and Other Contradictions.* (Bloomington, Ind.: Author House, 2005).
2. 这些数据来自 Dean Karlan and Sendhil Mullainathan, "Debt Traps" (working paper, 2012)。
3. 在本书中我们换算成美元的等值额时，我们只是简单地利用名义汇率。但很多专家认为这会带来误解，因为在不同国家的人面对不同的物价水平。所以，比如这个例子中的小贩要购买其他食物或商品的价格也会更低。因此，小贩的名义收入并没有确切地反映其购买力水平。经济学家们建议使用购买力平价来代替名义汇率。在印度的例子中，按照购买力平价来计算，小贩的收入大约会高出 2.5 倍。
4. 经济学家特别是发展经济学家已经关注到"贫困陷阱"，就是开始变穷的人会停留在贫穷状态。一个常被讨论的机制原理就是，能赚钱的投资机会需要一定数量的资本投入。富人拥有足够的资本去投资，而穷人很难节省出钱来投资。还有些机制研究包括抱负和目光短浅的问题。相关的参考文献可见于 Debraj Ray, "Development Economics," *The New Palgrave Dictionary of Economics*, ed. Lawrence Blume and Steven Durlauf (2007).
5. Michael Faye and Sendhil Mullainathan, "Demand and Use of Credit in Rural India: An Experimental Analysis" (working paper, Harvard University, 2008).
6. Daryl Collins, Jonathan Morduch, Stuart Rutherford, and Orlanda Ruthven, *Portfolios of the Poor: How the World's Poor Live on $2 a Day* (Princeton, N.J.:

Princeton University Press, 2010).

7. 尽管发展中国家的时间利用数据很难获得，但依然有一些精彩的研究，可见于 Quentin Wodon and Mark Blackden, Gender, *Time Use, and Poverty in Sub-Saharan Africa* (Washington, D.C.:World Bank Press, 2006)。
8. M. Muraven and R. F. Baumeister, "Self-Regulation and Depletion of Limited Resources: Does Self-Control Resemble a Muscle?" *Psychological Bulletin* 126, no. 2 (2000): 247–59. doi:10.1037//0033-2909.126.2.247.
9. K. D. Vohs and T. F. Heatherton, "Self-Regulatory Failure: A Resource-Depletion Approach," *Psychological Science* 11, no.3 (2000): 249–54.
10. D. Collins et al., *Portfolios of the Poor*.
11. New Amsterdam Consulting, "Stability First Pilot Test: Pre-Test Interviews Narrative Report" (March 2012).
12. A. Lusardi, D. J. Schneider, and P. Tufano, *Financially Fragile House holds: Evidence and Implications* (National Bureau of Economic Research, 2011), retrieved from http://www.nber.org/papers/w17072 .
13. John T. Cacioppo and William Patrick, *Loneliness: Human Nature, and the Need for Social Connection* (New York: W.W.Norton, 2009).
14. J. Friedman, "How Did Tom Amberry Set the World Free Throw Record?" *Sports Illustrated*, October 17, 1994, retrieved from http://sportsillustrated.cnn.com/vault/article/magazine/MAG1005796/index.htm .
15. Bruce Bowen, *Basketball-Reference.com*, retrieved October 31, 2012, from http://www.basketball -reference.com/players/b/bowenbr01.html .
16. S. L. Beilock, A. R. McConnell et al., "Stereotype Threat and Sport: Can Athletic Performance Be Threatened," *Journal of Sport and Exercise Psychology* 26, no.4 (2004): 597–609.
17. R. M. Yerkes and J. D. Dodson, "The Relation of Strength of Stimulus to

Rapidity of Habit-Formation," *Journal of Comparative Neurology and Psychology* 18, no.5(1908): 459–82.

18. Daniel M. Wegner, David J. Schneider, Samuel R. Carter, and Teri L. White, "Paradoxical Effects of Thought Suppression," *Journal of Personality and Social Psychology* 53, no.1(1987): 5–13; D. M. Wegner, *White Bears and Other Unwanted Thoughts: Suppression, Obsession, and the Psychology of Mental Control* (New York: Viking, 1989).

第 7 章　穷人为什么穷

1. J. Carr and L. Greeves, *Only Joking: What's So Funny About Making People Laugh?* (New York: Gotham Books, 2006).
2. *Levels and Trends in Child Mortality* (Washington, D.C.: The UN Inter-Agency Group for Child Mortality Estimation [IGME], 2010).
3. http://www.globalissues.org/article/26/poverty-facts-and-stats .
4. 世界银行划定的贫困线是每天 2.5 美元。这里关注的是“绝对”贫困。照此计算，美国不存在处于贫困状态的儿童。关于全球贫困问题的更多研究可参考 Anup Shah, "Poverty Facts and Stats," *Global Issues* 26 (2008)。也可参考 Abhijit Banerjee and Esther Duflo, *Poor Economics: A Radical Rethinking of the Way to Fight Global Poverty* (New York: PublicAffairs, 2011)。
5. Mark R. Rank and Thomas A. Hirschl, "Estimating the Risk of Food Stamp Use and Impoverishment during Childhood," *Archives of Pediatrics and Adolescent Medicine* 163, no.11 (2009): 994.
6. Alisha Coleman-Jensen et al., "House hold Food Security in the United States in 2010," *USDA-ERS Economic Research Report* 125 (2011).
7. B. Ritz and F. Yu, "The Effect of Ambient Carbon Monoxide on Low Birth Weight Among Children Born in Southern California Between 1989 and 1993,"

Environmental Health Perspectives 107, no.1 (1999): 17.

8. 关于贫困背后的因素，另一项富有原创性的研究可参考 Charles Karelis, *The Persistence of Poverty: Why the Economics of the Well-Off Can't Help the Poor* (New Haven: Yale University Press, 2009)。
9. *International Diabetes Federation*, Atlas. http://www.diabetesatlas.org/content/some-285-million-peopleworldwide-will-live-diabetes-2010 .
10. 之所以有这么大的估算范围，因为按时服药的人群比例取决于研究样本所包含的人数。计量按时服药的方式——比如患者自己报告、药物补充率、电子设备监控——也会影响估算结果。基本研究可参考 Eduardo Sabaté, ed., *Adherence to Long-Term Therapies: Evidence for Action* (Geneva: World Health Organization, 2003)。这本书也囊括了其他疾病的按时吃药数据。
11. 很难从这些研究中概述除草对所有农民的好处，这些研究依赖的是模型或横截面数据。要测度这个好处，设计出随机化控制实验就特别有用了。关于非洲农民的估算，可参考 L. P. Gianessi et al., "Solving Africa's Weed Problem: Increasing Crop Production and Improving the Lives of Women," *Proceedings of "Agriculture: Africa's 'engine for growth'—Plant Science and Biotechnology Hold the Key,"* Rothamsted Research, Harpenden, UK, October 12–14, 2009 Association of Applied Biologists, 2009)。
12. D. E. Johnson, "Weed Management in Small Holder Rice Production in the Tropics," Natural Resources Institute, University of Greenwich Ghatham, Kent,UK 11 (1996), retrieved from http://ipmworld.umn.edu/chapters/johnson.htm .
13. J. Lexmond, L. Bazalgette, and J. Margo, *The Home Front* (London: Demos, 2011).
14. 早期的研究见 J. Garbarino, "A Preliminary Study of Some Ecological Correlates of Child Abuse: The Impact of Socioeconomic Stress on Mothers," *Child*

Development (1976): 178–85。近期利用更多数据研究这一问题的有 Christina Paxson and Jane Waldfogel, "Work, Welfare, and Child Maltreatment," *Journal of Labor Economics* 20, no.3 (July 2002): 435–74。

15. J. S. Lee and N. K. Bowen, "Parent Involvement, Cultural Capital, and the Achievement Gap Among Elementary School Children," *American Educational Research Journal* 43, no.2 (2006): 193–218.
16. A. T. Clarke and B. Kurtz-Costes, "Television Viewing, Educational Quality of the Home Environment, and School Readiness," *Journal of Educational Research* (1997): 279–85.
17. A. Drewnowski and S. E. Specter, "Poverty and Obesity: The Role of Energy Density and Energy Costs," *The American Journal of Clinical Nutrition* 79, no.1 (2004): 6–16.
18. R. Tabberer, "Childhood Poverty and School Attainment, Causal Effect and Impact on Lifetime In equality," in *Persistent Poverty and Lifetime In equality: The Evidence—Proceedings from a Workshop Held at HM Treasury, Chaired by Professor John Hills, Director of the ESRC Research Centre for Analysis of Social Exclusion* (1998).
19. N. Adler, J. Stewart, S. Cohen, M. Cullen, A. D. Roux, W. Dow, and D. Williams, "Reaching for a Healthier Life: Facts on Socioeconomic Status and Health in the U.S.," *The John D. and Catherine T. MacArthur Foundation Research Network on Socioeconomic Status and Health* 43 (2007).
20. 很多地方都在观测收入与洗手、处理饮水之间的关系。在秘鲁，有一项研究关注母亲或其他人照顾小孩的行为，结果表明，只有 46% 照顾小孩的人在如厕后洗手。甚至在这一数据内，也表现出与收入很强的关联：最高收入的人群里有 56.5% 的人会如厕后洗手，而底层收入人群里只有 34% 的人会洗手。在清洗小孩屁股或饭前洗手方面，他们也报告了类似的差异。可参考 Sebastian Galiani and Alexandra Orsola-Vidal, “Scaling Up Handwashing Behavior,” *Global Scaling Up Handwashing Project, Water and Sanitation Program* (Washington, D.C., 2010)。

21. Adler et al., “Reaching for a Healthier Life.”
22. John M. Darley and Paget H. Gross, “A Hypothesis-Confirming Bias in Labeling Effects,” *Journal of Personality and Social Psychology* 44, no. 1(1983): 20–33.
23. R. L. Repetti, “Short-Term and Long-Term Processes Linking Job Stressors to Father–Child Interaction,” *Social Development* 3, no.1 (2006): 1–15.
24. L. A. Gennetian, G. Duncan, V. Knox, W. Vargas, E. Clark-Kauffman, and A. S. London, “How Welfare Policies Affect Adolescents’ School Outcomes: A Synthesis of Evidence from Experimental Studies,” *Journal of Research on Adolescence*14, no. 4 (2004): 399–423.
25. M. Siahpush, H. H. Yong, R. Borland, J. L. Reid, and D. Hammond, “Smokers with Financial Stress Are More Likely to Want to Quit but Less Likely to Try or Succeed: Findings from the International Tobacco Control (ITC) Four Country Survey,” *Addiction* 104, no.8 (2009): 1382–90.
26. Jens Ludwig, et al. “Neighborhoods, Obesity, and Diabetes—A Randomized Social Experiment,” *New England Journal of Medicine* 365, no. 16 (2011): 1509–19.
27. R. T. Gross and T. D. Borkovec, “Effects of a Cognitive Intrusion Manipulation on the Sleep-Onset Latency of Good Sleepers,” *Behavior Therapy* 13, no.1 (1982): 112–16.
28. F. N. Watts, K. Coyle, and M. P. East, “The Contribution of Worry to Insomnia,” *British Journal of Clinical Psychology* 33 no.2 (2011): 211–20.
29. J. T. Cacioppo, L. C. Hawkley, G. G. Berntson, J. M. Ernst, A. C. Gibbs, R.

Stickgold, and J. A. Hobson, "Do Lonely Days Invade the Nights? Potential Social Modulation of Sleep Efficiency," *Psychological Science* 13, no. 4(2002): 384–87.

30. N. P. Patel, M. A. Grandner, D. Xie, C. C. Branas, and N. Gooneratne, "Sleep Disparity in the Population: Poor Sleep Quality Is Strongly Associated with Poverty and Ethnicity," *BMC Public Health* 10 (2010): 475–75.

31. G. Belenky, T. J. Balkin, D. P. Redmond, H. C. Sing, M. L. Thomas, D. R. Thorne, and N. J. Wesensten, "Sustaining Performance During Continuous Operations: The U.S. Army's Sleep Management System," in *Managing Fatigue in Transportation. Proceedings of the 3rd Fatigue in Transportation Conference*(1998).

32. Alaska Oil Spill Commission, *Spill: The Wreck of the Exxon Valdez*, vol.3 (State of Alaska,1990). 关于睡眠方面的文献一项整体探讨可见于 William C. Dement and Christopher Vaughan, *The Promise of Sleep: A Pioneer in Sleep Medicine Explores the Vital Connection Between Health, Happiness, and a Good Night's Sleep* (New York: Dell, 1999)。

33. Hans PA van Dongen et al., "The Cumulative Cost of Additional Wakefulness: Dose-Response Effects on Neurobehavioral Functions and Sleep Physiology from Chronic Sleep Restriction and Total Sleep Deprivation," *SLEEP* 26, no.2 (2003): 117–29. 关于长期的睡眠紊乱的研究综述可参考 D. F. Dinges, N. L. Rogers, and M. D. Baynard, "Chronic Sleep Deprivation," *Principles and Practice of Sleep Medicine* 4(2005): 67–76.

34. 越来越多的研究论证，早期的童年经历会影响大脑发育。最近的研究可见 Clancy Blair et al., "Salivary Cortisol Mediates Effects of Poverty and Parenting on Executive Functions in Early Childhood," *Childhood Development* 82, no.6 (November/December 2011): 1970–84。我们的研究表明，除了这些影响，

贫困对认知功能具有很大的直接影响。

第 8 章　如何让穷人摆脱贫穷

1. A. Chapanis, "Psychology and the Instrument Panel," *Scientific American* 188 (1953): 74–82.

2. Burt S. Barnow and Christopher T. King, eds., *Improving the Odds: Increasing the Effectiveness of Publicly Funded Training* (Washington, D.C.: Urban Institute Press, 2000).

3. 最近两项关于小微金融的影响评估从量化上证明了这些潜在的问题，见 Dean Karlan and Jonathan Zinman, "Microcredit in Theory and Practice: Using Randomized Credit Scoring for Impact Evaluation," *Science* 332, no.6035 (2011): 1278–84；Abhijit Banerjee et al., "The Miracle of Microfinance? Evidence from a Randomized Evaluation" (MIT working paper, 2010)。

4. 有些论据不需要借助于稀缺心理学就可以得出。大多数政策制定都假设了人是完全理性的。仅仅只要假设人具有天然的心理局限，就可以提高政策制定的水平。这一观点最近有很精彩的研究，见 Richard H. Thaler and Cass R. Sunstein, *Nudge: Improving Decisions about Health, Wealth, and Happiness* (New Haven,Conno: Yale University Press, 2008)。也可参考 Eldar Shafir, ed., *The Behavioral Foundations of Public Policy* (Princeton, N.J.: Princeton University Press, 2012)。我们之前用了这一逻辑去论证，只要理解穷人有和其他人一样的心理缺陷，就可以更好地理解贫困。可参考 Marianne Bertrand, Sendhil Mullainathan, and Eldar Shafir, "A Behavioral-Economics View of Poverty," *American Economic Review* (2004): 419–23。通过挤压带宽，稀缺会进一步放大这些论据。在贫困的情境里，富有心理学洞见的政策特别重要。

5. D. Ellwood and R. Haskins, *A Look Back at Welfare Reform*, *IPRNews* (Winter

2008), retrieved from http://www.ipr.northwestern.edu/publications/newsletter/iprn0801/dppl.html .

6. A. Cappelen, O. Maetad, and B. Tungodden, "Demand for Childhood Vaccination—Insights from Behavioral Economics," in *Forum for Development Studies* 37, no.3 (November 2010): 349–64. (Oslo: Routledge, 2010).
7. L. B. Rawlings and G. M. Rubio, "Evaluating the Impact of Conditional Cash Transfer Programs," *The World Bank Research Observer* 20, no. 1 (2005):29–55.
8. A. Drexler, G. Fischer, and A. Schoar, *Keeping It Simple: Financial Literacy and Rules of Thumb* (London: Centre for Economic Policy Research, 2010).
9. *Emergency Hand Loan: A Product Design Case Study*, Financial Access Initiative, ideas42 and IFC. Discussion and document at http://www.financialaccess.org/blog/2011/05/product-design-poor-emergency-hand-loan.
10. S. Baird, J. De Hoop, and B. Ozler, "Income Shocks and Adolescent Mental Health," *World Bank Policy Research Working Paper Series*, no. 5644 (2011).
11. 关于美国的反复接受救济的比例已经被广泛研究了，比如参考 J. Cao, "Welfare Recipiency and Welfare Recidivism: An Analysis of the NLSY Data," *Institute for Research on Poverty Discussion Papers* 1081–96, University of Wisconsin Institute for Research on Poverty (March 1996)。
12. "走向机会"（Moving to Opportunity）这个项目对幸福指数有积极影响，但对经济上的自给自足没有影响。可参考 J. Ludwig, G. J. Duncan, L. A. Gennetian, L. F. Katz, R. Kessler, J. R. Kling, and L. Sanbomatsu, "Neighborhood Effects on the Long-Term Well-Being of Low-Income Adults," *Science* 337 (September 21, 2012): 1505–10, online edition。
13. 关于小微金融的影响的研究综述可参考 M. Duvendack, R. Palmer-Jones, J. G. Copestake, L. Hooper, Y. Loke, and N. Rao, "What Is the Evidence of the Impact of Microfinance on the Well-Being of Poor People?" (London: EPPICentre,

Social Science Research Unit, Institute of Education, University of London, 2011)。

第 9 章　如何解决组织中的时间稀缺

1. 可参考 S. Crute, "Case Study: Flow Management at St. John's Regional Health Center," *Quality Matters* (2005)。 也可参考"Improving Surgical Flow at St. John's Regional Health Center: A Leap of Faith," Institute for Healthcare Improvement。这一案例的研究也可见于 E. Litvak, M. C. Long, B. Prenney, K. K. Fuda, O. Levtzion-Korach, and P. McGlinchey, Improving Patient Flow and Throughput in California Hospitals Operating Room Services, Boston University Program for Management of Variability in Health Care Delivery. Guidance document prepared for the California Healthcare Foundation (CHCF), 2007。
2. 圣约翰医疗中心并非个例，详细的案例分析可参考 Mark van Houdenhoven et al., Improving Operating Room Efficiency by Applying Bin-Packing and Portfolio Techniques to Surgical Case Scheduling, *Anesthesia and Analgesia* 105, no.3 (2007): 707–14。关于改善医院的病床管理的文献可参考 Brecht Cardoen, Erik Demeulemeester, and Jeroen Belien，Operating Room Planning and Scheduling: A Literature Review, *European Journal of Operational Research* 201, no. 3 (2010):921–32。
3. 可参考 John Gribbin, *Deep Simplicity: Bringing Order to Chaos and Complexity* (New York: Random House, 2005)。
4. 汤姆·德马可（Tom DeMarco）对组织的余闲的重要性有精彩的论述，"不优化组织也有可能让组织变得更有效率，方法就是让组织拥有余闲。也有可能让组织在效率上降低一点，但是极大地改善组织。为了实现这一目的，你需要重新引入足够的余闲，让组织喘口气、再造自身，作出必要的改变"。见 Tom DeMarco, *Slack: Getting Past Burnout, Busywork, and the Myth of Total*

Efficiency (New York: Broadway, 2002)。

5. 关于融资收购，可参考Steven N. Kaplan and Per Stromberg, Leveraged Buyouts and Private Equity, *Journal of Economic Perspectives* 23, no.1 (Winter 2009): 121–46。
6. F. R. Lichtenberg and D. Siegel, The Effects of Leveraged Buyouts on Productivity and Related Aspects of Firm Behavior, *Journal of Financial Economics* 27, no.1 (1990): 165–94.
7. 当经济冲击来临时，关于融资并购导致企业进入危险境地的可能性已经被广泛讨论了，比如参考 Krishna G. Palepu, "Consequences of Leveraged Buyouts," *Journal of Financial Economics* 27, no. 1 (1990): 247–62。
8. Arthur G. Stephenson et al., "Mars Climate Orbiter Mishap Investigation Board Phase I Report, 44 pp.," NASA, Washington, D.C. (1999). 另一份可读的文献是 James Oberg, "Why the Mars Probe Went Off Course," *IEEE Spectrum* 36, no. 12 (1999): 34–39。
9. Roger E. Bohn and Ramchandran Jaikumar, *Firefighting by Knowledge Workers* (Information Storage Industry Center, Graduate School of International Relations and Pacific Studies, University of California, 2000).
10. N. P. Repenning, "Reducing Cycle Time at Ford Electronics, Part II: Improving Product Development"。
11. 这一数据来自 Bohn and Jaikumar, *Firefighting by Knowledge Workers*. 但与这一数据矛盾的是，有数据表明微软发布的软件当时存在 61,000 个已知的漏洞，可参考 http://www.computergripes.com/Windows2000.html#28000bugs。
12. 最近有研究论证，法官是怎样从试图同时接手很多案件到最后却一团乱麻的。可参考 Decio Coviello, Andrea Ichino, and Nicola Persico, "Don't Spread Yourself Too Thin: The Impact of Task Juggling on Workers' Speed of Job Completion" (National Bureau of Economic Research Working Paper No.

16502, 2010)。

13. H. D. Thoreau, *A Week on the Concord and Merrimac Rivers*.

14. 相关法律见 http://www.ghsa.org/html/stateinfo/laws/cellphone laws.html。

15. 这些事实可见于 edgarsnyder.com, 2012 年 11 月 2 日的报告，见 http://www.edgarsnyder.com/car-accident/cell-phone/cell-phone-statistics.html。

16. 见 J. Wilson, M. Fang, S. Wiggins, and P. Cooper, "Collision and Violation Involvement of Drivers Who Use Cellular Telephones," *Traffic Injury Prevention* 4, no.1 (2003):45–52.

17. D. L. Strayer, F. A. Drews, and D. J. Crouch, "A Comparison of the Cell Phone Driver and the Drunk Driver," *Human Factors: The Journal of the Human Factors and Ergonomics Society* 48, no.2 (2006): 381–91. 追踪调查已经利用高保真的驾驶模拟器，去对比打电话驾车的司机和醉驾的司机，得出的结论是，开车时打电话增加的风险，比得上血液里的酒精含量超过法定水平时开车增加的风险。

18. 可参考 E. Robinson, "Why Crunch Mode Doesn't Work: 6 Lessons," *IGDA* (2005), retrieved February 17, 2009. 还 有 Sara Robinson, "Bring Back the 40-Hour Work Week," *Slate*, March 14, 2012。 两份文献都有清晰的立场，比如减少工作日，工人会受到激励，并且把自己的工作做得很好。

19. Robinson, "Why Crunch Mode Doesn't Work."

20. "Scrum & Overtime?", 2008 年 7 月 9 日发在博客 *Agile Game Development* 上。

21. Diwas S. Kc and Christian Terwiesch, "Impact of Workload on Ser vice Time and Patient Safety: An Econometric Analysis of Hospital Operations," Management Science 55, no. 9 (2009): 1486–98.

22. Seonaidh McDonald, "Innovation, Organisational Learning and Models of Slack," *Proceedings of the 5th Organizational Learning and Knowledge Conference* (Lancaster University, 2003).

23. D. T. Wagner, C. M. Barnes, V. K. Lim, and D. L. Ferris, "Lost Sleep and Cyberloafing: Evidence from the Laboratory and a Daylight Saving Time Quasi-Experiment," *Journal of Applied Psychology* 97, no.5 (2012): 1068.

24. 同上。

25. "Manage Your Energy, Not Your Time," *Harvard Business Review*, November 3, 2012.

26. 同上。

27. 这就是所谓的"20-20-20 法则"，比如可参考 http://www.mayoclinic.com/health/eyestrain/DS01084/DSECTION=prevention。

28. J. De Graaf, D. Wann, and T. H. Naylor, *Affluenza: The All-Consuming Epidemic* (San Francisco, Calif.: Berrett-Koehler, 2005).

29. 关于"红花"日本料理的简要介绍可见 http://www.rockyhaoki.com/biography.html.。

30. 这一讨论来自 HBS 关于红花日本料理的商业模型的精彩的案例分析，见 W. Earl Sasser and J. Klug, *Benihana of Tokyo* (Boston: Harvard Business School, 1972)。也可参考 Ernst Ricardo and Glen M. Schmidt, "Benihana: A New Look at an Old Classic," *Operations Management Review* 1 (2005): 5–28.

31. S. E. Kimes, "Restaurant Revenue Management Implementation at Chevys Arrowhead," *Cornell Hotel and Restaurant Administration Quarterly* 45, no.1 (2004): 52–67.

32. Y. Berra, *The Yogi Book* (New York: Workman Publishing, 1997).

第 10 章　如何应对日常生活中的稀缺

1. D. Karlan, M. McConnell, S. Mullainathan, and J. Zinman, *Getting to the Top of Mind: How Reminders Increase Saving* (National Bureau of Economic Research, Working paper No. w16205, 2010).

2. “Impulse Savings,” ideas42 case study.
3. *Snopes.com*: Massachusetts License Renewal (November 4, 2008).
4. J. J. Choi, D. Laibson, B. C. Madrian, and A. Metrick, “For Better or for Worse: Default Effects and 401(k) Savings Behavior,” in *Perspectives on the Economics of Aging*, ed. D. A. Wise (Chicago: University of Chicago Press, 2004), 81–26.
5. http://www.bankofamerica.com/promos/jump/ktc coinjar/.
6. Bank of America’s Keep the Change program: “Keep Your Savings Elsewhere,” *BloggingStocks*, November 1, 2012.
7. L. E. Willis, “Against Financial Literacy Education,” (2008).
8. R. H. Thaler and S. Benartzi, “Save More Tomorrow™: Using Behavioral Economics to Increase Employee Saving,” *Journal of Political Economy* 112, no. S1 (2004): S164–87.
9. M. Bertrand and A. Morse, “Information Disclosure, Cognitive Biases, and Payday Borrowing,” *The Journal of Finance* 66, no. 6 (2011): 1865–93.
10. R. Levine, *A Geography of Time: The Temporal Misadventures of a Social Psychologist, or How Every Culture Keeps Time Just a Little Bit Differently* (New York: Basic Books, 1997).
11. J. Mata, P. M. Todd, and S. Lippke, “When Weight Management Lasts. Lower Perceived Rule Complexity Increases Adherence,” *Appetite* 54, no. 1 (2010): 37–43.doi:10.1016/j.appet.2009.09.004.
12. E. Duflo, M. Kremer, and J. Robinson, *Nudging Farmers to Use Fertilizer: Theory and Experimental Evidence from Kenya* (No. w15131, National Bureau of Economic Research, 2009).
13. 同上。
14. 研究者在双曲线贴现率模型里来解释这一现象，作为对推迟满足这一普遍挑战的解决方案。我们收集到的数据，即农民在丰收时带宽增加，可以更好地解释这一现象，这些数据表明当农民的带宽到达最大值时，可以改善决策质量。

15. K. Haycock, “Promise Abandoned: How Policy Choices and Institutional Practices Restrict College Opportunities” (Washington, D.C.: Education Trust, 2006).
16. E. P. Bettinger, B. T. Long, P. Oreopoulos, and L. Sanbonmatsu, *The Role of Simplification and Information in College Decisions: Results from the H&R Block FAFSA Experiment*. National Bureau of Economic Research, (2009).
17. D. Ariely and K. Wertenbroch, “Procrastination, Deadlines, and Performance: Self-Control by Precommitment.” *Psychological Science* 13, no. 3 (2002): 219–24.
18. C. F. Camerer, and H. Kunreuther, “Decision Processes for Low Probability Events: Policy Implications,” *Journal of Policy Analysis and Management* 8, no. 4 (1989): 565–92.

结 语

1. J. Horgan, “The New Challenges,” *Scientific American* 267, no. 6 (1992): 10.
2. 这个想法是一个非营利组织 ideas42 在探索的，我们帮助创立了这个组织，它旨在利用行为研究获得的洞见去创造产品或政策。感兴趣的读者可以访问网站 www.ideas42.com。
3. *Vitality-About GlowCaps*. Retrieved from http://www.vitality.net/glowcaps.html.

译者后记

Scarcity

稀缺和理性经济人是传统经济学的两大基本假设：资源是稀缺而有限的；人具有完全的理性，可以做出利益最大化的选择。

有意思的是，如果把本书的观点总结为一句话，正是对这两大基本假设的一次重新审视——过度的稀缺会导致人的非理性，从而进一步加剧这种稀缺。再深究下去，这是不是意味着传统经济学两大假设之间存在着明显的冲突呢？

人的"有限理性"理论早在20世纪兴起的行为经济学中就已出现，并在社会生活中得到了应用。而《稀缺》一书的许多观点和案例也可以看作行为经济学的一种应用：缺钱（或时间）会对人的心理产生影响，让人做出错误的决策，从而变得更缺钱（或时间）。既然我们知道这个规律，何不针对性地设计制度，来防止人们继续犯错呢？例如，将"每个人一生中只能享受5年福利救济"的政策改为"每个人一生中只能享受6年救济，其中每年里能享受8个月”。再如，从手术室资源严重不足的医院里再辟出一间手术室，不安排计划内手术。站在完全理性的假设角度，这些举措都是低效且不合理的，但如果将稀缺对人的心理影响考虑在内，这些做法却能取得更好的成效。

不仅如此，本书的观点和案例还能扭转人们对“穷人”的一些偏见。穷人之所以会长期贫困，不一定是由于智力或努力程度的问题，而有可能是稀缺造成的恶性循环。这在当前强调消除贫富差距、“走共同富裕”的中国，也有非常积极的社会意义。

最后，还要感谢康洁、王晓明、张晓英、张萌、张翰、魏宁、李维、赵晓光、魏雯雯和王朝阳对我们的帮助。对于译者而言，时间与金钱的稀缺状态一时难以改变，幸而还有友谊的富足，一路支撑着我们完成了本书的翻译工作。

未来，属于终身学习者

我这辈子遇到的聪明人（来自各行各业的聪明人）没有不每天阅读的——没有，一个都没有。巴菲特读书之多，我读书之多，可能会让你感到吃惊。孩子们都笑话我。他们觉得我是一本长了两条腿的书。

——查理·芒格

互联网改变了信息连接的方式；指数型技术在迅速颠覆着现有的商业世界；人工智能已经开始抢占人类的工作岗位……

未来，到底需要什么样的人才？

改变命运唯一的策略是你要变成终身学习者。未来世界将不再需要单一的技能型人才，而是需要具备完善的知识结构、极强逻辑思考力和高感知力的复合型人才。优秀的人往往通过阅读建立足够强大的抽象思维能力，获得异于众人的思考和整合能力。未来，将属于终身学习者！而阅读必定和终身学习形影不离。

很多人读书，追求的是干货，寻求的是立刻行之有效的解决方案。其实这是一种留在舒适区的阅读方法。在这个充满不确定性的年代，答案不会简单地出现在书里，因为生活根本就没有标准确切的答案，你也不能期望过去的经验能解决未来的问题。

湛庐阅读APP：与最聪明的人共同进化

有人常常把成本支出的焦点放在书价上，把读完一本书当做阅读的终结。其实不然。

时间是读者付出的最大阅读成本
怎么读是读者面临的最大阅读障碍
“读书破万卷”不仅仅在“万”，更重要的是在“破”！

现在，我们构建了全新的“湛庐阅读”APP。它将成为你“破万卷”的新居所。在这里：

- 不用考虑读什么，你可以便捷找到纸书、有声书和各种声音产品；
- 你可以学会怎么读，你将发现集泛读、通读、精读于一体的阅读解决方案；
- 你会与作者、译者、专家、推荐人和阅读教练相遇，他们是优质思想的发源地；
- 你会与优秀的读者和终身学习者为伍，他们对阅读和学习有着持久的热情和源源不绝的内驱力。

从单一到复合，从知道到精通，从理解到创造，湛庐希望建立一个“与最聪明的人共同进化”的社区，成为人类先进思想交汇的聚集地，共同迎接未来。

与此同时，我们希望能够重新定义你的学习场景，让你随时随地收获有内容、有价值的思想，通过阅读实现终身学习。这是我们的使命和价值。

湛庐文化 Cheers Publishing a mindstyle business 与思想有关

湛庐阅读APP玩转指南

湛庐阅读APP结构图：

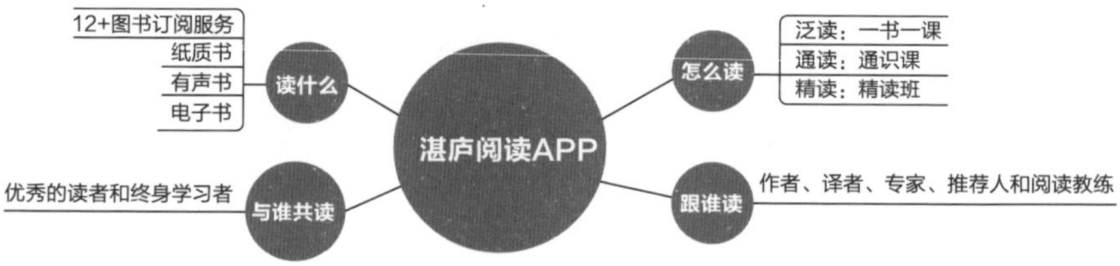

三步玩转湛庐阅读APP：

读一读 ▼

湛庐纸书一站买，
全年好书打包订

听一听 ▼

泛读、通读、精读，
选取适合你的阅读方式

扫一扫 ▼

买书、听书、讲书、
拆书服务，一键获取

APP获取方式：

安卓用户前往各大应用市场、苹果用户前往APP Store
直接下载“湛庐阅读”APP，与最聪明的人共同进化！

使用APP扫一扫功能，
遇见书里书外更大的世界！

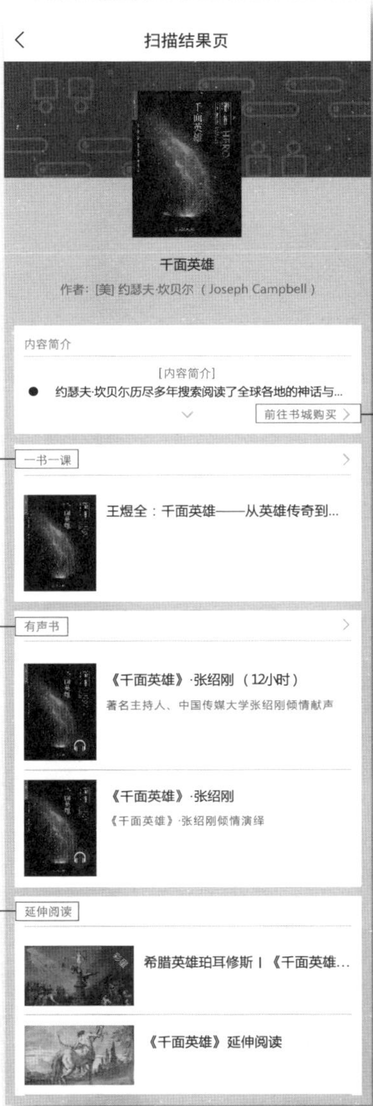

快速了解本书内容，
湛庐千册图书一键购买！

大咖优质课、
献声朗读全本一键了解，
为你读书、讲书、拆书！

你想知道的彩蛋
和本书更多知识、资讯，
尽在延伸阅读！

湛庐文化 Cheers Publishing

a mindstyle business 与思想有关

延伸阅读

《比赛中的行为经济学：赛场行为与比赛胜负的奥秘》

使用“湛庐阅读”APP，
“扫一扫”获取本书更多精彩内容
ISBN 978-7-5536-7378-3

- ◎ 诺贝尔经济学奖得主理查德·塞勒爱不释手的好书！
- ◎ 夺冠主要靠防守吗？主场哨是怎么回事？5次犯规的明星需要下场休息吗？
- ◎ 芝加哥大学布斯商学院金融学教授托拜厄斯·莫斯科维茨带你了解比赛中的行为经济学！

《复杂经济学：经济思想的新框架》

使用“湛庐阅读”APP，
“扫一扫”获取本书更多精彩内容
ISBN 978-7-213-08645-8

- ◎ 经济学的新古典主义时代已经结束，取而代之的是复杂性时代！“复杂经济学“奠基之作！
- ◎ 圣塔菲研究所元老、斯坦福大学经济学教授、“复杂经济学”创始人、“拉格朗日奖”“熊彼特奖”得主布莱恩·阿瑟重磅新书。

《无价：洞悉大众心理玩转价格游戏 》

使用“湛庐阅读”APP，
“扫一扫”获取本书更多精彩内容
ISBN 978-7-5596-0586-3

- ◎ 价格是最为普遍的隐形说服大师。不管是谁，只要平常要跟人讨价还价，《无价》就不能不看。
- ◎ 锤子科技创始人罗永浩、“行为经济学之父”2002年诺贝尔经济学奖得主丹尼尔·卡尼曼倾情推荐。

《拖延心理学》

使用“湛庐阅读”APP，
“扫一扫”获取本书更多精彩内容
ISBN 978-7-300-11390-6

- ◎ 全球首个拖延工作坊创始人、美国权威心理学家联袂出击，风靡全球25年经典之作最新版，抢先登陆中国。资深心理医生李梦潮专文推荐。
- ◎ 简·博克和莱诺拉·袁一直致力于为全美的学生、公司组织和公众团体提供治疗的心理工作坊和专题演讲方面的服务，终年活跃在大学的讲坛。

图书在版编目（CIP）数据

稀缺：我们是如何陷入贫穷与忙碌的（经典版）/（美）塞德希尔·穆来纳森，埃尔德·沙菲尔著；魏薇，龙志勇译．—杭州：浙江人民出版社，2018.7

书名原文：Scarcity

ISBN 978-7-213-08792-9

Ⅰ．①稀…　Ⅱ．①塞…　②埃…　③魏…　④龙…　Ⅲ．①资源管理－研究　②时间－管理－研究　Ⅳ．① F205　② C935

中国版本图书馆 CIP 数据核字（2018）第 113085 号

浙 江 省 版 权 局
著作权合同登记章
图 字 :11-2014-238 号

上架指导：行为经济学 / 心理学

稀缺：我们是如何陷入贫穷与忙碌的（经典版）

［美］塞德希尔·穆来纳森　埃尔德·沙菲尔　著
魏　薇　龙志勇　译

出版发行：浙江人民出版社（杭州体育场路 347 号　邮编　310006）
市场部电话：（0571）85061682　85176516
集团网址：浙江出版联合集团　http://www.zjcb.com
责任编辑：朱丽芳
责任校对：朱　妍
印　　刷：河北鹏润印刷有限公司
开　　本：720mm × 965mm　1/16　　印　　张：20.25
字　　数：302 千字　　插　　页：5
版　　次：2018 年 7 月第 1 版　　印　　次：2018 年 7 月第 1 次印刷
书　　号：ISBN 978-7-213-08792-9
定　　价：69.90 元

Cheers Publishing

出品 Published by：湛庐文化 Cheers Publishi
总裁 President：陈晓晖 Chen Xiaohui
出品人 Publisher：韩焱 Han Yan

法律顾问 Legal Consultant：
北京市盈科律师事务所 崔爽律师
张雅琴律师

商业图书事业部总编辑 Chief Editor：董寰 Dong Huan
人文社科事业部总编辑 Chief Editor：季阳 Christine G

高级副总裁兼对外合作 Senior VP：张晓卿 Anna Zhang
首席运营官 COO：赵丽琴 Lina Zhao
质量总监 Quality Director：周裕 Zhou Yu

特约策划 Acquisition Editor：简学 Jian Xue
特约编辑 Executive Editor：安烨 An Ye
黄小骑 Huang Xiaoqi

版式设计 Layout Designer：湛庐文化 李新泉 Li Xinquan
封面设计 Designer：门乃婷工作室 Tel:010-64822426

采购热线：15910746279
传真 FAX：010-56676359
投稿请至：service@cheerspublishing.com

更多阅读资讯，尽在湛庐微信平台
请扫二维码或查找cheerspublishing

关注“湛庐阅读”，
更多泛读、通读、精读服务一键获取
请扫二维码或查找lukehui1230

财富汇　心视界

湛庐文化 Cheers Publishing
a mindstyle business 与思想有关

彭凯平
清华大学教授、心理学系主任

《稀缺》是行为经济学领域一部了不起的新作。经济学家穆来纳森和心理学家沙菲尔用心理学的实证研究重新解读了经济学的核心概念“资源稀缺”，发现贫穷和忙碌并不是简单地因为缺少金钱和时间，而是一种心态和能力的匮乏。一本《稀缺》，会让忙碌的人警醒，贫穷的人振作。物随心转，境由心生，有容乃大，命由己造！

叶 航
浙江大学经济学教授
跨学科社会科学研究中心主任

把“稀缺”界定为一个心理问题而不是资源问题，这真是一个奇妙且深刻的视角。因此，真正可怕的不是资源的稀缺，而是俘获我们大脑的稀缺心态。我想，这个结论对所有读者都将是一个终身受用的告诫。

李 淼
著名物理学家，中山大学教授

两位作者提出稀缺会导致认知障碍的观点，将我们的直观感受上升到了理论高度。他们的研究给我们带来的启发是：如果你想要什么，不要等急需的时候才去要，而要提前积累。

周 濂
中国人民大学哲学院副教授

为什么穷人会更穷、富人会更富，而拖延症患者永远没时间？针对这一现象，社会学家称之为马太效应，经济学家称之为稀缺现象，但是所有这些说法都不如心理学家的解释来得更妙趣横生又直抵人心，让人时常产生“原来如此”的恍然大悟感。

周健工
第一财经传媒有限公司CEO

个人如何才能摆脱财务困境，组织如何才能重获时间，而社会又如何才能帮助穷人？《稀缺》一书以独特的行为经济学视角，不仅从理论上进行了开创性的分析，而且还提供了大量的心理学与社会学实验，为摆脱稀缺提供了有力的支撑。

王 烁
财新传媒总编

天底下只有四种事：重要且急迫的、不重要且不急迫的、不重要但急迫的、重要但不急迫的。人们不大会在前两者上犯错误，但经常会在后两者上犯错误：被急迫但不重要的事情占去有限的注意力“带宽”，而忽视了重要但不急迫的事情。读完《稀缺》后就可以避免这个错误。

罗振宇
得到APP创始人

我们的肉身刚刚步入富足时代，但我们的精神还滞留在稀缺的恐惧之中。穷人思维，植根于人类的基因。率先用理性击碎它的人，也将率先获得身与灵的富足。

丹尼尔·卡尼曼
诺贝尔经济学奖得主
畅销书《思考，快与慢》作者

塞德希尔·穆来纳森是著名经济学家，埃尔德·沙菲尔是著名心理学家，而《稀缺》就是他们强强联手的佳作。他们将科学的严谨和人文的独到巧妙地融为一体。在《稀缺》一书里，直觉与理性实现了完美契合，这是一本不可多得的好书！

理查德·塞勒
诺贝尔经济学奖得主
芝加哥大学行为决策研究中心主任

一位想要在大型律师事务所升迁为合伙人的单身母亲，与一位用一半收入支付利息的农民有何共同之处？答案就是稀缺。读一读这本书，就能惊奇地了解到稀缺是如何影响我们每一个人的。

湛庐FM，不喧哗，自有声。
每日一更，把世界说给你听。

下载“湛庐阅读”APP，“扫一扫”本书封底条形码，彩蛋、书单、更多惊喜等着您！

上架指导：行为经济学 / 心理学

ISBN 978-7-213-08792-9
9 787213 087929 >

定价：69.90元